U0114404

如果一直不快樂，就下決心改變。

改變未必帶來幸福，但至少不再覺得遺憾。

——黃毓麟

人生就實現兩個字：

改變

MARCH TO A
DIFFERENT DRUMMER

【口述歷史：西華集團三十週年訪記】

黃毓麟 口述 / 張綺恩、葉全 撰文

兩幅字，一種期許

黃毓麟

我的辦公室掛著兩幅書法，一是岳飛的〈滿江紅〉，一是唐代王維的〈過香積寺〉。我的一生就活在這兩種情景中：千萬不能浪費一寸光陰！因為「莫等閒，白了少年頭，空悲切」；千萬不能衝過了頭，忘了心中的寧靜，就像王維描寫山中古寺之幽深靜寂。

就這樣，過了豐富的三十年。我把它真實的記錄下來，留給我的子孫，還有那些徘徊在是否該不該為了理想而奔赴創業之路的年輕人。

撰稿／

（第一章～第六章主要撰寫人）
張綺恩（Yaya Chang），畢業於臺灣藝術大學戲劇學系，曾兼任高雄師範大學國文系講師。現為專業編劇。

（第七章～第十三章主要撰寫人）
葉仝（Kevin Ye），出生於澳大利亞雪梨市，復旦大學主修生命科學，但是其本人卻對於 Digital entertainment 領域非常熱愛，尤其是虛擬實境、數位遊戲等。常前往澳大利亞、香港、日本京都、美國舊金山、紐約與從事這方面的專家交流，現為職業的數位娛樂產業工作者。亦涉獵中西文學評論，嗜好寫作，精通英語、日語及中文。

# 前言

　　二〇一七年五月，為了收集古藝術品有關的故事題材，我結識了西華集團的總裁——洪明雅女士，在她的引介之下，我得以來到上海拜訪了**綠隱書房**。綠隱書房是西華集團旗下藝術品收藏中心的齋號，上至高古玉器、青銅器和各類石雕碑誌，下至明清傢俱等近代古物，綠隱書房就像藏身在繁華都會叢林裡的一顆奇珍明玉，而它的主人也就是西華集團的創辦人——**黃毓麟先生**。

　　走進企業園區，映入眼簾的是滿滿的綠意，柳林風聲之間，現代化設計的建築和古意盎然的涼亭流水，形成對比卻又恰到好處的融為一體，而西華集團的總部就位在園區的正中央，門口的兩座大白石獅子，堅定地守護著牆上的信條。

> 「Markets change but quality endures so at 2W we will always strive to be the best 年輕時⋯⋯我們偉大的夢想，在這兒得以實現。」

　　推開西華大門，我彷彿來到一間博物館，在敞亮寬闊的大廳裡，隨處可見各朝各代的收藏品，有宋朝的羊、唐代的獅、康熙年間的

▲集團創辦人 黃毓麟

▲鑲嵌在總部牆上的企業信條

▲蒲牢，康熙鐵鐘獸首　（祭天慶典鳴撞）

鐵鐘，掐絲琺瑯夔龍紋大方鼎，我坐在胡桃木大長桌前聽著黃毓麟先生講述古藝術品的過去和未來，以及黃氏一族對於傳承的意義與價值，一個下午的訪談很快就過去，看著眼前和一般企業家截然不同的黃毓麟先生，我在心裡生起了一個大膽念頭。

身為一名編劇，我的工作是從現實中取材，再將虛構的場景、人物編寫成劇本，幾乎很少有機會能夠從頭到尾，真實確切的撰寫一部完整的故事，不論是從刻劃人物的角度，又或是想一窺企業家一生，親臨充滿驚奇的商業戰場，這幾個理由都讓我希望能更深入了解西華集團和整個黃氏一族，並將其中的精髓撰寫成書，但這對當時的我來說，幾乎是一件不可能的事，然而有句話是這麼說的。

「當你想要做好一件事，全宇宙都會來幫助你。」

二〇一九年我間接得知西華集團和霧峰林家正緊鑼密鼓的籌備成立博物館，我趕到台中等到了和黃毓麟先生見面的機會，雖然距離上次的訪談已經是兩年前，但撰書的念頭一直沒有動搖過，我將心中的想法告訴了他，希望能爭取一段長時間的訪談。

嚴格說起來，我不是第一個研究訪問西華集團的人，早在 1995 年時就已經有人向黃毓麟先生提出訪談邀約，那是當年正在臺灣大學攻讀國際企業學研究所的董澤平教授，他在當年就以西華集團的前身《芙蓉國際顧問股份有限公司》做為論文題目，但那次訪談是以企業的發展研究為主，並不是以領導人為目標。

或許適逢西華集團三十週年這樣的時機點，黃毓麟先生也即將

年滿六十歲，同意了我將他的一生以及事業上的脈絡整理出來，於是我再次來到上海和黃毓麟先生一家人見面。

原本我預估用十天的時間來完成這次的訪談，但在訪談的前幾天，看見黃毓麟先生十分堅持為了確保每段故事的真實性以及對人、事、地、物的清楚描述，忽而去翻閱歷史舊檔案，忽而爬上整整兩層樓那麼高的書牆上，將過往塵封的資料文件翻找出來。看著成堆的資料檔案還有照片，我想十天的訪談絕對是不夠的，於是就將訪談的時間延長，最後整個訪談完成竟然花了近至一個月的時間。

另外，我有一點須要向讀者們致歉的是，雖然我在求學時期曾上過一年的商學院，後來轉往戲劇學院就讀，所以在訪談的內容中，在許多商場上的小細節與經濟情勢上的勾勒，達不到很深入的境地，這部份是我對讀者最感到遺憾的地方。

在進行這一個多月的深度訪談中，我跟著他們生活，觀察著他們的工作方式，看著西華總部大樓各樓層之間，職員用無線電呼叫不同樓層的同仁，形成一種緊張有序卻又相互協調的工作模式，真是特殊又有趣的畫面。我也從中觀察他們的管理層如何以會議或是專案小組的模式和員工進行溝通討論。

從開創到傳承，從情感精神到人生法則，這本書淬鍊了黃毓麟先生終其一生不斷拼搏的故事！

在訪談結束之後，我感覺自己帶著受用一生的禮物離開。現在，我想將這份禮物送給所有正在理想道路上努力碰撞的每位讀者，希望看了這本書之後的你們和我一樣，滿載而歸。

目錄 CONTENTS

前言   003
作者的話，撰寫本書之宗旨。

第一章｜改變的開始   014
從美國商學院回國進入台育企管顧問公司的歷程
最後創業的關鍵決心

第二章｜創業維艱   035
芙蓉國際的創業之路
反轉機會與國際接軌的大門

第三章｜勇氣   057
一通來自波士頓的電話，帶來勇氣的巨人。
「機會」的真實意義

第四章｜盛夏的玫瑰園   080
在 1995 年加入總統競選團隊成為經濟幕僚，
與珍貴的夥伴一起經歷的燃燒歲月。

第五章｜來自羅斯柴爾德家族的神祕之約   095
男爵的來信，壯闊視野的智慧風暴。

第六章｜大樹的根基   113
西華集團的管理文化，與員工之間親如家人的情誼。

第七章｜真實的資產   143
人類最真實的資產：朋友、黃金、藝術品
那些充滿傳奇擁有智慧且無私的益友們

第八章｜藝術品是西華的靈魂　　197

古藝術品的收藏之路
有如電影情節般的「外國保險箱遭竊事件」始末

第九章｜傳承　　242

父親的鋼筆
教育及黃氏家訓
擁有責任與榮譽的幸福

第十章｜神的眷顧　　266

「有琮氏」的信仰
深夜大爆炸
西華齋房

第十一章｜生死一戰，啟動飛狼　　288

商場上最糟糕的情境，就是從一開始便偽裝成為你的朋友，
待在你高築的碉堡內，慢慢的對你挖下死亡的陷阱。

第十二章｜霧峰林家與西華黃氏的百年盟約　　346

霧峰林家下厝宮保第，霧峰林家頂厝：
綺閣金門與華夏之寶結下的世第之盟。

第十三章｜三十年收藏與研究成果的分享　　374

訪鴻禧美術館張秀政前輩的啟示：
一個博物館最高的境界，是對藏品做出深入的研究，
以及確保藏品在市場競爭中經得起金錢與交易的考驗。

後記　　418

十方朋友的祝語

"Dear Mr Huang, I would be delighted if we can catch up in a not too distance future."
— David René James de Rothschild 公爵，世界最神秘、最富有羅斯柴爾德家族領袖

"Chris Huang's story is an inspiring saga of how hard work and an entrepreneurial spirit can yield personal success and a brighter future for Taiwan. I am proud to have had him as a student."
— 榮譽退休教授 Carol Nielsen, Bemidji State University 大學商學院前院長

"Chris is warm, sincere and responsible."
— Dr Ray Holland 英國 Brunel University 大學榮譽院士

"Chris is a self made billionaire, a very humble and warm person.……It blew my mind looking at his collection. Each and every item is so unique.……He is a sincere friend to me and this is a great blessing. I admire him because he aims only for the BEST！"
— Ricky Ho 何國杰，新加坡音樂家，電影《賽德克‧巴萊》金馬獎最佳原創電影音樂獎得主

"It will be my honor to invite you and your family to Kolkata to experience the legacy of my family....hope I can fulfill my dreams to rebuild Kolkata as my family did 300 years back."
— Arup Chowdhury 印度百年皇家貴族 Sabarna Roy Chowdhury 領袖

"Chris, true to his word on the business side, showed me so much more of a world that was unknown to me. Even though being thousands of miles apart and from very different origins, appreciation of interests beyond pure financial goals allowed for a bridging of gaps and distance. And a heartfelt 'thank you' for all this, my dear friend Chris！"
— Michael Kiepert 歐洲金融家（Note: 其祖父 Alfred Kiepert 與祖母 Mata Hari 的故事至今仍廣為流傳。儘管祖母是歷史上最著名的間諜之一，但她的生活和冒險故事仍然吸引著人們）

（由於服務世界性組織的嚴格限制，在卸任職務前，暫不便公開身份及任務級別的友人 :）
"Is friendship ever always measured by the mere passage of time? Chris and I first engaged digitally through our common passion for history and the simple gifts of life on 11th December 2016 across two continents. Our belated first meeting almost three years later culminated in the seal of a lifetime of a beautiful friendship.
Chris is a natural talent, with an abundant wealth of knowledge and experience, and an unrelenting pursuit of facts, yet sets me at immediate ease with his pure dedication and unconditional willingness

to share - I remain at awe and in heartfelt appreciation of who Chris is. His immense sensitivity to detail and keen eye on the beauties of history and art twinned with humility, warmth and generosity of the heart have become the unyielding force for me to strive to be a better person."　　　　　　　　— Stephanie Biixante, a humble friend for life

"Chris has done a huge work to conserve the Chinese culture for future generations. It's really important part in life of everyone. "
　　　　　　　　　　　　　　　— Oleg Semenov 俄羅斯企業顧問

「當一個人依就著生命旅途中的內在使命，從來都不畏懼春秋歲月的崢嶸。成就東方文化的復興，需要有情的陪伴和堅守，才會有文化分享的喜樂。」　　　　　　　—嘉央卓瑪，及蕭鈞瀚

"Chris is a pathfinder, family oriented and virtuous human being. In addition to his passion for the arts, learning about the journey through the complexity of the past, challenges and adversities faced, adding with the way he views the world from different angles, gives us invaluable proof of history, the arts and love in life. In more words, he is kind, wise, a life coach to inspire our lives, a torch in a darkness, definitely a great man ！"　　　— Fabio Leandro Lemes 巴西企業家

「我與西華黃氏老當家黃毓麟君是故交、文人之交，更是君子之交。本著堅定的友情，及再續一番百年功業的高遠抱負，決定彙聚林黃兩家之力，創立宮保第西華美術館，將古人璀璨的才華，呈現在古蹟建築之中，相互輝映。正所謂：夫綺閣金門，可

安其業，華夏之寶，五色交輝！祝禱上蒼能佑我館百歲康寧，如月之恆，如日之升，如松柏之茂，天寵永隆！」

—霧峰林家（第九代）宮保第 林義德

"I have watched 2W's developments with admiration.……A priority for Chris is not just to be successful in business but also to be a custodian of Chinese culture. To contribute to the culture during his time on earth and to leave it better than he found it, with a foundation that will remember his contribution to society and the culture he operates in, is I believe more important to Chris than being a famous academic or prominent businessman……will I am sure succeed in keeping China connected to its past as it searches for a better, peaceful and glorious future." — Paul Turner 英國律師，30 年友誼

第一章
改變的開始

　　黃毓麟先生（以下就以「黃先生」代表他。在訪談期間我注意到，西華集團內人人都稱他為「黃先生」，那是因為他不讓人稱呼他為「董事長」，我認為這是一種親切樸素的表現。）是一個非常早起的人，他通常早上五點鐘就會起床想想事情，有時候會一邊吃著早餐，一邊拿著錄音筆，把心裡的想法存錄起來，接著從家裡出發，八點以前他就會第一個抵達公司。

　　到了公司之後，他會先向神明上香，感謝神明帶給他們新的美好的一天。在他的個人辦公室裡放著一座民國早期的檔案櫃，這樣的檔案櫃常出現在描述國民政府早期黨政要員的電影場景裡。我特別注意到，在那個檔案櫃側邊一個不起眼的小角落，貼著一小片陳舊泛黃的宣紙，上面寫著一行小楷毛筆字：「每日清晨一炷香，謝天謝地謝三光。」

　　通常，在黃先生到達公司不一會兒，助理也就到了，快快地煮上咖啡。端起咖啡，黃先生總是坐在他心愛的清代紫檀太師椅上，點上一根雪茄，輕聲聽著音樂，不久後，洪明雅總裁也會加入。他們會一起喝著咖啡，把一天要做的事情先討論過一遍，之後，再將

客戶往來的信件確認過後，才開始一整天的工作。

　　這樣的生活模式和習慣跟他剛開始創業時有些不一樣，回憶起那時候的忙碌，每天的工作都非常的緊湊，能抽空喝一杯咖啡，對他來說已經是一種犒賞了。隨著企業穩固發展，部門主管的提升，洪明雅總裁及黃鑫副總裁在公司事務上的處理更加獨掌一面之後，他才開始有了一些屬於自己的時間，在早晨享受他最喜歡的咖啡和雪茄，而這樣看似微小的改變，卻是經歷三十年的粹煉。

　　法國珠寶設計家 Jean Vendome 曾經說過：「我的人生就是由無數個相遇構成的，它們也許是磨難，也許是恩賜，而這些相遇造就了我，也造就了我的作品。」而黃先生的人生，也同樣在經歷了一次又一次的改變、淨化、精進後，而成就了現在的他和黃氏一族，那他們的故事，到底該從何說起呢？我想到了那幅掛在他辦公室裡的字畫。

　　「梅花歡喜漫天雪」

　　黃先生告訴我，每當他遇到人生的困境時，也會有緊張、不安的情緒。但不同於許多人的是，這其中總會夾雜一絲絲很奇異的亢奮感，就像選手在比賽前心情都會特別的緊張加上些許興奮，即使遭遇的環境再嚴酷，面對的情況再危急，他總能在混亂之中看見一道光，將每一次的危機化為轉機，挑戰自己、挑戰生命的難題。所以我想，故事就從那場雪開始講起吧。

大雪紛飛裡那顆炙熱的心

　　一九八九年三月，賣掉在美國代步的克萊斯勒二手車，黃先生穿著舊夾克，懷裡揣著用賣車錢換來的單程機票，邊走邊輕輕哼著〈台北的天空〉，這首歌陪伴他渡過了兩年的留學生涯，在學校宿舍裡的每個夜晚他都聽著這首歌，外國室友甚至在他離開前，拉著他把中文歌詞抄下來，用羅馬拼音學著怎麼唱這首歌。

　　「風好像倦了，雲好像累了，這世界再沒有屬於
　　自己的夢想，我走過青春，我失落年少，如今我
　　又再回到，思念的地方……」

　　三月的美國北方，在人煙稀少的雪地裡，他整整走了兩個多小時，手腳被凍的冰冷麻痺，踏出去的每一步路都僵硬無比，他想著兩年前放下了日商公司高級主管的職位，毅然決然的來到美國商學院深造，要出發前，商場上結識的好朋友們紛紛設宴送行的情景還歷歷在目，不知不覺地整個留學生活就那麼結束了，翌天他即將回到故鄉，心情是既興奮又徬徨。不知道台北的天空，現在是什麼樣子呢？

　　「風也曾溫暖，雨也曾輕柔，這世界又好像充滿
　　熟悉的陽光，我走過異鄉，我走過滄桑，如今我
　　又再回到自己的地方。」

（接下來的訪談內容會由我提問，黃毓麟先生第一人稱的方式回憶講述，內容為呈現真實特保留口語風格，不假修潤，並以字體區別，方便讀者。在口述他的歷史經歷前，他有一些先想要表達的話。）

我在去美國留學前，是在一家國際性日本商社擔任高階主管。或許還有一些人記得，那是日商縱橫於世的輝煌歲月。為此，美國知名學者 Ezra F. Vogel（中文翻譯為：傅高義）出版了一本震動全球商界的書籍《日本第一：對美國的啟示》（Japan as No.1），而我就是那個時代的人。

我在那個中大型日本商社工作，很是受到重用與提拔。一次，我參加他們在台北舉辦的前瞻會議，討論中國市場即將變化的改革與開放趨勢，與會的管理階層有來自日本神戶、美國紐約、洛杉磯以及香港的日本人。一直以來很受到總經理依賴和重用的我，在那場會議之中竟然有許多討論的內容聽不懂。當時我心裡想：「完蛋了，我的知識到頭了。」

在那場會議之後，我心裡總有一種空蕩的不安感，我預見了我的知識即將限制我未來的發展，即使現在的我在這裡受到重用，但如果不繼續往前，人生的路大概就僅止於此了。那麼，我該怎麼辦才能打破眼前的困境繼續往前呢？我於是想著，無論如何都必須到美國去深造，才是唯一的道路。於是，我開始在一面忙碌又繁重的工作之中，一面著手準備托福考試。在通過了托福

考試之後，我便開始申請美國大學的相關系所。

　　等到學校申請通過，一切就緒之後，另一個難題，則是我不知該如何向重用我、提拔我、愛護我的日本總經理內藤提出辭職的申請。我慎重的提出要請他吃飯的要求，他答應了。我就在好像是松江路上一家很高級的西餐廳訂了位子。那間餐廳除了格調高雅外，還有一個特色，就是在用餐席間，餐廳會安排一位小提琴手來回為各桌賓客拉奏一首名曲。我選擇在這樣的環境提出辭職請求，無非就是希望讓可能出現的不悅情緒，因為這樣的氣氛而有所緩和。

　　而就在我開口提出辭職請求之後，內藤總經理竟然在那樣高雅的場所裡對著我拍桌大罵！頓時間，所有人都安靜了下來，整間餐廳迴盪著內藤經理的斥責聲，鄰桌的視線都投向了我們，服務生也停下手邊的工作，每個人似乎都被這樣突發的舉動給驚嚇到了，就連拉奏到一半的小提琴手，也默默的中止了拉奏，氣氛凝重到令人窒息！

　　但內藤總經理畢竟是日本商社的菁英，他聽完我委婉說明為何決定去美國深造的理由，竟然就是為了填補我對多國企業管理上的空白，他最終同意了我的辭職申請。如果說，我只是一個圖個人發展，棄公司於不顧的人，那麼我便是個小人，但事實上，可以從幾件後續的事情看出，在我離開之後，這家日本商社在許多不同地區的日籍主管，都還懷念著我對商社做出的貢獻。

　　我在美國讀書時，常常接到他們寄來的信，信中告訴我誰和誰偷偷戀愛結婚了，誰又被調到哪個城市去工作了，誰升職

了……這樣有如家人朋友般的信，讓當時在異鄉求學的我，心裡真是備感溫暖。

有一回，在北美大雪紛飛的晚上，再過幾天就是平安夜，美國室友們都提早回家跟親人團聚，我獨自一人坐在書桌前裹著毯子準備著論文報告，即使開著暖氣，寒冬刺骨的低溫還是能滲透到身體裡。面前的玻璃窗因為屋外的風雪變的朦朦朧朧的，突然，一道閃光透過窗戶照進了房間，我一抬頭，只見一輛車開著大燈駛來。不一會兒，似乎看到有人從車上下來，緩緩地走向我的宿舍小屋。

我心想：「誰呀？外頭呼嘯著漫天大雪呢！」我開了門，原來是國際快遞 UPS 送來了一個包裹，拆開來一看，裡面放著許多零嘴乾糧，還有幾條高級的浴巾、毛毯。最後，還有一封這家日商紐約部的日本人寄來的長信。

看著那封信，我一時頂不住心中的澎湃，熱淚滾滾流了下來。

在美國求學時，我常常夢見自己還在那家日本商社裡工作。有一次在宿舍裡醒來，我看著兩個美國室友 Tommy Melms 和籃球健將 Larry 發呆，一時間想不起我為什麼在這裡……他們是誰？而這些日本主管對我的愛護，還體現在多年以後的歲月裡。

在西華集團第一次要進軍日本市場時，我那老東家日本商社的許多經理都幫我向當時的日本客戶背書，說我誠信可靠！這些人不是我找來為我說話的，是其中一位日本人（極有可能是以前的總經理內藤）自己召集了在香港的石原、美國的竹內……等人，主動幫我說話，讓我公司很順利的就打進了日本市場。

　　胡適說過：「要怎麼收獲，先那麼栽。」我一生的原則，兢兢業業，對得起自己的良心。年輕時在日本商社工作崗位上的種種努力，日後竟然得到那麼多的回報。所以，每當我聽到某某人挖了自己公司的牆角，去投靠其他企業時，就會不自覺地皺眉頭。

　　說的有些跑題了，回到我出國、回國前後的主題上來。

　　辭去了日商高級主管的工作後，許多朋友罵我傻，不明白我為什麼放下他們認為的大好的前程，非要出國把工作多年的存款耗盡去當個苦留學生，但還是紛紛給我設宴餞行。其中，有一位特別需要提出來說的人，他就是吳燦坤。

　　當時的他，就是一個台南家用電器製造廠的老闆，我們一直不算熟。可是他聽到我即將要出國深造時，特地帶了一兩個手下經理人北上，在台北訂了個餐廳為我餞行。這讓我覺得訝異，一來是我們真的不熟，二來，我不過就是個白領主管，辭了職要出國去讀書，不是什麼大不了的事。

　　我依稀記得他是一個話不多，作風一點也不張揚的人。之前我聽說他常常聘請外國專家到他台南的廠裡演講，以提升他公司各主管的國際研發能力，這在三十幾年前的南臺灣，是相當罕見的現象。我們雖然沒有太多的交往，但對於這一點，我對他是有些敬佩的。

等到我學成歸國後，偶然聽到他好生了得，事業做的風生水起，也為他感到驕傲。之後的幾十年間，新聞媒體上關於燦坤的報導大多有褒有貶，我有時也關注著，但不管起與落，我卻永遠記得他曾經在我臨去美國就學之前，特地北上在台北為我餞行的那份情誼。

——還記得回到台北的第一天做了什麼嗎？

我是在一九八九年三月二十二號回到臺灣，隔天早上一起床，梳洗完畢，我就從家裡出來，走到巷口的世界豆漿，點了燒餅油條跟甜豆漿，那是在美國想念了很久很久的味道，吃完早餐後，我摸摸口袋，算了算全身上下只剩下幾百塊台幣，還有一些零錢，我原本就有心理準備，回到臺灣之後一切都要從頭開始。但，到底該從哪裡開始好呢？

我走到豆漿店附近的公車站，搭公車到台北市區。下了車我就漫無目的四處走走看看，邊走邊想著我現在應該是要找份工作吧？但要怎麼找？找什麼樣的工作才好？就這樣走著走著，我經過格蘭英語補習班，看到門口貼著誠聘英文老師的廣告，我心想，雖然我以前沒有當過英文老師，但我的英文程度應該可以，不如試試看吧。

一走進去補習班，櫃枱小姐抬頭看了我一眼，就親切的問我是不是要報名學英文？我說不是，我不是要學英文。見她一臉納悶不解的表情，我才意識到，今天因為臨時出門，我只穿著一件

舊 T 恤跟牛仔褲，還有一雙簡陋的球鞋，模樣有些落魄，又可能我看起來就是一副英文不好的樣子，所以當櫃枱小姐聽到我是來應徵英文老師的時候，表情有些懷疑，但還是禮貌親切的指引我到辦公室面試。

面試我的職員也同樣帶著懷疑的眼光，打量了我一眼後，就拿出了一疊厚厚的英文考試卷，讓我寫。因為來應徵的人大多都會講些英文，難以分辨出誰的功底較扎實，所以要先進行筆試，通過了才能進行正式的面試。那名職員離開之後，我大概花了二十幾分鐘的時間就把一疊卷子寫完了，我拿著卷子去找他，他一臉詫異的的問我：「這麼快就寫完啦？」我點點頭。

那名職員接著拿著我的卷子跟幾名同事一起批改，可能那天時間很早，補習班裡沒什麼人，我坐在屏風後面，中間隔著幾張辦公桌，還是能清楚的聽到他們邊改，邊不可置信的驚呼「全對耶」、「怎麼可能？」、「確認答案沒錯嗎？」聽到他們這麼驚呼，我心想……這不是很容易嗎？

沒過多久，那名職員來到我面前，看起來很鎮定的對我說：「你的筆試合格，可以接著做下一階段的面試。」不一會兒，就來了一位女士，應該是補習班的高級主管，她帶我進到她的辦公室之後，開始用流利的英文跟我對談，我也很自在的跟她對話，談著談著，她大概覺得我的英文合格了，就開始用中文跟我說明中文教師和外國教師排課的級別。我的印象中，假設格蘭英語有一到九級，第七級開始是外國人授課級別，而她就是把我安排到第七級，接著她告訴我，我的課排下來一個月大概可以賺五萬台

幣左右，但還要根據實際排課情形。

——所以您回臺灣的第一份工作，就是教英文嗎？（黃先生神祕的笑了笑）

離開格蘭之後，第一件事就是在附近找了一個公共電話，打電話回家告訴我母親，找到工作了，是教美語的。因為工作暫時有了著落，心情也稍微踏實了一點，那是一種總算有口飯吃了，可以靠自己活下來的輕鬆。

打完電話之後，我就在路邊買了份報紙，隨意的找了間泡沫紅茶店，叫了杯飲料坐了下來。一打開報紙，我就翻開求職版，先從看國際貿易的版開始看，看著上面徵人的啟示，我一邊想著難不成要重操舊業嗎？如果要回去做國際貿易，那我幹嘛去留學？就在我邊想邊翻開下一頁的時候，一篇中型版面的廣告吸引了我的注意力，那是一家叫做**「台育企管顧問公司」**的徵才廣告。

在這裡提一下，台育企管顧問公司，是當時臺灣最大的企管公司，擁有百人以上的顧問師，是早年台塑總管理處主要幹部人才出來開設的一家公司。他們徵才的條件很嚴苛，廣告上的內容我記得是這樣：「高薪徵顧問師！外商高階主管，具有充足的企業經營、行銷、財務管理，各方面管理經驗，多年以上豐富經驗，薪職非常優渥。」

當年臺灣在我留學之前好像並沒有這樣的公司，沒想到才過

幾年已經變成這樣，居然還有顧問師這樣的工作。我看完廣告之後，仔細思考了一下，覺得是個挺有挑戰性且有意思的職業，就決定試試看，其它的我也不想看了，我把報紙收起來，一口氣把桌上的茶喝了，直接搭公車回家寫履歷表，我把以前的經歷填了一遍，學歷寫好，貼上照片，立即就到郵局去，用限時郵件寄了過去，等我寄出去沒多久，大概不到兩天的時間，很快的我就接到對方打來要我去面試的電話。

我印象中台育公司位在南港一棟很新的辦公大樓內，裝潢不算豪華但空間很寬敞。那天我穿了正式的西裝、襯衫，還打了領帶，進到公司表明身分後，他們就立即的為我進行面試。

———面試的過程大概是什麼情形？

實際討論的內容我記的不是很清楚，印象中好像有三位顧問師問了我一些很基本的問題，當然我很快的就回答出來，可能是我回答問題時的老練和深度，他們的反應和格蘭英語的那幾位職員有些不一樣，雖然對我有些懷疑但又帶了點佩服，於是其中一位顧問師應該是拿了他手上正在進行的案子當作題目，問我說：「假如有一個企業，目前遇到一個這樣的情形，你會怎麼處理？」

我悠然的把答案告訴他之後，另外兩位顧問師也搶著把他們手上的案子當作題目來問我，一問一答之下，面試的時間不知不覺被拉的很長。整個過程中，雖然問題很多，但我都是立即的回答，沒有花什麼時間思考和猶豫，這對我來就像魚優游在水中一

樣，自然而然的就能想到解決方案。更有意思的是，過程中完全不像是個爭取職位的面試，反而像是一組有經驗的經理人在討論商業上的技巧，生動又有趣。

等到那幾位顧問師把他們手上的案子都問完之後，他們小聲的討論了一下之後，突然他們全部起身離席，沒多久，當時台育的總經理邱創盛就來到了面試間。

第一次見到邱總經理，我印象中他個子不高，卻滿臉堆著笑容，整個人顯得神清氣爽，精神看起來非常好的模樣，他先是問我回臺灣幾天了？還習慣嗎？時差調回來了呀？在寒暄了幾句之後，他就直接開門見山的說了：「這樣好了，我們就錄取你了，我現在跟你談薪資待遇，你期待的待遇是多少？」

因為我當時不知道臺灣顧問師的薪資是多少，只好回答他，就按照公司規定吧，邱總經理想了想，又說：「這樣吧，我跟你講一個年薪，七十五萬，你看好不好？」

我聽了之後，沒有特別露出欣喜或是失望的表情，淡定的點了點頭，回答他：「可以，那我什麼時候來上班？」接著邱總經理說了一句讓我有點驚訝的話，他要我明天早上就來上班，接著又補了一句：「事實上你現在就可以上班了。」我一聽，連忙說今天太倉促了，我明天早上再過來吧。

記得當年南港的這個區域還不算是特別發達，離開台育所在的辦公大樓之後，又或許是路不熟悉，記得我走了很遠很遠才找到公共電話，我照慣例的打了電話回家給我母親說：「我又找到工作了，年薪七十五萬。」掛上電話，心裡覺得無比輕鬆。

現在回想起來，雖然我已經找到了英文教師的工作，但要是
在當時，我安逸於一個月五萬台幣的薪水，沒有當機立斷的做出
決定，放棄了眼前的機會，或許現在的我，將會過著另一種完全
不同人生。

——進到台育之後遇到的第一個挑戰是什麼？

第二天一早，我就進公司報到，才剛說出我的名字，祕書處
的小姐就說：「我知道，你是昨天錄取的那位顧問師。」附帶說
一下，台育顧問公司的祕書處可不同一般公司，祕書處的規模不
小，裡頭的「祕書」幾乎都是企業管理相關系所畢業的。她們的
工作是支援在外的每個顧問師，包括收集、統計、提供商業信息，
並幫每一位顧問師製作顧問報告，給每一個不同的企業當事人。
效率與保密是她們的特色。

那位祕書請我稍等一下，我以為她待會兒應該會先帶我去熟
悉一下公司的環境，結果她卻幫我叫了計程車，要我前往一家上
市公司報到。我當時聽了一愣，我才剛踏進公司不到五分鐘，怎
麼就立即要我去別的地方？但這樣的情形從我一進台育就沒有間
斷過，每次一回到公司，板凳都還沒坐熱就被派出去，好像急診
室的醫生一樣，隨時隨地在面對挑戰、解決問題。現在回想起來，
台育公司有好幾層樓我都不熟悉，因為我從來沒時間在公司停留
太久。

我一到了被指派的那家上市公司，映入眼前的就是幾位台育

派駐到那兒的顧問師前來歡迎我，和他們稍作交談之後，我才知道，這家公司因為事業體多樣且龐大，對顧問師的需求相對於其他企業來說比較大，而且工作量繁重並要求十分嚴格，所以在此之前，就有大約幾十位顧問師先後都被「退」了，儼然是陣亡顧問師最多的戰場。

聽這幾位顧問師的描述，在心理上他們可能都已經準備好面臨全部鎩羽而歸的窘境。顯然，身為領著高薪、衣著光鮮的顧問師，或許他們每個人的內心也充滿了不安與浮動。

我當下突然明白了，眼前這是最難啃的骨頭，台育派我來，無非是抱著死馬當活馬醫的心理，試試看我這個剛剛從美國回來的人，對這樣的局面能不能有所突破？基於對當事人的保密，是哪家上市公司我就不多說了。聽完他們幾位的情況說明之後，我就告訴自己回來臺灣不是悠閒的過日子，艱難的任務要開始了！

在了解公司狀況之後，做了很多改革和調整的建議，承蒙那公司高層的喜愛與邀請，我參加集團內的會議級別就愈來愈高；本來是參加經理級的會議，很快的，就到達集團下屬各事業體總經理的會議級別，尤其是還有很多次的會議是總裁召開的特別會議。或許是我的專業和表現很快的受到重視，大約兩個月後，台育通知我抽空回公司一趟。

我回到公司之後，記不得是誰對我說，可能是邱總經理，他告訴我：「從現在開始，你的年薪調成一百三十萬。」我聽了之後心裡很高興，但表情還是要保持一貫的平穩，淡定。

這，就是我回臺灣的第一份工作。

——在這之後又遇到了什麼經歷，讓你決定改變，前往人生的下一階段？

在回臺灣不久後，我在一次商業會議上，認識了幫統一集團併購美國威登食品（Wyndham，美國第三大餅乾公司）的臺灣團隊，這件當時以 3.35 億美元完成的併購案轟動了整個臺灣！除了是臺灣有史以來最大宗的併購案之外，更是第一次有本土企業在國外併購最成功的案例。

而替他們執行整個計劃的，就是 Kidder,Peabody & Co 這家公司的團隊（Kidder,Peabody & Co 當時是世界知名投資銀行集團，其中有一個業務，專門是指導與協助執行國際間大型併購案）。

可能是同為留學回來的人，身上有一股氣息，我和他們臺灣團隊的總經理、襄理都變成了好朋友，我們時常聚在台北市的高級美式酒吧裡，一邊喝著酒聽著音樂，一邊聊著時事，現在回想起來，那是一段非常美好又 High-end 的生活。

而從統一集團併購了美國餅乾公司之後，我就開始關注國際併購的趨勢，因為當時統一的併購案是臺灣的先鋒，在他們之前，沒有人想到可以這麼做，以前在美國商學院留學時，我也沒有學過這樣的東西。像這樣的國際併購在我們的行業裡，變成一個莫測高深的陌生領域，沒有人知道該怎麼做才會成功，但它卻讓我產生無限的好奇跟嚮往，我覺得在這樣的領域裡，除了要有非常專精的知識和本領之外，還得具有前瞻的眼光和膽識，才能完成

這樣猶如商場中藝術家一般美妙的作品。

抱持著這樣的看法，所以從那時候開始，不管台育派我到哪裡當顧問，但凡只要是有國際客戶來談合作、不論是合營、合資這方面的事務時，我都自告奮勇參與任務。或許因為當中牽涉了很複雜的東西，變數很多，難度很高，還可能要因為失敗，隨時會賠上顧問師的名譽，所以很多集團體制內的高階經理人也很樂於把這類型的燙手山芋丟給我。

記得有一次，某個上市集團公司舉辦了全公司的旅遊，印象中，他們好像是包機到菲律賓去玩，公司總經理邀請我一起去，我連忙婉拒了，因為當時那家公司正好有幾個國際合作的案子進行中，除了日本一家大型飲料公司要來臺灣談合資（我記得好像日本方面已經先跟臺灣的三商集團談過，但年代過久，回想起來不是十分確定，之後就是這家公司了）；另外還有美國和智利的公司與臺灣這家公司的三國合資案。

因此在公司總經理盛情邀約下，我只好說還有好多文件要處理，真的不能去。

當公司多數人都到菲律賓去旅遊時，我還是每天一早就來到辦公室，愜意的給自己泡一杯咖啡，接著把壓在桌上，那十幾疊厚重如山的複雜文件，一頁頁的整理、思考，做出建議和佈局，或許當時很多人覺得我是傻子，但對我來說，在研究併購案的過程中間，雖然繁重卻充滿樂趣，我也非常享受這樣全心全意專注在工作上的時光。

似乎當時全臺灣沒有人真的知道怎麼操作這種國際大型併購

案，連我這個剛剛從美國商學院以優異的成績畢業回來，很 fresh 的人，也不知道其中的關鍵技巧，所以每當我遇到瓶頸時，我就打電話給 Kidder,Peabody 這個團隊裡的朋友，把他們約出來一起喝啤酒聊聊天。他們知道我在做這樣的案子，但又不方便把公司的機密告訴我，因為這就是他們公司的頂級 Know-how，他們就靠這個吃飯，連基本的流程也不能說出來，所以頂多是交情加上喝了酒，酒酣耳熱之後，我提出問題再自己回答，然後從他們的表情來判斷是不是正確的方向。

這段摸索和學習的過程，影響了我日後到中國大陸發展時遇到的一些決策與合作。

在上市公司員工旅遊回來後，我就把許多合作、合資、併購案全部做了整理，哪些可以繼續談，哪些是新發現，哪些合作應該放棄，一一報告給他們的總裁及董事會。在當時因為條件和未來發展的關係，我認為要停止跟日本飲料公司的合作，因為日方的要求非常具體，必然導致通路上的投資過於巨大，我建議選擇集中精力跟智利的上市集團合作是最有利的，而且其中我方能夠以一部份的技術成為股份，減少了實際資本的支出。

公司高層同意了我的建議，於是就把和智利的合資作業主要交給我處理。

於是乎，我開始涉獵了一些更細節的業務，從多國合作方的角度所必須考慮的各個層面，諸如來自多國方的每個老闆內心的實際意圖以及場面上所陳述的框架理想，加上各自顧問師、律師、會計師交錯給出的意見和建議，落實到合約以及合作章程細節的

每一處。

　　這是一個聽起來簡單，但是操作上極為複雜的事務。不像普通想像上把合資的目的、特徵、方式、股權比例、利益分配……等等講清楚，寫進合約裡那麼簡單。多國合作的法律基礎也不同，各方對自己的權利或是主張享受的權利也不盡相同。遇到不履行責任、約定、違約時……總總可能涉及訴訟情況的預先要求也不同。哪些是約定好的自主權利，哪些是事先談好的最優惠待遇，哪些是大家都同意的契約轉讓條款……。

　　我在這樣的過程中，快速的積累了實戰的能力與國際視野。

　　此外，在眾多的資訊裡面，我還注意到了一個被所有人忽略的機會，就是美國一家儲蓄貸款銀行（S&L Bank；Savings & Loan Bank）可能出售的消息，我立即就向公司高層建議，一定要把握機會，將那家儲蓄貸款銀行買下來！公司同意了。

　　我記得當時對方那家儲蓄貸款銀行在談併購案的時候，是委派紐約市美國大道 1251 號的那支 Morgan Stanley 團隊來臺灣洽談，展現了相當大的誠意。如此，來來回回又過了幾個月，期間，整個過程也都非常的順利，一直到最後階段，雙方的價錢都講好了，卻不知道什麼原因，那家上市公司的總裁突然決定停掉這個案子！緊跟著那個智利的案子也同樣無疾而終……。

　　現在回想起來，要是當時那家公司買下了我推薦的銀行，在接下來的幾年間，美國大銀行業開始大量吞併小銀行的那段風起雲湧的浪潮下，他們可能會賺進超乎想像的利潤，而跟智利集團的合資案也是，那是一個連智利中央銀行也想參與的案子，卻同

樣不知道為什麼到了最後關鍵時刻，那家公司卻決定停下來。

畢竟，企業當事人心中最深沉的想法不會告訴我們。

做為顧問師，除了竭盡所能的在眾多看起來都像是「機會」的機會之中，分析出最佳的選擇。至於得到我意見的當事人，是不是真的把這些經過仔細過濾的心血，放在我認為適當的心理天秤上，那就是另外的事了。我在台育，或是我後來創立的芙蓉國際，整個顧問師生涯一直有這樣的情況出現。

有時，幾年後遇到以前的當事人回來找我，常常會說：「早知道這樣，我當初就應該聽你的了。」題外話說了這個情況，我相信許多曾經跟我一樣，擔任過顧問師的朋友們都有類似的感慨。

回到主題。那段時間，我觀察出一個國際併購的趨勢（Mergers & Acquisitions），不論是合作、合資、合營（Joint Venture）或是策略聯盟（Strategic Alliance），對當時整個臺灣來說，都是非常迫切需要的新興技術！

我於是花了一整個星期，把我觀察到的趨勢寫成一份非常詳細的報告，交給了台育的邱總經理，我向他表示現在是一個絕對難得的好機會，台育身為臺灣最大的顧問公司，必須立即召集人馬成立一個國際併購部門，協助臺灣大型私有企業，或意欲國際化的上市公司，進行國際化業務！

　　但台育的高層在看過了我的報告之後，遲遲沒有回覆。有一天我回到台育去見邱總經理，我問邱總經理我的建議不好嗎？邱總經理說：「很好啊」，我更困惑了，如果建議很好，那為什麼不趕快成立呢？

　　總經理看著我半晌，欲言又止，但最終什麼都沒說的苦笑了一下。看著他的表情，我想，大概沒戲了吧。

　　從邱總經理的辦公室走出來之後，我離開台育所在的辦公大樓，一路從南港往台北的方向走，這趟路讓我想起了在美國最後經歷的那場大雪，我穿著皮夾克腳步艱難的在雪地裡走了兩個小時，但當時我的心是炙熱、堅定的，而現在，我身上穿著訂製的西裝，腳上穿著高級皮鞋，但我的心卻陷入天人交戰……。

　　我的眼光看見了趨勢，我腦袋裡裝著重要的專業知識和技巧，但卻沒有人願意跟著我一起前進。

　　連續好幾天，我常常一下班就坐在國父紀念館的廣場上，看著夕陽逐漸西下的天空，思考著這一切。我問自己，是要眼睜睜的看著機會從跟前消失，還是我該自己伸出手把握住機會，舉著旗往趨勢的方向前進？我要繼續過著優渥的生活，當個人人稱羨的白領，看著年薪從 75 萬到 130 萬，再等著升到 250 萬（當時台育祕書處有風聲傳出來，高層正考慮把我的薪資上調到與顧問師相關的證券業裡，那種紅牌的股市分析師基本的水準，我要記得沒錯的話，當時行情約 300 萬），還是要把自己的身家砸下去，開創一條新路，賭上從此過著拮据緊迫的日子？

　　每天坐在國父紀念館的廣場，望著天空，思考著這一切，我

想了很久，直到有一位朋友，跟我說了一句，簡單而關鍵的話。

　　當時我把心裡的掙扎告訴了 Kidder Peabody 團隊的朋友，那位好朋友聽完之後，直接就說：「做啊，為什麼不做？你留學的目的是什麼？你到美國深造，回來看見了未來的趨勢，難道就因為想過著優渥的生活就放棄了嗎？假如是這樣，將來有一天，你一定會後悔！」

　　他的這番話，有如當頭棒喝般的點醒了我。**的確，比起失去風平浪靜的日子，我更害怕的是後悔。**從那一刻開始，我決定離開台育自己開公司，因為朋友的一句「Do it」，我的人生再次改變！

第二章
創業維艱

　　在繼續講這段歷史前，先談談我看到現在的黃先生，以及他的事業總部的片段感受。如果，當時黃先生沒有選擇一條頗為漫長又艱辛的路，那麼現在呈現的必然是另一番景象。

　　訪談他們的期間，每天一大早當我來到西華集團總部前，見到門口兩個大獅子的座下刻著「養志」和「精進」四個金字，這是黃先生每天不斷提醒自己和黃氏一族的座右銘，不管在任何時候都要培養高遠的志向，並且在人生的每個階段都要不斷的鞭策自己進步，無論擁有多少財富和成就都不能有所懈怠，我想這就是西華集團開創至今三十週年，依然屹立不搖的不二法門，但成功從來就不是一蹴可幾。

　　在第一次和黃先生見面時，我就發現他是一個在衣著品味上非常講究的人，他每天都會挑選不同花色的領帶，搭配高級訂製的襯衫、西裝，穿著麂皮皮鞋，下班之後和家人到外面的餐館用餐，他也是穿著非常挺拔的牛仔褲和休閒衫，搭配著尖頭皮鞋。

　　有一天我看著他戴著一條全是鳳梨花紋的領帶，忍不住好奇問他，這領帶是什麼牌子，才知道這個臺灣人很喜愛的「旺來」圖案，

竟然是他非常著迷的 Dunhill 這個世界一流男性的品牌。其他還有諸如 Gucci、Hugo Boss、Cartier、Ermenegildo Zegna、Versace 等等世界知名的品牌，我認為，只要是圖案色彩的設計符合他喜愛的領帶，黃先生他幾乎都收集了。

除了收集領帶，他還特別喜歡收集鋼筆和袖釦。說起袖釦，黃先生完全是個袖釦控，他幾乎集滿了所有男仕名牌的袖釦，如 Dunhill、Christian Dior、Lanvin 等等，收集到最後找不到滿意的，他就自己畫設計圖，請人家製作他個人專屬的袖釦。

對於黃先生在衣著品味上的講究，從他的口述歷史中，我猜想，應該是來自一位外國教授的影響。

——說說求學過程對衣著品味的影響？

過去還沒到美國深造前，我跟很多年輕人一樣，不曉得衣著品味的重要，甚至膚淺的認為那是虛榮與浮誇的表現。

可是，在我就讀美國商學院時，有一天，一個新學期的開始，教室外樹林邊的停車場傳來一陣轟隆隆的跑車引擎聲，所有學生好奇的朝著窗戶外看去，只見一輛紅色敞篷跑車停在純樸的校園裡，一個梳著油頭，穿著高級訂製西裝的男人從跑車下來，非常瀟灑的走進了教室。

他是商學院新來的教授，名叫 Hugh H. Scott, Jr.。在當年的校

園裡，幾乎都是清一色樸實學者型的教授，這位 Scott 教授顯得非常的例外，他一開口就是濃濃的南方口音，腳上的皮鞋又尖又挺，擦拭的極為光亮，就像一個南方牛仔一樣，手上戴著一大塊金錶，從頭到腳都非常體面、講究。

因為從來沒出現過這麼特別的教授，他一進教室，所有的學生都騷動了，但他在第一堂課說的第一段話，就顛覆了我所有的觀念。

他告訴大家：「商業界就是一個冷酷的殺人戰場，頂尖人才聚在這裡頭互相廝殺。我今天來教你們，就是來傳授你們我的知識，以及告訴你們我的哲學，你們將來出去，就是想當一個成功的人，而成功人有成功的人的標誌。」

「It's a sign.」

他說：「你們，要跟成功的人交往！成功的人一看到你，就知道你也是成功的人，他們就會跟你交談，但如果你看起來就是一個普通人，或是一看就是一個 loser，那你就不要指望成功的人會主觀上在一大片擠滿灰濛濛 losers 的地方，把你當成一個人物，然後主動過來跟你交談，或是跟你做朋友。」

Scott 教授說完就晃著他手上那塊大金錶，對著全班同學說：「看到了沒有，It's a Rolex！It's a gold watch！」

接著他還從西裝外套的口袋拿出他的皮夾，從裡面抽出一張保險單，告訴所有人：「我這裡有一張保險單，我這隻錶若是掉

了、被偷了、被搶了，保險公司是會高額理賠的。」每個同學都目瞪口呆的看著他手上的保險單跟大金錶，上面載明了這隻錶的價錢。

還沒完！接著 Scott 教授又從包包裡拿出一個名片夾，唰一聲的拉開，只見一長鏈的信用卡，一張連著一張被拉了出來。

「這個，才是成功者的標誌！」

他用濃濃的南方口音，對著所有學生說：「我不教你們其它狗屎大小的事，我只教你們怎麼成功！想當 loser，你就去跟別人學，我上課很嚴格，我很容易發脾氣，我也很容易就當人！」

Oh. Wow ！很尖銳！

之後在 Scott 教授的課堂上，果然每個同學都聚精會神不敢鬆懈。上起課來，沒人缺席，沒人遲到，更沒人魂不守舍！尤其不一樣的，就是班上的男男女女同學，都變得衣著講究，看起來跟其他系所的學生有明顯的不同，引起整個商學院的外貌革命。

回想起當年在美國商學院留學的那段時間，常常帶給我很多震撼，除了這位 Scott 教授之外，還曾經有一位教授，在一個下著大雪的考試天，他帶著一隻巨大的牧羊犬走進教室，一進來就警告全班同學：「今天誰敢作弊，我就放狗咬死誰！」

Scott 教授對我的影響，並不只是在衣著品味上的提醒，還有一段非常、非常關鍵的話，他說：「你永遠、永遠要注意最新的

科技，跟進世界經濟最新的趨勢。」

當年（三十幾年前）Scott 教授所舉的例子，指的就是後來的 HD 高畫質電視機，他在那個年代就已經注意到這個即將改變未來的新科技。他問大家你們知道為什麼嗎？因為他的好朋友是 CNN 的老闆，而當時還沒成為美國總統的川普，聽他說話的口氣，好像也是他的朋友，所以他比一般人更能掌握趨勢的流動，搶先一步站在潮流的尖峰……。

Why ？因為他是一個成功者，成功者很容易結交到成功的朋友，而這個世界的運轉，則是由這些成功人士的手在推動。

Scott 教授的那段話，一直影響著我，所以我的眼光也持續不斷的關注著國際間的變化，在所有人都還沒意識到合資兼併的趨勢時，我已經看見了那個未來，可惜當年的台育高層並沒有跟著我的理念一起前進。

除此之外 Scott 教授有一個重要的東西，必須寫進我的口述歷史中，Scott 教授在學期要結束的最後一堂課，說了一句我在許多年後才真正明白的一句話。

Scott 教授說：「有一天，即使你會失去健康、失去財富、失去朋友、失去親人、失去你不能也不願失去的一切一切，你可能陷入絕境，你可能墜入深淵，但是，你永遠、永遠也不能喪失自己的勇氣！ Never ever ooze away your courage ！」……「去吧，孩子們，上戰場，去當一個 LEAN, MEAN, KILLING MACHINE ！去實現你們的夢想！」

相對於他剛剛在校園裡出現時，那種美國南方牛仔特有的張

揚和言語上的冷酷，我們班上的所有人一直到了最後一刻，才知道他是那麼的愛我們！聽了他臨別的囑咐，班上好多人都濕了眼眶，我的一生也受 Scott 教授巨大的影響。

在離開台育之後，我和所有決心創業的年輕人一樣，也遇過困難、也曾經跌倒，有的人還在起步的時候就退縮回去，有的人承受不了壓力中途放棄，有的人眼看就要成功，卻在終點線前面跌了一跤，從此一蹶不振，如果人生能夠重新再來一次，我想，一定還是會毫不猶豫選擇充滿尖石的那條路。

「唯有堅持改變，才能擁有未來。」

——創業的第一步怎麼開始的？

我先大概估算了一下開設公司需要多少資金，當然發現手邊的錢是不夠的，我開始拜訪一些熟識的老同學、老朋友，把我的計劃告訴他們，說服他們投資我的公司，但大部份的朋友很多都是普通公務員或是上班族，也不是很能明白我所預見的趨勢，而且當時臺灣社會的氛圍，幾乎是人人在談論投資股票、到處在耳語哪支股票馬上要飛漲、哪些內幕是金主的標的物，沒有人對於我的計畫有實質的興趣！

在游說了很久之後，有幾個朋友或許是基於友情，又或是礙於情面，勉強的拿了五萬、八萬出來，但即使這點錢，對於要成

立一家主要經營國際事務的顧問公司來說，當然是遠遠不夠的。然而對當時的我來說，集資到的每一塊錢都是無比的珍貴，因為，那代表自己有事業夥伴，至少，精神上不是孤獨的。

在資金好不容易湊到一個小規模之後，我開始進入所有人創業時的必經流程：首先最重要的就是找到一間適合的辦公室！

我記得當年台北的法律就已經是如此規定，不是每棟建築物都能登記公司，所以在尋找辦公室的據點上，花了不少時間和心力，我每天早上翻開租屋廣告，一間一間的和房東聯絡之後，就開始到處去看房子，有些地方雖然格局和環境符合心中理想，但租金超出預算太多只能放棄，有些偏離市區太遠，有些四周的環境又過於龍蛇雜處，這樣折騰了一陣子之後，好不容易才找到一間租金合理的地方，雖然整棟樓顯得有點老舊，但已經是當時所有條件中最好的。

就在我滿心期待的簽完約、付完訂金，覺得一切準備就緒的時候，一回到家，我就接到一位股東的電話，要求我把投資的錢全部退給他。真是晴天霹靂⋯⋯！

我記得那通電話講了兩、三個小時，我不斷的請求對方再給我一點時間，現在已經找到辦公室了，等公司正式成立之後，我一定會用最快的時間去證明我掌握的趨勢是有價值的，公司一定可以賺錢的⋯⋯。但不管我怎麼說明、怎麼請求，對方還是堅持要我把錢退給他。

最後，那位老朋友只留下一句話：「總之，快點把錢還我！！！！！」說完，啪一聲電話就被掛了。

我聽著話筒裡傳來的掛線聲，第一次感覺到，原來人跟人之間，不管多少年的交情和信任，為了幾萬塊錢就可以蕩然無存，你的理想和堅持不會被當成一回事，而唯一支撐你繼續走下去的，只有堅定選擇改變自己未來的那個信念。

唉！我在那個時候的感受也是相當複雜的，就好像我放棄了一切，鼓起了最大的勇氣，動身要去一個遙遠的地方開疆冒險，我收起了行囊做好了準備，就在出發的前一天，原本說好要同行的夥伴，找了一個不是理由的理由，堅決地要離我而去！

我從原本優渥的生活，掉進了一個拮据的處境，心裡有股很悲涼的感覺。

但我沒有退路，只能前行。

——創業才剛起步被股東要求退錢，接下來該怎麼做呢？

隔天一大早，我就先去把好不容易找到的那間辦公室退訂，把手邊的資金硬是擠了出來還給那位股東。其實，像這樣的情況，前後發生過兩次，都是在公司面臨困難的時候股東要求把錢拿回去，我也是二話不說把錢還給了那位股東。

即使再拮据，我都絕對不欠人一毛錢，這是我的原則。

現在回想起來，雖然都只是幾萬塊錢，但在那個當下，心理上的打擊遠大於財務上的窘迫，精神上越發感到孤獨。但是不管怎麼樣，該走的路還是得走下去，即使被跘了一下，也不能因此停留在原地。

　　雖然一切又得從頭開始，但老天還是眷顧我的，沒過多久我就找到了一間位於基隆路上的辦公室，雖然大樓的外觀有點老舊而且顯得不夠體面，整體空間比原來談好的那間辦公室更小了，而且，還得跟另外一家公司一起分租，但稍微整理之後，勉強看起來像那麼個樣子，對剛剛創業的人而言，尚且說得過去。

　　找到辦公室之後，我就開始籌備著前置作業，計算著要雇用多少員工、要不要個助理兼祕書，要買幾套桌椅、什麼價位的、什麼風格的、有沒有適合顧問公司的二手辦公桌椅？有沒哪些地方需要地毯來提高品味？有些地方不得已必須要重新裝修，又得再花多少錢？不自己開辦公司，還真的不知道這些瑣碎的東西，買起來真要命！

　　在各種情況都非常緊迫拮据之下，我的第一家公司「芙蓉國際顧問股份有限公司（Ramington International Consultants Ltd.）」就這樣誕生了！

──為何將公司取名為「芙蓉」？

　　先從公司的英文名開始說起好了，在創立公司的時候，我第一個想法就是公司的名稱要好記，尤其我們要走的是國際化業務，所以必須讓外國客戶一聽就能記住。

　　我想到一部我非常喜歡的外國影集，是由 Pierce Brosnan（皮爾斯・布洛斯南）主演的《Remington Steele》（中文翻譯：龍鳳妙探），那部影集當年在國外非常有名，Pierce Brosnan 也是

從那部戲開始走紅，後來演了 007 系列電影成了國際巨星，果然，事實證明，後來只要是外國客戶聽到我們的公司名稱，一下就能記住。

至於公司的中文名，也是由當年一部有名的電視劇《芙蓉鎮》發想而來，希望我們能像裡面的主角一樣，為了理想不屈不撓的奮鬥到底！

雖然辦公室設好了，名字也取的不錯，但其實當時整個公司是很寒碜的，因為規模小，又是新公司，很難接到上市公司或是較大私人企業的案子，但因為我們標榜具有處理國際事務的專業，所以當時找我們的案子，都是一些像是跑腿但起碼是能跨出臺灣的外國案子。

舉例來說，某公司要到東南亞去設置生產研發基地，就會委託我們去處理一些手續，又或是併廠、購地，需要跟當地的機構進行商業談判，類似這樣的案子我們接了很多，雖然過程很繁複，格局也比較小，但勉強能夠維持公司營運。

就在公司稍微上軌道的時候，前面提到的另一位股東也開口把資金要回去，只不過這次比較委婉一點。我在辦公室裡接到要求退資的電話，當時辦公室裡空間很小，所以我無論如何壓低聲量，試著讓股東再給我一點時間，狹窄的空間裡瀰漫了一種難以言喻的尷尬氣氛。

掛完電話，我向那個唯一在辦公室裡的助理秘書說：「噢，不是什麼問題，就是一個老朋友……」好像我真的做了什麼見不得人的事，正為這個辯解呢。「沒關係，我明白」助理回答說。

　　那個月，我給幾個員工發放了薪水。第二天，其中兩位就再也沒有出現了，包括那位助理！我沒有生氣，也沒有打電話給他們，我心裡想說的，正是前幾天助理說的那冷淡的六個字：「沒關係，我明白。」

　　然而創業就是這樣，你只能相信自己、告訴自己，沒關係，繼續往前走，只要還能多走一步，都不能放棄。就這樣，一天過一天。有時候，我甚至開始懷念在台育的日子，西裝革履，意氣風發！

～≈✦≈～

　　在創業初期的那段日子，每天都有不同的困難，主要是資金少，客源少，有許多時候我不願老待在那狹小的辦公室裡，讓員工看到我的憂愁，所以我常常獨自坐在國父紀念館前的廣場，看著熙熙攘攘的人群，各個恣謔歡笑，自己心中卻有千斤沉重難以釋放。

　　每當此刻，總有個畫面一直出現在我的腦海裡，揮之不去。

　　就在完成學業，即將離開美國的前幾天，一位我很敬佩的教授 Carol Nielsen 把我叫到她跟前，很是慎重的對我說：「你是我最好的學生（之一），你今天離開了學校，我記下了。等你賺到了第一個一百萬（美元），一定要馬上讓我曉得。我要知道，我最好的學生得花多長的時間，能在面對驚濤駭浪的商場，初步能成功的證明自己。」

我從來沒能料到，這種心理上、精神上的痛苦，竟然比財務拮据上的困境，更折磨人！那段時間，我幾乎忘了怎麼笑了。不斷反覆問自己，何以困頓如此，真的是自作自受嗎？想當初要離開學校時，那種迫不及待想面對未來種種挑戰，那種仗劍千里睥睨一切的氣概，此時的困頓讓內心有無法承受的羞愧感！

回憶當時，為了自己給自己打氣，我心裡最常響起的一首歌，便是王海玲的那首〈不要說再見〉。

> 我撥開重重迷霧看見藍天。
> 我面對狂嘯風雨勇往直前。
> 不再徬徨迷失。
> 不再回首從前。
> 讓陰影消失，如過往雲煙……

——這樣的情況大概到什麼時候開始有了轉機？

轉機？你問到了一個關鍵性的問題！

美國知名投資專家 Charlie Thomas Munger（查理・蒙格）曾經說過，當成功概率很高的時刻，下最大的賭注，而其他時間按兵不動。

這就是轉機！我挺想這麼說。但是，我若這麼說，問題就在於「當成功概率很高的時刻」這幾個字上，因為很難有這種時刻。

因此，重點就自然而然的會落在「按兵不動」四個字，常常讓人誤以為，「按兵不動」也是處於對成功追求的狀態。

Warren E. Buffett（股神巴菲特）說的就更有意思了！

他說，「人生就像滾雪球，重要的是發現很濕的雪，和很長的坡。」這，很濕的雪，和很長的坡，指的是人、事、地、物的哪一個部分呢？我個人認為很濕的雪，就是隨時做好拼搏的那種狀態；而他說的那個很長的坡，我認為就是所謂的「轉機」。只是，在生命中，「轉機」往往不像看到「很長的坡」那麼明顯易分辨，明顯到讓你知道是到了該發起衝鋒號角的時刻了！

「轉機」（Turning Point）這兩個字問得恰好，只是似乎讓人有點聽天由命、漫長等待的感覺。我認為一個人會不會成功，不是資金夠不夠充足，而是有多少勇氣去面對挑戰，等你一直、一直、不退卻的正面迎接挑戰之後，才會有遇見「轉機」帶來了的「機會」（Opportunity）。

在那失去笑容的歲月中，我就這麼熬著、熬著……。一直到兩年後，皇天垂憐、列祖默佑，屬於我的「機會」就在一九九二年，來到了我的面前。

就是差不多在那年年底的時候，有一個位在臺灣中部的公司突然聯繫上我，因為當時我們很少有中南部的客戶，也不知道他們是從哪裡打聽到我，透過祕書的留言也只有很簡單的表示，希望能找我去看看他們的公司。

當時的年代，在臺灣，企業主找顧問師到公司去，是一件很體面的事情。所以我也沒想太多，做了一些準備就搭乘火車前往

台中，沒想到迎接我的卻是一次非常中南部式的震撼教育……。

那公司的老闆穿著打扮非常的隨性，一眼看上去，跟一般企業老闆不太一樣，體格魁梧的他全身散發著草根味，非常的熱情、爽快但又不失禮貌，老愛夾雜一點不算好的英文，有一種跟北部人截然不同的豪邁，他一見到我，還沒寒暄幾句，就把我拉上他的黑色大賓士。

我以為馬上要去公司開展工作，結果他直接把我載到了舞廳！

舞廳裡的燈光忽明忽暗，五光十色，舞池裡的男男女女配合著震耳欲聾的音樂跳著舞，我跟著他走到包廂裡，只覺得整個腦袋都轟隆隆的沒辦法思考，那位老闆見我不自在，就點了酒，要我放輕鬆，說他的習慣就是喜歡在舞廳談生意，由於現場的音樂實在太大聲，我也只能拉高音量的問他，希望他能趕快告訴我，他找我來到底有什麼事情，他卻說：「黃顧問，不急，先喝酒，你今天也不要回台北了，反正吃住都算我了，你放輕鬆，Relax，Relax，我們先喝酒。」

聽他這麼說，我整個人都呆了，我專程從台北下來，難道就是為了來舞廳喝酒的嗎？但盛情難卻，我只好跟著乾杯，才喝完一杯酒，他接著又要我點小姐，我連忙說：「不用不用，這個真的不用。」但他還是點了，說是這裡的習慣，有小姐幫忙倒酒，談事情會比較容易一點。

小姐漂不漂亮，我其實不記得了。但是現在回想起來，就連參加十次總裁級別的會議，都沒那個當下那樣讓我如坐針氈。

　　第二天總算可以到公司談正事了。那位老闆一早就派車來接我，到了公司之後，他把業務部經理、財務部襄理、採購部經理都找來，直接就召開會議，在會議開始的時候，他向對所有人說：「我今天從台北找來一個很厲害、很厲害的顧問師參加我們的會議，但是各位不要緊張，大家就像平常開會一樣，嘿，Relax，直接報告自己部門的業務就可以了。」

　　老闆說完之後，我坐在一旁聽他們開會的內容，一開始或許因為我這個外人在場，各部門主管在報告的時候都有些保留，老闆發現之後，就開始叫他們自己披露各部門的問題，比如跟客戶之間遇到什麼困難、訂單為什麼卡住、生產為什麼過量……等等等等。

　　這個會議整整開了一個早上，到中午要吃飯前才暫時休會，但還沒結束。根據以前在台育當顧問師的經驗，我以為中午應該就是跟著公司同仁們一起吃便當，下午繼續開會，結果老闆說：「黃顧問，你跟我走。」又把我拉上了他的黑色大賓士，呼的一聲，時速近百的飆在藍天白雲下美麗的公路上。

　　我還真怕他又把我載去舞廳。

　　他一路狂飆，沒有說話，我可以感覺到他的焦慮，但我沒有多問。他帶我來到一間高級的日本料理店，很快的點完了餐之後，我正要開口，老闆又說：「不急，我們先把飯吃了。」

　　那頓飯菜其實很好，可惜我沒有心情去品嚐。心裡還掛記著接下來的議題上。

　　在吃完飯之後，那位老闆一反先前豪邁吆喝的模樣，整個人

變得很誠懇、很嚴肅的對我問道：「黃顧問，你現在可以告訴我，我公司是不是哪裡出了問題？」

他這一問，就問到了點上了。我坦白的告訴他：「我的確是看到了一些問題，但我不方便開一場會現在就告訴你問題在哪裡，因為這麼做是不負責任、不嚴謹的，你必須把你這幾年會計帳拿給我看。」我還特別強調是「真實的會計帳」。

那老闆一聽，先是愣了一下，隨後就笑了笑的回我：「當然，我們公司沒有兩套帳，等一下回去，我就叫財務部把報表拿給你，你要幾年？」我回他：「看三年就可以了。」他馬上就說沒問題，等一下回去他就叫人把三年的財務報表全部拿給我。

接著他又問我：「黃顧問，你預計要多久時間才能告訴我問題在哪裡？」我說：「明天早上」一聽我這麼說，老闆一臉驚訝的看著我：「明天早上？」我說：「是的，明天早上我就能告訴你問題在哪裡。」

聽到我這麼說，原本一臉緊張嚴肅的老闆，可能心情一下子放鬆了下來，突然冒了這頓飯第一句英文：「Very good！就tomorrow morning 吧！」

回到他的公司之後，上午開會的那批主管正著急地等著繼續開會。

老闆把手一揚說：「會不開了」。此時，我看到眾人一臉狐疑地散了去。他又馬上叫財務部裏理把三年份的報表拿給我，還強調要「一張不漏」。等報表到齊之後，那老闆問我打算怎麼作業？我請他先派車送我回飯店，明天他說幾點開會，我就幾點開

會，那老闆一聽，好像有些懷疑，但還是開口說了開會時間：「九點。」我回他：「好，就明天早上九點！」

回到飯店，我把三年份的報表全部攤開，一筆一筆的開始看，我心裡暗暗高興，等了兩年，終於有真正像樣的任務了！

於是，我把我畢生的功力全使了出來，用我的經驗、我的智慧、我的能力、跟我在美國所學的各種的高級管理，以及財務分析的技巧，透視每一筆數字背後的祕密，在我的筆記本裡，一一模擬他的產業特質，還原了另一份我認為貼近真實情況的報表。

這花掉了我許多時間！等全部數字都整理完畢之後，我把他們公司給的報表放在一旁，開始分析我自己還原出來的報表。

我反覆測算了一整個晚上，專注到連晚餐都沒有吃，直到月明星稀的時候才從飯店走出來，看看附近有沒有什麼店家還開著。吃了點宵夜之後，我走在深夜無人的街道上，四周非常的寧靜，而我的心情則是非常的篤定，因為我已經知道他的公司問題在哪裡了。

第二天一早，我打開行李，拿出了那條圖案畫滿了削尖鉛筆的領帶（題外說一下，這條領帶我已傳給我的長子黃策了）。那是我最喜歡的一條領帶，因為英文有一句話，叫 sharpen your pencil，只要有重要的談判或會議，我都會戴著那條領帶，代表準備進入一級作戰狀態，讓所有的驚奇一觸即發！

我戴著那條領帶走進會議室，一推開門，只見裡面滿滿都是人！

我原本以為是跟老闆單獨開會，沒想到他要求所有部門主管

全部列席。看到這麼大陣仗，讓我有點猶豫了，就像一個病人得了癌症，身為醫生，你是要告訴他一個人？還是要告訴他全家？哇，這實在太困難了。

我坐定位之後，發現氣氛凝重得讓人窒息，所有的人沒有一絲笑容。我看向那位老闆，發現他的穿著也跟之前不一樣，他也穿了西裝、還也打了領帶，但整個人的氣場卻是低沉的，好像他已經預知有件重大的事情即將發生。

在一片凝重的氣氛之下，老闆開口對著全部人說：「現在就請黃顧問告訴我們，公司到底出了什麼問題！」

我看了看他，再看了看各部門的主管，每個人都很緊張、很嚴肅的望著我，等待我的答案。我猶豫的想了將近半分鐘之後，我問他：「你要我直接講結論嗎？」，他說：「是的，請你直接講結論」，我說：「結論就是你們公司在過去這幾年裡面，不管財務報表上的數字是多少，我認為實際上應該總共虧損了兩千七百萬。」

現在回想起來，我還是能感覺到，當時整個會議室裡空氣是凝結的，完全聽不到一丁點聲音，氣壓變的更加沉重，每個人都低著頭不敢說話，因為在他們的財務報表裡，公司完全，我強調，完全是沒有虧損的。

不知道空氣凝結了多久，突然碰的一聲，一個大力拍桌子的響聲傳來，把所有人都嚇了一大跳，我看向那位老闆，他當著所有人的面指著我，以非常大的音量對著我說：「神！你是神！」

會議室鴉雀無聲，只有「你是神！」這幾個字，在空氣中變

成了迴音⋯⋯。

那位老闆說：「你說的數字一毛不差！因為只有我才知道我拿了多少錢貼進去。我只是不願意讓我那幾位小股東擔心，才美化了財務報表。」接著他對著公司所有人說道：「你們大家聽到沒有，這就是公司的真實狀況！事後我們好好做檢討，今天就到這裡，大家散會！」

每個人默默的起身離開會議室，等所有人都離開後，老闆就低聲地問：「我現在應該怎麼辦？到底錢是從哪裡開始虧的？到底是哪個部門出了漏洞？」

我告訴他，一個公司這樣規模的虧損，不會只有一個部門有問題。從採購開始，到物料管理，再到出口部門，每個環節都可能出紕漏，公司才會虧那麼多錢。

我告訴他：「你先去把物料和進貨做一個交叉比對，看數量跟接的單子對不對的上，就能知道是不是採購多了，接著再從生產去查，有多少東西是部門裡提報上來要報廢的，那些報廢的東西是真的壞了，還是有人故意報銷，再私下拿出去賣回給供應商？如果是賣回給供應商的，就循環在下次採購的訂單中，賣回給公司，也不無可能。如果每批訂單向外採購零配件都是多買很多，採購部門肯定跟收回扣有關係；如果還有人故意報銷、報廢，那麼廠裡連廠長都得注意⋯⋯。」

聽完了之後他問我，假如真的查出來，他應該怎麼重新整頓公司？我告訴他，我的工作就像一個醫生，我只能先替他找出病根，等手術切除之後，接下來的後續治療，如何養傷，如何恢復

元氣重新出發，只能靠他自己了，他明白的點點頭，最後要離開前他告訴我，等他整頓完公司之後，他會馬上聯繫我。

開業以來，我第一次憑著顧問師的本事，拿到了一張大金額的支票！在回台北的列車上，我笑了，好久以來，我第一次真心的笑了。

～～✦✦✦～～

果然過沒多久，那位老闆又找了我去他的公司。這次再去時，發現有些部門主管已經被撤換了，我以為他又要我再幫診斷一次現在公司的情況，但他卻找我談了另一件事……。

那次會面，他告訴了我真正的理想，他想要做一些能夠跨出臺灣本土的事情，像是引進國外的技術和市場，跟自己公司做結合，問我應該怎麼做。

他的這個想法，和我當年在台育提出給邱創盛總經理的概念很接近。我馬上就建議他必須尋求國外的策略聯盟，他問我什麼是策略聯盟？我告訴他：「用大白話說，就是有些地方合作、有些地方合資，有些地方你要出資，有些地方要把技術或專利拿出來跟對方分享，有些地方要市場互相交換，在戰略上是一種雙贏的形式，這就是策略聯盟。」

他一聽，馬上就說：「是的，就是這樣子！ Very Good 的！」

在有了共識之後，我們正式開始了合作關係。後來我幫他做 G3 法拉利的案子（G3 Ferrari 為義大利法拉利集團，或許是同家

族中的家電事業，這點我不清楚）。據說這次的國際策略聯盟，變成當年臺灣許多商學院的學習案例，也被很多人當作研究題材，也曾刊登於商業週刊第三百期（1993 年 8 月 23 日出版）。

記得當年在進行 G3 法拉利的策略聯盟的那段時期，還發生了一段有趣的插曲，讓我非常難忘。那時候有一家跟我們合作的義大利顧問公司「LUCINVEST」，裡面有一位祕書，名字叫 Patrizia Broccati，在早期還沒有智慧型手機和眾多通訊軟體的年代，國際間來往的聯絡方式，都是以傳真為主。在我第一次從台北飛往義大利與他們公司會晤時，那位祕書特別讓一位博士級的助理顧問師到機場為我接機。

那位助理顧問師名字叫作 Dott Francesco Maria Paglioli，我對他的印象非常深刻，一直到現在都還記得他的原因很有趣，是因為那位祕書在跟我聯繫好預計抵達的時間之後，可能她本身沒有東西方的時差概念，把「義大利抵達時間」、「台北出發時間」，整個互相交換了，讓那位助理顧問師整整早了一天到機場來接我。

那位助理顧問師接到了任務，還特別隆重的打扮了一番，開著他的賓士車，準時來到機場接我。第一天，他看著飛機明明抵達了，卻沒見到半個東方人，他只好拿著牌子，西裝筆挺的站在機場大廳從白天等到了晚上，一直等到了機場都淨空了還在等，機場人員問他在等誰呀，他說他等一個「China man」，機場人員告訴他，今天已經不會有飛機了，叫他明天再來等。於是他隔天一大清早又來到了機場，同樣西裝筆挺的拿著牌子，站在機場

大廳等呀等，等到機場的人員都調侃他，問他：「你等的 China man 到底到了沒？」就這樣等了兩天，終於等到了我。

記得那天，我一從機場的入境口走出來，那位助理顧問師就興奮的迎了上來，差點沒給我一個擁抱，旁邊的機場人員還為他熱烈的鼓掌，好像他完成了一件偉大的任務。一上了車他才告訴我，原來，那位祕書搞錯了時間，讓他在義大利機場罰站了兩天，還成為了機場的娛樂笑話，每個機場人員都時不時的關心他等的 China man 到底會不會出現。因為這個烏龍事件，後來我跟那位助理顧問師也變成了很好的朋友。

在那段時期之後，我們公司業務規模愈來愈大，接觸到客戶層級愈來愈高，還有很多從國外來的讓人意想不到的訪客。

有一天，有兩位來自荷蘭 Groningen 經濟發展局的人士來拜訪我，其中 J. Ebbink 是經濟發展局的經理，另一位 W. de Vries 先生則是經濟發展局的事務總監，他們專程從荷蘭飛來臺灣，詢問我關於臺灣和歐洲進行經濟合作的意見，聽完我的意見後，第二天就返回荷蘭了。我猜想可能是 G3 法拉利的成功，在國際間，或至少在歐洲某些國家地區也受到了相當程度的重視。

好事成雙呀！當荷蘭經濟發展局他們兩人離開後沒多久，我就接到了一通來自美國律師事務所 Goodwin Procter & Hoar 的電話……

第三章
勇氣

　　每天早上我跟黃先生進行訪談之前，都會不約而同的把手機轉成震動，為的是避免中斷或干擾，當然還有禮貌上的問題。

　　有趣的是，在早年還沒有手機和網際網路的時候，和國際間往來生意或是朋友間的聯繫都是依靠電話和傳真，回想起那個年代，黃先生說他特別喜歡聽到電話響，好像每次電話一響就有好事要發生。

　　在他創業初期，總共有三通電話影響（或是改變）了他的一生，其中，第一通就是來自這個美國 Goodwin Procter & Hoar 律師事務所的電話。

　　Goodwin Procter & Hoar 是一家全球五十強律師事務所，成立於 1912 年的美國，總共有一千多名律師組成，在波士頓、法蘭克福、香港、英國倫敦、洛杉磯……等地都設有事務所，他們的專業範圍涵蓋金融機構的交易工作和高風險訴訟，及知識產權、私募股權、房地產市場、證券訴訟……等，是美國最負盛名的事務所之一。

　　而當時邀請黃先生的正是他們事務所的合夥人 Paul F.

▲ Goodwin Procter & Hoar Mr Paul Ware

Ware, Jr，他是美國司法史上極為重要的人物，前十大、二十大的企業，都是由他擔任法律顧問。

——Goodwin Procter & Hoar 當時致電給你的原因和目的？

我其實不清楚他們是透過什麼管道找到我，在那通電話裡，他們先是介紹了他們自己，對我們做了一些公司背景的確認之後，很快的，這間事務所的合夥人 Paul F. Ware Jr. 就發了一封邀請函給我，希望我能到他們波士頓總部去一趟。在到達波士頓之

前，我只知道 Goodwin Procter & Hoar 是一家規模很大的事務所，全美國幾乎所有最頂尖的律師都在他們旗下，他們在全球的影響力不管是過去還是現在都是非常巨大，而那趟波士頓之旅帶給我的影響和洗禮，至今難忘。

他們的總部位於波士頓金融區，叫做 Exchange Place，那是一棟高達 40 層樓高的摩天大樓，外觀由一格格數以千計的反射玻璃建構而成，宏偉、氣派，天氣好的時候，藍天白雲倒映在大樓表面上，遠看就像是一面巨人的鏡子，是當時的波士頓金融區裡最醒目、最具有代表性的建築物。

挑高透亮的大廳寬敞無比，正中央是一座舖著紅色地毯的大樓梯，看上去大概可以平行容納一、二十人齊步走上樓，就像在美國電影裡看到的那種場景，非常的氣派，大廳旁邊的四個角落有很多電梯，分別通往不同樓層，我看著電梯不知道該搭哪一台，只好去找前檯，跟他們說我要找 Paul F. Ware 先生，他們一聽，立即就引導走上那個大樓梯，往二樓走去。

我一邊跟著他們走上那座舖著紅地毯的樓梯，一邊也打量著這宏偉的建築，感覺就像走在鯨魚的肚子裡，裡面來往

▲ Goodwin Procter & Hoar 波士頓總部

的人，全是世界頂尖菁英，我第一次見識到，一個服務業的規模
居然可以做到這麼大！

到了二樓 Paul F. Ware 的辦公室，他一見到我就說：「你來了，
我們在等你。」幾句寒暄後，他先請祕書安排我到他們的大型會
議廳，接著馬上召集了大約七、八位高階主管和幾位律師一起和
我進行會談。

看著這麼大陣仗，我當時有點發懵了，腦子也有些錯亂，一
來我不知道他們要跟我談什麼，二來，以他們這麼大型的事務所，
接觸過多少全球企業，為什麼會飄洋過海的找到我們這個在臺灣
還在草創期的小公司？

即便有十萬個為什麼在心頭翻攪，加上看到這樣龐大服務業
裡帝國般地氣派，內心難免生出驚訝又有些困惑，但表面上我還
是很鎮定。

（說個小祕密，我們的訪談過程中，黃先生在談到創業的前十
年的故事時，常提到「江東子弟的風采」，意思是不管遇到什麼事、
什麼人、什麼場面，都要鎮定、沉著，所以我猜在那個當下，他大
概也在努力保持著「江東子弟的風采」吧。）

———他們在那場會議中跟你談了什麼？

當所有人都坐定之後，他們首先介紹自己，說明 Goodwin
Procter & Hoar 在美國境內事務所的規模，展現他們的威力和影

響力，接著問了我一些國際性事務在臺灣企業的概況，大約兩個多小時的會議，直到結束之前，我還是弄不明白這個美國巨無霸公司，到底找我來做什麼？

最後，沒有滿足我的好奇和滿滿的疑問，他們也只表達了希望我在波士頓多停留三天。

在波士頓的那幾天，有時候他們會找我去公司聊聊天，有時候會帶我到波士頓的幾個景點走走看看，過程中他們都是用一種很輕鬆的口吻和態度和我交談，讓我了解他們的事務所是怎麼運作的。

舉例來說，他們有一個像私家偵探（PI）的部門，負責調查很多商業活動，還有會計師團隊負責進行分析，整個事務所光是律師就超過一千多人。顯然當時他們有的人招呼接待我，另外有的人可能密集在討論些什麼事情，最後再決定是否把他們的意圖告訴我。

就這樣大概過了兩天，第三天中午的時候，他們帶我到一個臨近海港的餐廳，我們一邊喝著紅酒，一邊吃著波士頓龍蝦，窗外有著無敵的海景，還有漫天飛舞的海鷗。除了心中有解不開的疑問外，其實還過得挺開心。行樂得及時，我用鉗子取出一大塊龍蝦肉，張大了嘴正要吃下的時候，他們突然開口對我說：「我們想跟你們簽一個 joint service 的合約」，我一聽呆了，整個人愣在原地，手上還抓著龍蝦，嘴巴微開的看著他們，窘態畢露無遺，毫無「江東子弟的風采」！

　　（黃先生深入淺出地說明，joint 就是關節的意思，他把專業名詞以形象的方法解釋給我聽：當一個大型企業需要將臂長延伸到另一個原來搆不著的地方時，他就會需要一個堅固又靈活的 joint，聯結上另一節手臂，來協助他開拓更新更大的企業版圖。）

　　他們看我半晌沒做出反應，又再說了一次：「你可能沒聽明白我們的意思，我們已經決定跟你們的公司一起做一個 joint service 的合作，成為聯合夥伴（Joint Venture Partners），所以我們接下來應該需要簽一份合約。」

　　「哇！中了彩票！我的小公司要鍍金了！」我心裡這麼吶喊著！

　　「Chris，Chris，你聽見我們的話嗎？」我這時候回過神，表面上保持著鎮定，點了點頭沒有問為什麼，但我心裡是非常非常高興的。但高興不過三秒鐘，他們的下一句話，讓我的心情又跌到了谷底。

　　「在簽訂合作協議之前，我們希望能到臺灣你們的公司去一趟，增進彼此的瞭解，加強彼此之間的默契。」

　　聽到這句話我當真笑不出來了。你想想在當時，我們公司還只是一家僅僅放的下六張辦公桌的小事務所，連我在內只有七八名成員，要怎麼接待這樣一個美國巨無霸？老天爺是不是在跟我開玩笑？

　　我心裡非常的忐忑不安，但表面上還是保持鎮定的告訴他們，我們只是一個很小的公司，可能沒辦法接待你們，結果 Paul F.

Ware 就對我講了一句很關鍵的話。

「你沒聽過 small is beautiful 嗎？」

接著又說：「我非常期待去臺灣參觀你們的事務所，體驗你們的美食，我會儘快安排這個 trip，咱們到時見。」回想當時，我的心情就像坐雲霄飛車一樣，在還沒到他們事務所之前，我自認為我們公司雖然不大，但在臺灣顧問界的小池子裡還算蠻威風的，可如今，羽翼未豐的雛雉，能立馬展翅攀附高枝嗎？

這會兒一通電話讓我來到了美國，像劉姥姥走進這有如電影場景般的巨無霸事務所，這份震驚的心情還來不及消化，我就坐上飛機回到臺灣……。一路上我的心情都很混亂，即使對自己的能力從來沒有懷疑過，但想到公司現況，那麼小的一間辦公室，到底要怎麼塞的下那些外國客人？等他們來了之後，我們全部人要去哪裡開會？到哪裡吃飯？要穿什麼衣服？戴什麼領帶……？

唉！大大的好消息還來不及高興，就被無數隨之而來的煩惱給淹沒。

原本我還打算，不如跟朋友借間大點、氣派點的辦公室，但根本來不及，想來想去到最後，我心裡只有兩個字，就是「完蛋」。我完全可以想像他們來到我們的辦公室之後，臉上失望的表情，不管我們怎麼接待、在哪裡接待，其結果都是一樣，就是完蛋！

但不知怎麼地，我突然想到 Paul F. Ware 那句話「small is

beautiful」。因為這句話，我最後還是決定一搏！因終將無法避推，只能提起勇氣，挺起蓬門寒戶的脊樑當頭迎對皇權貴胄，雖，千萬人吾往矣！

隔天我馬上召開了緊急會議，一邊預訂飯店、餐廳，一邊聯絡朋友，又再去找了幾個看起來體面的朋友，到時候假裝是我公司的人，幫忙充充場面。

過了沒幾天，他們就真的來到臺灣！

我方所有人加上臨時找來的朋友，大概有十一、二個人，見到 Paul F. Ware 一行人的時候，我們每個人都保持著微笑但表情都很僵硬，其中有一位臨時借來充數的朋友聽不懂英文，結果人家一見到他，就跟他 say hello，他整張臉漲的紅通通的，一句「How do you do」都說不出來，現場我們大家都快暈過去了…！

現在回想那一天，真是緊張又好笑。

他們來了之後，除了第一天在芙蓉辦公室短暫停留，其它時間我們都在世貿大樓旁邊的凱悅飯店接待他們，吃飯也在凱悅，開會也在凱悅，不管做什麼都在凱悅飯店，才短短幾天就快把我們這個當地主的小公司的周轉資金快耗盡了。

在過程中，Paul F. Ware 表達他們此行真正的目的，就是要看看我們公司長什麼樣子，臺灣又是什麼樣子，因為他們當時可能根本沒來過臺灣，只是在地圖上看到過臺灣，但這裡或許就符合他們的戰略佈局。

他告訴我，他們要尋找的是一個年輕的、有為的公司，不管規模大還是小，只要它的領導人具有卓越的靈魂，就會帶給這公

司不同的未來。雖然臺灣是個小地方，雖然我們公司就是一家很小型的事務所，但只要培養大了，就能成為他們堅強的代理人、了不起的夥伴。

最後，Paul F. Ware 對我說：「我們相信，很快的，就會看到你們的成功。」

和 Goodwin Procter & Hoar 的合作，替當時的芙蓉國際以及現在的西華集團打下了基石。於今回顧往事，或許，我們的成功比他們當初想像的慢了好一些，但他們當時帶給我的衝擊以及一眨眼間帶給我公司無論是形象上，或是專業上的壯大，至今仍深深烙印在我心裡。他，用巨人的實力做後盾，打破了我是小公司的格局！

我把當時這個特殊的經歷，轉化為一種思維上、智慧上的蛻變，借著這個訪談分享給大家：

在我創業初期的時候，或許跟很多人一樣，希望能懷才並且「得遇」，所謂的得遇，常常指的就是希望有人提供比較多的資本給你發揮才幹。我認為我當時或許也存在這樣的期望，但我並沒有到處去說服別人來投資我，或是宣揚我的公司。

所以在那個時候，並沒有人拿出有份量的資本來投資我，可是讓我很意外的是得到了和 Goodwin Procter & Hoar 合營的機會，他們用很雄厚的商譽和勢力，為我和我的公司做背書，把我們的成功也視為他們的成功，這對那時候的我來說，是一段很重要的洗煉過程。

經過這次的合作之後，我有一個很深刻的體悟：這不也是一

種投資嗎？

　　我囉嗦一點的說說這個心得：在剛開始創業的時候，別人拿錢來投資你、壯大你，這在會計學裡叫實收資本（Paid-in capital）可理解為注入的資本，但 Goodwin Procter & Hoar 對我們注入的卻是勇氣（Paid-in courage），這在會計學裡就體現不出來了。

　　我很感謝他們選擇了用這樣的方式來增援我，把一隻醜小鴨變成了鳳凰，所以我相信，Paid-in courage 比 Paid-in capital 更能造就長遠的成功，或許大部份的人在創業的初期，都是希望別人能為自己的公司投注資金，在短時間內達到目標，但卻很少有人能為你投注勇氣，而投注勇氣是能從根本上壯大你的靈魂，堅固公司磐石，所以我認為，**注入勇氣比注入資本更能帶來成功！**

帶來勇氣的朋友

——為什麼一家美國的律師事務所，需要和亞洲的顧問公司合作？

　　律師事務所在專業上分了好幾類，有的小型事務所專門負責訴訟，有的是專攻商標，有的是發明，有的是跨國合作，所以歐美的企業要進軍亞洲，也是需要法律顧問，或是合作顧問，或是經營顧問，而他們當時的眼睛已經是望向了亞洲，所以他們必須要去找尋，他們認為合格的合作夥伴。

而一般人的印象，可能認為律師就是專門在打官司的，但其中有很多商業行為。比方說，有兩家公司或企業要談一個大型合資案，就需要負責談判的顧問師，而在談判的過程中除了要有財務分析師、會計師的協助，當然還有律師，因為合資案在經過談判之後，最後所有東西都會變成法律文件，所以一定要有律師。

——他們找你們合作的市場需求是什麼？

類似這種合資、合營、合作，尤其是跨國的企業，都一定要有律師在這裡面，所有亞洲、美國、北美、加拿大之間含商業行為的法律合作，都可以透過他們。

舉例來說，當時有一個客戶要到美國併購一家公司，他就需要有美國的律師協助，如果沒有跟 Goodwin Procter & Hoar 做聯合服務，我們的公司就無法接觸到這麼大規模的國際案子，又或者是他們在美國的客戶，需要到臺灣買下一個公司、工廠、或買下一個技術，那他們就有可能需要我們幫忙完成談判。

——以他們這麼大的規模，為何不直接找類似台育那樣大型的企管顧問公司？

緣分吧！除此之外，我真的沒辦法解釋。

當然也可以這樣去理解，以他們這種規模的事務所，須要找的是一個他們欣賞的、認可的戰鬥伙伴，假如他們找了一家差不

多規模的事務所,那家事務所未必會根據他們的理想及意願去行事。而芙蓉當時雖然創立不久,但我在日本和印度尼西亞都有可運用的人脈和資源,特別是在印尼,有幾年時間,我曾在當地協助了他們的地方發展,當時的印尼政府還特別頒了一個獎給我,同時也形容我是「天上派來的天使」。我們在印尼的事業非常順利,後來因為我的大兒子黃策即將出生,才決定暫停了印尼的事業,回到臺灣,當時我還出版一本書叫《投資發展在印尼》。

在當時 Goodwin Procter & Hoar 拓展亞洲的計劃之中,臺灣、日本、新加坡都是他們想延伸的方向,所以需要在一個重要的樞紐帶上尋求合作夥伴。放眼當時在臺灣近一百家的管理顧問公司當中,多數集中在理論教學和員工士氣提升方面。(聽說)只有少許像我們這樣是有能力執行國際性合作事務的公司,而且是臺灣的本土公司。

另外還有一個可能,在完成 G3 法拉利的策略聯盟之後,當時有許多大學或是商業機構邀請我去演講。那段時間正值我們公司業務起飛的時期,即使每天的工作都非常的忙碌,我還是盡可能的抽出時間或是犧牲週末的休息日,去將我過往的經驗和我對經濟、商務上的想法,分享給在學的學生以及即將踏入商業戰場的年輕人們。也許這樣微小不起眼的事,不是許多人眼中的「大業務」,但對我來說就像播下一顆又一顆的種子,也許那些莘莘學子可以從我的經驗和分享之中,改變了他們的人生道路,在我不知道的地方開花結果,這對我來說就是一件很有意義而快樂的事。

後來在出席過的演講或座談會結束後，常見一些論文或是報導引述我的談話及觀點，加上 G3 法拉利這個成功的案例，我猜想，或許這就是 Goodwin Procter & Hoar 之所以注意到我的原因。透過他們自己的研究團隊，經過調查、研究、評估之後，決定與我們接洽。

現在回想起來，我認為他們當初的決策是正確的，只是我們當時實在是規模太小，能給他們這樣的巨無霸公司帶來的業務利潤確實有限。不過，對我的公司而言，跟他們的合作所帶給我的衝擊和啟發，成為了我創立公司以來影響最巨大的事，我在其中得到了很多經驗，也學習到事豫則立的觀念，也因此做了改變。

——所謂改變，實際的影響是什麼？

首先，以我的體會來說，他們非常的敬業，在面對每一個客戶的案子，都是用一種非常的嚴謹的態度，他們在初期就會派調查團隊去核實其中所有的細節，盡可能去推敲背後的真實情況，為此，他們建立了一個非常堅固的調查網絡。

舉例來說，假如今天你有一筆比較大的投資，那你就必須選擇跟這種大規模且態度嚴謹、專業的公司合作，經由他們的調查系統，才能幫你釐清那項投資背後的細節和真實情況，要是中間出了問題，他們也能幫你找到最恰當的解決辦法，儘管他們做的很多事情是很花成本的，但這種嚴謹的態度，就是他們事務所之所以可以如此成功的關鍵。

　　再來就是 Paul F. Ware 對我說的那句話「small is beautiful」，我非常敬佩他們在尋找合作夥伴時，不只是用戰略佈局的眼光來做選擇，他們還會放低身段，讓跟他們合作的年輕夥伴不會有志忑不安的感覺，並且啟發你的勇氣去實現你的理想，說服你相信，你跟他們是一體的。這個體悟也直接影響了我們在創業第二個十年之後，移至中國發展時的一些決策和目標。

　　「small is beautiful」對我的影響體現到多年以後，我們立足大陸的前十年間了。我也先跳過時間線，談談這個。

　　在和 Goodwin Procter & Hoar 合作之後，我們的名聲和實力也日漸壯大，幾年以後，我們的主力移到大陸後，本著這種概念，運用企業正常周轉金以外多餘的財力去做一些本業以外的事業，像是提供一些資源，協助那些想創業的人，也就像所謂的天使投資人同樣的概念，但有所不同的是管理上是鬆散的，對象來源是老實卻勤奮的庶民。

——大概都是什麼類型的投資？

　　當時大陸上因為經濟正處於蓬勃發展的前期，稍有資本的人就開廠、開公司，再有更大資本的人就買地建樓、建商場，這都是處於經濟蓬勃起飛的大環境。但是，如果一般民眾的話，想做個小生意，資金上、膽量上都還是有些困難。

　　比如說有的人想開傢俱店，有的人想開小型超市，有的人想開燒餅饅頭店，他們在尋找資金方面有困難，就會來找我們談，

這樣的小型投資在大約十年的期間，先後有四五十個，金額從小額如 8 萬人民幣，到少數個案如 200 萬人民幣不等。

　　小額的部分比較好理解，舉例來說，之前有一位認識多年的保安隊長，年紀大了想退休回老家去開饅頭店，他在找資金的過程中，或許因為他的年紀大了，有的人就認定投資他不會回本，可能從一開始就不會花時間去聽他的故事，但我願意坐下來，跟他聊聊天，聽聽他提案，這或許是大部份的企業家不願意做的事，可能也覺得很傻，但要是能將我們的企業從國際市場賺來的錢，小往小來地幫助別人，對我來說是一件很有意義的事。

——這樣小型投資要如何管理？

　　對於這些小型投資的管理，我們反而是鬆散的，可能每年到了年底時候我們會跟這些店家見面，假如他們在那一年的營業額是成長的，就會按投資比例分成，或許有些店家在賺到錢之後，自己的親友便想將我們的股份給頂下來。這時候，反而我們的投資報酬率是可觀的，只是因為是小規模經濟，沒多少像我們這樣外來的企業願意做這樣的事情而已。

——假如遇上了賴帳不還的情況，該怎麼辦？

　　是的。但是實務上我們很少遇到這種情況。原因我分析過，第一，他們剛要創業時，我們這樣的企業在他們這種老實人的眼

中就是非常大的公司了。你想，非常大的公司願意跟他們合作做
小生意，他們感到有信心，也有感恩的情份在。一旦賺了錢，多
半不是想著賴帳，而是想著過幾年把小生意賣了，或是留給了家
族的晚輩，自己再來跟我們談一些較大的生意，比如說承接我們
出口訂單的製造，把自己從店面小老闆，變成辦個實體廠的民營
企業老闆。有了這種心思，他們絕大多數不會動「賴帳」的心思。

當然，你的問題也沒錯。也有的人在賺了錢之後，不願意分
成，就會做一些假的財務報表，或是跟我們要資源卻拿去做別的
事，這些事情也曾經發生過幾次，但我們並不會因為這樣就緊迫
盯人，基本上我們還是希望能建立一種信任，因為我相信一句話
「水至清則無魚」，也許有些錢會打水漂，有些投資有去無回，
但是總體來說，我們在這方面的投資是成功的，也贏得了庶民小
經濟的口碑。到了 2008 年後，由於投資風險加遽加大，我們就
幾乎停止了這種小額投資的「業務」。

停止了這種性質的「業務」之後，我們稍微計算了一下，其
實獲利還是相當不錯，不比我們正常的事業營運情況差，我指的
就是以投資報酬率的角度看。

———在選擇時，有沒有什麼不同的標準？

在過去三十年的商場經驗裡，我學會觀察「細微的機會」，
每個來見我的人，有的人會把他的願景形容的很宏偉，很遠大，
好像你不投資他就會後悔一輩子，遇到這樣子的人，我大概聽個

十分鐘之後，心裡就明白了，然後是 good luck，祝你好運。

可能有些人會願意相信那些宏大的願景，但對我們來說，我們已經有辦法去分辨哪些是硬去湊出來的，哪些是真的有可能實現的，這其中的道理其實很微妙，只有真正有閱歷、有經驗的人才聽的出來，有些人不出聲，不代表他不知道，有些人也許會表達一些想法，但不代表他已經透徹了解，這之間的虛實其實還大有學問。

在我眼裡，專業的人可以分為好幾類，有的人拿著專業咄咄逼人，有的人是真材實料，但他卻讓你覺得他很一般，很人性，這其中的差別就在對人世間「圓潤」的理解，而不是每天張揚的很叱吒，以為這樣就會有風雲。

囉哩囉嗦的說了一堆，其實就是把自己定位為勤懇的企業，腳踏實地的過日子，不看低人，也不高看人，這樣的方式適合我們。

小結一下，我們在做的這些事情時，乃源自於受 Goodwin Procter & Hoar 的影響，就像是他們當初選擇我們、信任我們一樣，現在我們也願意拿出我們的資源，給需要的人幫助，現代的人很相信強強聯手，很少人會考慮強與弱的搭配。但因為 Goodwin Procter & Hoar 他們帶給我們的洗禮，讓我們明白 small is butuful 這句話真正的道理，直到現在，我仍銘記在心，終身都沒有忘記。

成功的關鍵

既然談到了創業，我就多在這裡說點自己的心得。不一定全對，但至少，我就是這麼改變自己的。

一個年輕人會不會成功，首先要明白自己是資金不足，還是勇氣不足？再來才問機會在哪裡？你永遠不會知道命運安排了什麼在等你，或許是奇蹟，或許是悲劇，你只能堅持遙遠的那個目標繼續往前走。

常常有的時候，我們處在實現人生理想的階段，不能只盼望在每一天，或是每一個近程都是有斬獲的，也許會有很長的一段時間你在空轉，也許會有人覺得你在做一件很傻的事，而有的人當他命運卡在一個地方的時候，他就會去問神，想知道自己的機會在哪裡，或者去改運，想得到更多的幸運，但那都是沒有用的，因為機會從來都不是用你能想像得到的方式出現在你面前。

──到底什麼才是機會呢？

我認為機會是一件很神奇而且珍貴的東西，它有點像「運」，那運是什麼？每個人都有運，只是運來的時候，你沒看明白，因為老天爺是很公平的，祂一定給過你機會，而你一定是錯過了那個機會，才會哀怨自己懷才不遇過。

可惜，大部份的人都習慣用過往的經歷去判斷未來，可能平常過的很倒楣，有一天遇到幸運的事情就不相信；或是平常很幸

運，不相信自己有一天會倒楣。如果總是用這樣的眼光來看待事物，是不會成功的，所以我認為最好的方法就是必須把發生在自己身上的每一件類似機會的事，都當成獨立的事件去看待。

說到這裡，我想起了一位過世的老朋友—楊登洲，他是我的一位忘年之交，比我年長很多，他在世時常常喜歡找我聊天，有一次他將他發跡的故事告訴我，讓我印象非常深刻。

他年輕的時候，是一個包工頭，平常就是承攬一些小工程，因為他的口碑很好，人很踏實，做事情認真又負責。當年國民政府遷到臺灣不久，台中要蓋軍用機場，許多工程或許因為是美援的關係，由美國人負責統籌發包。其中有一段工程很複雜，美國人要求又嚴格，很多比他大的包工頭都不肯做，於是美國人就把他找去。

他在去之前，先是很慎重的請教一些熟悉美國事務的人，想知道跟美國人做生意該注意哪些地方。美國人說明了要求，他把事情複述之後，人家就告訴他，要他把美方要求的東西列出來，再把自己願意承包的價錢，用打字機作成文件給他們。他規規矩矩的照做之後，就把這份文件交給了美國人，他提的價錢一項項清楚又合理，也在美方的預算之內，所以對方馬上就跟他簽了合約。

於是，他就把其他包工頭不願意做的難事給承接了下來，這也是他第一次承接這麼樣的工程。

他勤勤懇懇的做了幾個月之後，到了驗收那天，因為他的謹慎跟負責，驗收很快就通過。通過之後人家就準備要撥款給他，

當時的工程款都是用現金交易，美國人就直接把一大包錢交給他，他抱著錢整個人愣在原地，美國人見他反應有點奇怪，還以為是不是錢給少了？他搖搖頭，一臉疑惑的回家。

一回到家，他就把錢全攤在桌子上，一算不得了，跟他當初的報價相差了幾十倍，他一開始以為是對方算錯了，可是想想又覺得不對，於是他把當初給美國人的報價單副本拿出來看，想確認自己到底報了多少錢，發現數字都沒錯呀，結果仔細再看才發現，報價單上的計價單位是美元，而他的估價是用台幣，報價單上的金額打字時打的是「$」，而不是「NT$」，所以整個工程款的報酬高出了幾十倍。

這次的事件，讓他在一夜之間累積了高額的財富，他非常非常的感動，覺得是老天爺的恩賜，同樣的工程，他可能要做幾十個上百個，都賺不到那麼多錢，後來他靠著這筆錢成立了自己的營建公司 - 伍聯營造工程公司。

後來，也沒有因為如此傳奇性的機遇，成為暴發富戶。他成為立法院第一屆立法委員、台北工專校友會會長等等。

現在回過頭來看，假如當初他跟那些包工頭一樣，嫌工程複雜就不做，那他就是親手把他的大運給推掉，錯失後來變成億萬富豪的機會。

這就是我認為的機會，也就是所謂的運。

然而機會常常出現的在一件很微不足道的小事裡，在一個很不驚人的場景，用很平凡很普通的樣貌呈現，不會刻意讓你發現，在那個當下你可能看不出來那是機會，因為機會是無法被算計出

來的，你只能做好準備，珍惜每一個發生在你身上的契機，並且要有獲得成功的期望，也要有承擔失敗的勇氣。

我一直都相信，每個人的一生都會遇到改變自己的機會，而每次機會來的時候只會敲兩次門，當它敲第一聲的時候，不管你在做什麼，你都得立即起身準備應門。

在談及創業階過程之中，黃先生一直希望這本書除了留給黃家子孫之外，也能提供給正在實現自己理想中的年輕人一些參考，替他們注入勇氣，就像當初 Goodwin Procter & Hoar 帶給他的洗禮一樣。

或許現代人評斷一個企業多從資本多寡取決優劣，但黃先生從一無所有到建立整個事業集團，並成為擁有眾多珍貴收藏品博物館的家族，在三十年的發展歷程中，並非始於龐大的資本，而是立穩當初的一點理想，從改變、注入勇氣、抓住機會，才造就將來敢大步向前的底氣。

所以他希望那些跟他一樣，或是比他天資更好的年輕人，或是一些剛剛起步不算久的企業家，能在這個觀點上能有所借鏡。

他強調：假如你是一個企業家，你不能迷失在表面的華麗，你要能發掘那些「渺小卻堅韌」的東西，你要每天接觸新的東西，不能讓自己在原來的思維習慣裡去轉圈圈，不然規模再大的企業，它的領導靈魂沒有更新，也一樣會倒。

　　反之，你要是處於一個起步的階段，你就必須要有認知殘酷現實的勇氣，學會等待，學會忍耐。當機運來的時候，你要立刻、毫不遲疑地去做改變。

　　有些改變是你喜歡的，有些是你不喜歡的，但無論如何你都必須跨出去，不能用舊思維去看事情，你才能判斷，這是不是你的機會，接著你就要不顧一切去做，因為理想是用生命去砸出來的，必須投入你所有的東西，全心全意的奮力拼搏，才有可能看見成功的光芒，當然，這也許也會失敗，也許會敗得很慘，但你若不做，就永遠停留在原地，等著被大環境淹沒。

　　很多人總會抱怨社會不公平，哀怨自己懷才不遇，結果就無所作為。你必須認清楚這個社會，然後評估你自己，把握來敲門的每個機會，強化你的技能、你的專業，然後努力去做好每一次件事，最後得到的結果就能代表你是什麼樣的人，別人就會用另外一種眼光來看待你，這就是社會現實。抱怨與悲傷，只是浪費生命。

　　所以學會觀察局勢，就能掌握機會，掌握機會就能更加快速的完成你的理想。

　　回頭看黃先生創業前十年，他常常會面臨兩種選擇：easy way 還是 hard way ？他怎麼選擇呢？

　　假如他當初剛剛回國時選擇去格蘭英語上班，現在可能就是一名補教老師；再假如在他進入台育之後，放棄了開拓國際業務的理想，現在可能還是一名高薪的企管顧問。而後來當他在面臨 Goodwin Procter & Hoar 要來臺灣考察他的小公司時，他放手一搏，勇敢的接受挑戰，最終替自己在理想道路上贏得了當時夢寐以求的

合作夥伴。

　　一直到現在創業三十年，在每一次面對抉擇和挑戰，黃先生始終還是選擇了 hard way，這我聯想到了他最喜歡的一首洛基電影裡的主題曲〈Burning Heart〉，裡面有一段歌詞：

Know it's you against you
知道你的對手其實是你自己，
It's the paradox that drives us on
驅使我們前進的正是這份矛盾，
It's a battle of wills, In the heat of attack
這是一場意志力的戰爭，隱藏在攻擊的怒火中，
It's the passion that kills
能殺敵的正是這份熱情，
The victory is yours alone
而勝利只屬於你自己。

「投入勇氣，勇往直前，迎接挑戰，拼搏才能改變。」

第四章
盛夏的玫瑰園

　　在經過了幾年草創期之後，芙蓉國際名氣開始水漲船高，接到的案子規模也變大了，公司的資金變的充裕，員工人數也逐步變充實後，就從原來非常局促的小營業場所，第一次蛻變。

　　黃先生於是決定在 1995 年，將公司遷往松德路上的福爾摩莎大樓。

　　福爾摩莎大樓當年是台北四大摩天樓之一，大樓的背後就是著名的「四獸山」。當年選擇這樣地點，除了黃先生本身喜歡山林之外，還有一個美景，就是每當太陽下山倦鳥歸巢的時候，從他個人辦公室的窗戶看出去，遠遠地看見虎山西側的石壁上刻著「效忠領袖」四個大字，那是他非常喜歡的辦公室。

　　而 1995 年同時也是黃先生認為很特別、很了不起的一年。也是在那一年他接受了董澤平教授的訪問。在他的印象中，當年就讀臺灣大學國際企業學研究所的董澤平是一位很傑出的大學研究生，同時還是台大跨國企業管理協會的副會長，他的論文題目是〈專業服務業國際市場進入策略之研究〉，值得一提的是，當時董澤平的指導教授是王志剛博士。

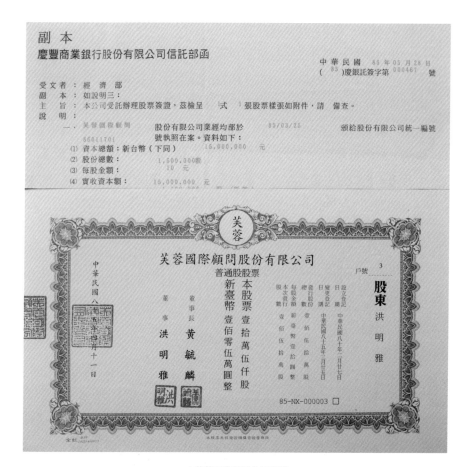

▲芙蓉國際顧問公司股票

　　記得那個時候，東吳大學也有類似的主題想來採訪黃先生，他後來選擇接受董澤平教授的採訪。在訪問及研究過程中，他在董澤平身上看到下一代青年的傑出與好學精神。黃先生告訴我：「那是一種 quality，你會知道這個年輕人將來就是必有所為。」

　　在言談間，黃先生透露著對董澤平的欣賞，至今他還一直保存著當年的那本綠色精裝的論文。我特別翻開看了那本論文，裡面研究了當時國內六個專注於處理國際性事務的公司，在介紹芙蓉國際的那一章節，前言的第一句話，就稱芙蓉國際為我國企管顧問業的傳奇，如今在相隔了 24 年之後看那本論文，我相信在當年，董澤平教授一定也是在黃先生身上看到了當年那一種與眾不同吧！

　　時間回到 1995 年，那是一段什麼樣的歲月呢？……

▲臺灣大學對芙蓉國際顧問的研究報告

風起雲湧的 1995

　　1995 年，臺灣第一次進行民選總統，那時候整個社會為了這一個從來沒發生過的選舉沸騰著，幾組候選人的新聞佔據了所有的報章雜誌和電視媒體，我因為奔忙在國際事務的來往之中，只偶爾在閒暇之餘看看新聞，對於選舉的情勢沒有太多關注，印象比較深刻的，就是當時的監察院院長陳履安先生宣佈請辭院長，獨立參選，引起社會挺大的震動。

　　不久，陳履安先生在 10 月某一天邀請王清峰女士成為他的副總統候選人，這也是臺灣歷史上第一次有女性擔任副總統候選人的記錄。

　　電話，又是電話！鈴聲響起，不相干的兩個世界的人，就透過一通電話產生了奇妙的聯結！

　　在 1995 年的 11 月 12 日，一個沒什麼不一樣的星期天。我跟平常一樣，一早起來穿著睡袍，跟我父親吃完早餐之後，總會一起抽抽雪茄聊聊天，聊聊生活、聊聊時事。突然電話響了，通常很少人會在早上打電話到我家裡，我把電話接起來之後，對方就問：「請問是黃公館嗎？」我說是，對方接著很有禮貌的問道：「請問黃毓麟先生在嗎？我想跟他通電話。」我聽這個聲音並不是我認識的人，我就問他：「您是哪位呀？」他說他是陳履安總統競選辦公室的祕書長陳豐義。

　　我聽了心裡很驚訝，陳履安競選辦公室的祕書長怎麼會找我？而且又在星期天這麼早的時間，我就問他有什麼事嗎？他說：

「是這樣的，陳履安先生想跟你見個面，不知道你現在能不能過來我們這裡？」我就問他：「能不能請教，陳履安先生見我有什麼事嗎？」

陳豐義先生非常直接明瞭的對我說：「陳履安先生需要找一個實務上真正懂經濟的人來協助他，所以他希望盡快跟你見面，你能不能現在就過來？」

我沒多想就反應：「現在？不好意思哦，現在不行，我跟我爸爸在聊天……。」

現在回想起來，我這麼回答絕對顯得唐突也不客氣，也很沒有禮貌，但當時陳豐義先生聽了也不生氣，接著又問說：「那明天呢？明天一早七點半行不行？」我一聽，又不行了，我明天早上確實有事，只好跟他說：「實在對不起，明天早上我要送我爸爸去醫院檢查身體。」他聽了馬上又問說：「那明天什麼時候比較方便？」我想了想，就回答他：「九點鐘」。

我掛上電話後，老父親問我誰打來的？我說是陳履安先生想要見我，談點事。我悠哉的說。

「陳履安？？？是那個陳誠的兒子陳履安嗎？」我父親瞪大了眼睛問。

我父親覺得不可思議。在老人家心目中，陳履安這階層的人是高高在上國家領導人級別的人，有什麼事情是他們不知道的？有什麼事情要問我的兒子的？我父親很驚訝、很緊張、很疑惑、又有些不安和猶豫。幾個問題之後，老人家不好意思再一直重複他的不解，就背著雙手在屋裡來回踱步……。至於我，真的，其

實心理很平靜，沒有特別的情緒起伏。

於是我就在 1995 年的 11 月 13 日早上九點，準時抵達台北市復興南路 84 號，陳履安先生的競選總部辦公室。

我到的時候，辦公室裡裡外外人非常多，守備也相當森嚴，我記得當時好像出入口都配有荷槍實彈的安全人員大約十幾名，我表明身分之後，他們之中有一個人出來帶著我到了另外一層樓，從一個人聲吵雜的地方，到了另一個很安靜的小型會議室，陳豐義祕書長就在裡面等我。

陳豐義祕書長是一個很親切的人，我們對談了一會兒，他問了我一些想法和經驗，我感覺得出來，他們似乎已經沒有時間可以浪費，他請我稍坐一會兒，轉身說要去請院長來。

（陳履安先生原本是監察院院長，當時競選總部的人還是習慣稱呼他為院長。）

沒多久，陳履安先生就單獨來到會議室，一見到他本人，我心裡就想，這就是電視上經常看的到的人嗎？他的眼睛炯炯有神，整個人的氣息非常謙和。我一見到他就立即起身，他走到我的面前，緊緊握著我的手，第一句話說的是：「謝謝你來幫我。」

接著他帶著我離開會議室，往他的辦公室走去。就在這個不算太短的過程，一路上他一直握著我的手，至今回想起來，我仍然記得當時陳履安先生的手非常溫暖、有力。到了辦公室之後，我們在沙發的斜對角坐了下來。我要是記得沒錯的話，那裡桌几上放著一尊身披金甲，頭戴金盔，手執金剛寶劍的韋陀尊者，是一位司職罰惡護善，後來降世助觀音成道的護法天神，在那座韋

陀尊者邊，我們進行了一段談話。

那天以後，我就加入了陳履安先生的競選團隊，成為他的經濟幕僚。

當時在陳履安先生競選的搭檔和幕僚小組裡，由王清峰女士擔任副總統候選人，唐光華先生擔任發言人，戎啓平先生為選情部主任，政策部主任則由張亞中先生負責。他們每個人都印有一張競選總部的專屬名片，在我加入之後，可能是陳豐義先生或是其他的人，我記不清楚了，也曾詢問我是否要印名片，但我當時婉拒了。我說，應該沒有什麼場合我需要用到這名片，我是來幫忙院長的。

加入幕僚團隊之後，我並不是每天都在競選總部，而是當有經濟政策相關的題目要討論的時候，我們就會聚在一起。我感覺，擔任過經濟部長的陳履安先生是個非常重視經濟和財政政策的人。有一次我在說明解釋一套政策時，陳履安先生在會議中一直沒有表示意見，也沒有說好或不好，我只看到他一直在記筆記，因為他當過經濟部長，所以我想他一定會知道擬定這些政策的理由跟原因，他就一直聽著我說，時而點點頭，繼續做筆記。

我記得，曾經有過幾次我站起來對團隊成員解釋一套政策，其中有段很長的時間，大概有三個小時那麼長，陳履安先生他都不停地在做筆記，表情平靜，有時微微點頭。自那一刻起，我對於院長更加尊敬了。他不是那種處處要讓人知道他懷有多麼多麼豐富知識的領導人。他傾聽自己手下，不跟手下較真，平靜地做他認為偉大的事。

優秀的領導人，願意為了他人的才能而放下自我

陳履安先生所表現出來的素養，讓我想起了在西方一位與管理學大師 Peter Drucker（彼得‧杜拉克）同等受人尊敬的人，那就是《領導是一門藝術》(Leadership Is an Art) 的作者 Max De Pree！

Max De Pree 說過的兩句話，可以直接投放到陳履安先生的身上，Max De Pree 說：「優秀的領導人，願意為了他人的才能而放下自我。」

他還說了：「領導的第一要務是要精確地判斷現實。最後是要說謝謝你。」

Max De Pree 的話，受到很多歐美名人的追捧，也影響了許多企業家。而 Max De Pree 本人，就是個企業家！ 1947 年，他加入他父親的一個小型家族企業 Herman Miller Inc.。現今，Herman Miller 已是聞名全球的企業了。(很榮幸的，Herman Miller 也是我西華集團的客戶。)

回到陳履安先生的故事。可以想像得到，在幫助院長的那個階段，我個人的確花了幾乎全部的時間，還調動了芙蓉國際公司裡幾乎所有資源跟著我做各種研究，收集了所有需要的經濟情報和統計數據，進行研究分析之後，在很短時間內將陳履安先生要求的政策擬定出來。

那段時間我的工作量變的非常大，但為了公司不能停擺，客戶的業務也不能拖累，所以我的休息時間也是極度壓縮，經常是嚴重的睡眠不足，但精神上是非常快樂的，就好像生命到了盛夏

的一座玫瑰園，每一朵花都在心裡綻放！

或許是因為我們當時認為，這些提出來的新政策，或許將會帶給臺灣一個不一樣的改變，所以我們全力以赴為共同的目標努力著，用力的綻放著。

許多時候我會和王清峰、唐光華還有戎啟平聚在一起討論政策方針，常常一談就忘了時間。

在我記憶中，王清峰是一個非常直爽、正直的人。她實事求是，沒有鄉愿、沒有架子，盈科而後進，藹然可親。

共事的那段時間，我可以看出來她對生命有很高的理想，對法律相關的事務很敏銳；有一次在一個陳履安先生也在場的會議上，我偶然提到印尼對於管理自然資源上有很縝密的法規，王清峰聽到之後，她就打斷了原本在討論的主題，問我能不能在不忙的時候，幫忙她收集這類型的法律跟法規，我說沒有問題，等選舉結束之後我一定幫她整理清楚。

記憶中，戎啟平是一個頭腦很敏銳、口才非常好，說話的速度很快，邏輯很強，一看就是很聰明的人，而且還長的很好看（至少我的記憶是這樣的）。而身為競選總部發言人的唐光華，說話就相對平穩，很多時候他都是想好了再說，一看就是做事很謹慎，心思很縝密的人。

在那段時間如果稍微有空檔，我跟唐光華兩個常常會聊到關於小孩的教育問題，因為我自己也有孩子，故我看的出來，唐光華非常關愛他的孩子。

他當時對我說，他覺得現在的教育系統不適合他的孩子，

考慮改由在家自學的方式繼續孩子的教育，但又擔心將來無法與社會銜接，我不記得我當時是怎麼回應他，但我也認為填鴨式的教育，可能會埋沒天資很好的小孩，讓那樣的小孩在當時的體制裡面得不到很充份的孕育，但是或許當時並沒有明確地向他表示過，我贊同他想法。

時間如光陰過隙，一晃二十幾年過去了。約莫在一年多前，我得知他的孩子唐鳳，已經出來為社會、為政府貢獻他的專長，我非常為唐光華先生感到高興，這代表他把栽培孩子的這條路依著自己的意志走完，而且走的非常好。同樣身為父親，我相信他的心裡一定是充滿欣慰的。

在整個競選的過程中，還有一件讓我印象很深刻的小事情。

在那段期間，我先後為陳履安先生撰寫了兩本政策白皮書，一本是關於經濟政策，書名叫《陳履安的經貿藍圖》，另一本則是關於稅務政策，書名叫《陳履安的減稅構想》。

在準備出版《陳履安的減稅構想》那本書時，我們，包括王清峰、唐光華等人，聚在一起挑選書的封面照片。其中，有一張是陳履安先生戴著雷朋太陽眼鏡的照片，很有 1986 年周潤發在《英雄本色》那部電影裡小馬哥的形象，所有人都認為，他在那張照片裡看起來最帥、最年輕，但陳履安先生一直遲疑不定，覺得這跟他平常的形象不符合，可是我們卻認為他一貫的形象太嚴肅了，以這麼嚴肅的形象，講嚴肅的稅務改革，跟民眾會有距離感，所以要用年輕的形象，才能拉近與年輕人之間的距離。

一直到那本書都要準備印刷出版了，陳履安先生還沒有決

定照片用哪張？於是王清峰就找了我，要我去說服陳履安先生用這張照片，她說：「我們都去說過了，他都不聽。院長聽你的，不能再拖了，你去跟院長說吧。」邊說邊一路在背後輕輕的推著我，來到了陳履安先生辦公室的門前，她側身開了門，一把將我又輕輕推進了陳履安先生的辦公室，然後啪一聲的就把門關上了。

進了門，一眼望去，我記得當時院長他正和別人談事情，見我被推了進來，彼此都愣了一下，身負重任的我只好趕緊說：「院長不好意思，打擾一下，我們全部討論過了，都認為要用這張照片才好，希望您能同意。」聽我說完之後，陳履安先生很和藹的看著我，笑了笑就說：「好，就用這張。」

任務達成之後，我從辦公室出來，王清峰就等在門口，我跟她說：「院長，同意了。」她一聽，開心的拍了拍手，對我比了一個大姆指。

▶陳履安的減稅構想

結合世界・跨向未來

陳履安 的 減稅構想

陳履安◎指導
黃毓麟◎編著

　　我說這一段故事，不是有什麼目的，我只希望我的兒子、以後的孫子能從這點小往事的細節裡，感受到那段不尋常的年代（臺灣第一次民選總統），我和那群非常不尋常的人，一同經歷了一段不尋常的歲月。

　　在政策白皮書出版之後，就到了幾組總統候選人要進行電視辯論的階段，有時院長接受媒體採訪時，我也會隨行在側，遞一些提醒的字條。或許因此有人注意到我，對我的身份感到好奇。有一回，面對一大批電視、平面媒體的記者會之後，雖然我的表現顯得生澀不流暢，不像我平時到各地演講時那麼滔滔不絕、口若懸河，但事後仍然有好幾個媒體記者向我遞名片，表示希望能採訪我，我記得其中還包括了影響力很大的天下雜誌記者（好像叫做梁中偉）。但我都一一婉拒了，因為我認為在那個當下，我不適合、也不應該越過陳履安先生接受採訪。

　　在選舉前一天，陳履安先生特別找了我去說了一番話，他告訴我，明天就要投票了，無論結果如何，他都感激我在壓力這麼大、這麼緊湊的日子裡，付出我的時間和智慧，對他在選舉上做出的貢獻。

　　我記得他說這番話的時候，也是握著我的手，對於明天馬上就要投票了，他的眼神裡沒有不安，也沒有緊張，只有一種超乎常人能夠想像的安定。

　　在選舉當日，開票統計結束之後，陳履安先生和王清峰女士失敗落選。

　　看著開票結果，我的心情並沒有太多的起伏，沒憤慨也沒有失

望，為了臺灣、為了同胞，我們都盡力了。我提供的政策，將來或許有人參考，也可能就此塵封，但對我而言，這些日子與他們幾位的因緣聚會，比起任何成敗都相對珍貴，因為陳豐義祕書長和陳履安先生找到了我，讓我得以在幾個月的時間裡，和這些夥伴們一起共事，為了彼此認定的理想做出奮鬥，這是一段很特殊的際遇。

我們一起走過一段人生較為不一般的道路，在我心中，我不覺得勝選、敗選對我個人有什麼樣的影響，反而感覺這段如有在群英會裡的歲月，讓我的生命像在盛夏的玫瑰園一樣，綻放了很長一段時間。我這一生時常回憶起這段日子，還有這些曾經一起奮鬥過的好朋友們，雖然之後我們絕大多數幾乎就再也沒有見面。

1996 年 5 月初，陳履安先生辦公室的一位新祕書叫裴雯，她打電話給我說院長想見我，我於是在 1996 年的 5 月 6 號上午，到了安和路一段 133 號去見陳履安先生。我到達辦公室的時候，來迎接我的人是裴祕書，因為以前的都是一位桂祕書跟我聯繫，所以這位新祕書她沒見過我，我也沒見過她。

我記得那天辦公室很安靜，沒有其他人，我正在遲疑該怎麼介紹自己的時候，那位裴祕書就說：「您不用說了，院長跟我描述過你，他告訴我很多，但是怕我沒聽懂，院長結論是這麼跟我說的：『總之，你記住一句話，黃毓麟是個 - 重 - 量 - 級 - 人 - 物！』」

聽著裴祕書轉述這段話的時候，那一剎那，我突感心潮澎湃，如果這五個字果真是陳履安先生對我的評價，那……什麼都值得了。

見到陳履安先生之後，我們坐在會議室裡的長沙發上聊了很

長的一段時間，但我後來怎麼也回憶不起那天到底談了什麼，可能是問問我的近況，也可能是聽聽我事業的發展，我們相互說了許多話，卻或許沒有一個很特別清楚的議題。

那次會晤結束之後，陳履安先生親筆寫了一幅〈智珠在握〉的墨寶請人送來給我，我一直很珍惜那幅墨寶，就像那段歲月在我心中也是如此地珍貴。

之後我就再也沒有見過陳履安先生，也再也沒有見過我熟悉的這幾位群英會的朋友們，其實我常常想起，我還欠王清峰一件事情沒做到，就是替她整理印尼有關自然資源法規的那件事。

後來不知道過了多久，或許就是在隔年的某一天，我在台北市大安路一段的一間叫「名仕館」的西服店裡，當時我正在量身一套新西裝，就在我試穿到一半的時候，我不經意的從店裡的玻璃大落地窗望出去，正巧看到王清峰從店門外走過，她微微低著頭，慢慢的走著，我看到她的樣子似乎有些疲憊，她的神態和之前我們共事那段期間不太一樣，我本來想追出去，但因為身上的衣服才穿到一半，又覺得這麼做太唐突，所以只好看著她慢慢的走過。

看著她愈走愈遠，逐漸消失在我的視線範圍之後，我心裡面不自覺得想起了王維的那一首詩……〈送別〉。

「但去莫復問，白雲無盡時。」

以上回憶，獻給我珍貴的朋友們，
致我們曾經綻放的那段歲月。

第五章
來自羅斯柴爾德家族的神祕之約

在訪談時，我記得黃先生曾經說過一段話，在他一生當中，有些際遇打開了他的視野，有些人替他灌注了勇氣，有些事物壯闊他的胸懷，而對於他本人以及黃氏一族來說，羅斯柴爾德家族在過去二十多年來，曾經帶給他們決定性的巨大影響。

那麼，誰是羅斯柴爾德家族呢？

在西方，普遍稱羅斯柴爾德家族為：The Rothschild Family 或是 The House of Rothschild. 這個被譽為擁有世界一半財富，低調且神秘的家族，其文獻多不勝數。（如果有讀者想研究此家族，可參考維基百科內列舉的若干出版書籍，稍作介紹如下：

＊Niall Ferguson: *The House of Rothschild: Money's Prophets*, 1798–1848 (ISBN 0-14-024084-5)；

＊Niall Ferguson: *The House of Rothschild: The World's Banker*, 1849–1998 (ISBN 0-14-028662-4)；

＊Frederic Morton: *The Rothschilds: Portrait of a Dynasty* (ISBN

1-56836-220-X)；

＊Amos Elon: Founder: *A Portrait of the First Rothschild and His Time*, 1996. (ISBN 0-670-86857-4)；

＊Egon Caesar Conte Corti: *Rise of the House of Rothschild*, B. Lunn (translator), Books for Business 2001 (reprint of 1928 translation published by Gollancz), ISBN 978-0-89499-058-8；

＊Joseph Valynseele & Henri-Claude Mars, *Le Sang des Rothschild, ICC Editions*, Paris, 2004 (ISBN 2-908003-22-8)；

＊Derek A. Wilson: *Rothschild: A Story of Wealth and Power* (ISBN 0-233-98870-X))

　　在第一次訪談時，我就聽聞黃先生和羅斯柴爾德家族曾有往來，所以在二次訪談之前，我特地上網查了一些資料，做好了功課。其中在 YouTube 上有些影片特別可以觀其歷史，窺其珍寶，在此推薦給有興趣的讀者。

　　羅斯柴爾德帝國 -The Rothschild Empire -The True Leaders of The Planet Earth 地球真正的領袖（第一個推薦的是這長達約三個半小時內容較全面的影片）；

　　Waddesdon Manor -The Inside Revealed 重點描述其沃德斯登莊園；

　　Greater Boston Video: Art Stolen By Nazis Finds A New Home in Boston 描述二戰期間羅斯柴爾德家族大量藝術收藏被納粹掠奪的情況；

First Look: The Rothschild Metsu (26 May 2016| New York 描述蘇富比拍賣羅斯柴爾德家族藏品賞心悅目的內容；

The Waddesdon Bequest: a mania for collecting 也是描述其沃德斯登莊園的優美畫面；

Christie's to auction fabled Rothschild jewels 佳士得拍賣羅斯柴爾德家族藏品精湛工藝的頭冠和首飾；

The Richest Family in the World -Simon Whistler 簡要的介紹了羅斯柴爾德家族的發展史；

A Rothschild Renaissance: Treasures from Waddesdon Bequest 大英博物館介紹沃德斯登莊園的珍寶；

Rothschild - The Family Who Owns Half Of The Money On Earth 擁有半個地球財富的家族！

在看完這些影片和資料之後，我一邊聽著黃先生追憶他初次會見羅斯柴爾德的故事時描述其所見所聞，一邊想像當時的情節，真是一點都不誇張。

男爵來信了！

2016 年 12 月初，黃先生非常意外地收到了羅斯柴爾德家族「掌門人」的來信。那是一封以鋼筆書寫寄來的親筆信。沒錯，寫信的，正是 Baron David René James de Rothschild （大衛・勒內・詹姆士・德・羅斯柴爾德男爵）本人。

他是瑞士羅斯柴爾德永續控股公司（Rothschild Continuation

▲羅斯柴爾德家族 David René James de Rothschild 公爵的親筆信

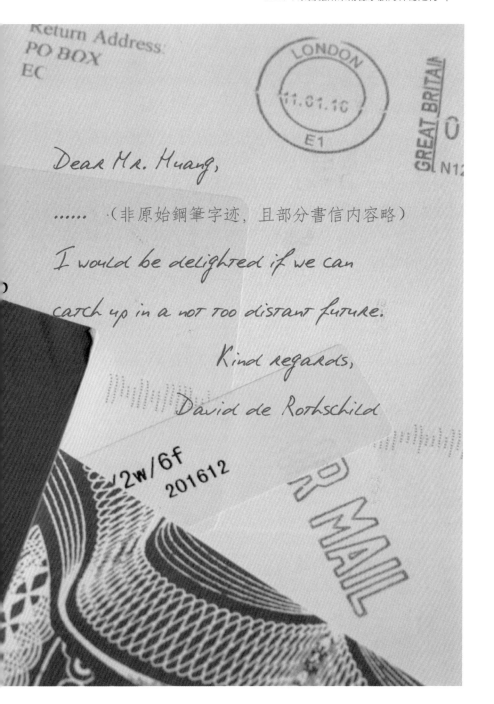

Return Address:
PO BOX
EC

LONDON
11.01.10
E1

GREAT BRITAIN

N12

Dear Mr. Huang,

…… ·（非原始鋼筆字迹，且部分書信內容略）

I would be delighted if we can

catch up in a not too distant future.

Kind regards,

David de Rothschild

2w/6f
201612

Holdings）的董事長，以前也曾擔任過世界最著名鑽石公司戴比爾斯（De Beers）的董事長（記得那句許多女人都能琅琅上口的經典名句嗎？「鑽石恆久遠，一顆永流傳！」A diamond lasts forever.）。自 2013 年 5 月起，他還是世界猶太人大會（World Jewish Congress）理事會主席。世界猶太人大會是代表 100 個國家猶太社區的國際猶太組織。

簡言之，他既是羅斯柴爾德家族的掌門，也是一百多國猶太組織的領袖。身份之尊貴，影響力之遼闊，不言可喻。

他在信裡寫些什麼？

（黃先生只說了信的結尾。）男爵有句最讓我覺得受寵若驚的話：

> 如果，不久後我們能在一起敘敘舊的話，我將會
> 感到快樂 （I would be delighted if we can catch up
> in a not too distant future.）。

這般溫暖像寫給老朋友般的親筆信，猶如冬日和煦的陽光，頓時照亮了我們整個黃氏！

他是誰呀？我是誰呀？這⋯⋯這也太不可思議了吧！這是我當時的真心感受。

我於是冷靜地、仔仔細細地把來信反覆看了幾遍。我注意到

那信上的郵戳，是 11 月 1 日由倫敦寄出。那表示，當時他在倫敦。我還知道他的生日是 12 月 15 日，1942 年出生；比我年長些。循著這個線索，我思考了一下，我明白了！

與其說他真的想和我聚一聚、敘敘舊，還不如說，他沒有忘記我。寫封信來，為我打打氣，讓我為了高遠的理想，繼續奮戰不懈！

為什麼得出這樣的結論呢？

我跟你分析分析，你便明白了。

前面提到，男爵既是羅斯柴爾德家族的掌門，也是一百多國猶太組織的領袖，我收到信的時候，轉眼他的生日就要到了。雖然他們在歐洲各地都有城堡豪宅，但是他們有座極大、極宏偉，十八世紀法國式建築，便是那著名的沃德斯登莊園（Waddesdon Manor），位於倫敦往 Cotswold 途中的白金漢郡。

在這滿佈藝術收藏的莊園裡，曾經接待過維多利亞女王二世、柴契爾夫人、美國總統柯林頓、法國總統密特朗等等數不清的各國首腦、政要、各國貴族、顯赫人士。所以，我猜想，這次生日宴會將在這莊園舉辦。

我還能想像得到，像男爵這樣的人物，當時必定已經非常忙碌，包括自己的所有行程、接待各國來賓的拜會、家族親戚間的親密會晤，每一天都爭分奪秒地，沒有多一分鐘的時間。

這樣的情況下，我想像著他願意走到他寧靜典雅的書房，找

到我的地址，坐下來，七十四歲的他，提起鋼筆，埋著頭，靜靜地為我這名不見經傳的小人物，寫下極為溫暖的信。

這樣的一封信，對我而言是極大的鼓舞，也是他能以坐在世界之巔的高度，對於我這樣的小小人物給予最大情義的表現。

這封信，我黃氏一族，視之為珍寶般地神奇，稱它為：「十二月來的春風十里信」，我們必將永久妥善保存。

——你會安排時間去拜會男爵嗎？

啊，這個問題……，怎麼說才好呢？

老實說，我原是個出身微寒的人，十分懂得分寸。我既然明白男爵的心意，就應該滿足了。畢竟，他親筆寫下要跟我「敘舊」的話，就當我是朋友，我已經覺得十分光彩了！！當然，除非有一天，他明白告訴我，來吧，咱們聊聊，那我便即刻啟程赴約去，一點不遲疑。

不過，那年（2016 年）的 12 月 15 日，我們在總部大堂裡辦了個盛大的派對。除了我們黃氏外，赴宴嘉賓人人以為是西華集團提前慶祝耶誕節……

那天，除了「順興」大堂裡的胡桃木大桌上擺滿了各式美味外，也請來了鋼琴家，展開了白色大演奏琴，讓琴聲恣意地流淌著整棟建築；門口一對宋代石羊的「大吉祥廳」裡長桌上放滿了美酒，我們高聲地談笑；當我們舉起香檳相互祝願幸福時，我心頭默默地說：

「Happy Birthday，男爵，生日快樂，願您福如東海，壽比南山，健健康康，快快樂樂，直到永遠！謝謝您的信，我們會加油的……Happy Birthday, David ！」

——真好啊，那你們是怎麼認識的呢？

那得回溯到 1997 年了……

金融風暴 vs 羅斯柴爾德智慧風暴

1997 年 7 月，爆發了著名的亞洲金融風暴（The Asian financial crisis）。亞洲國家一片哀鴻遍野。或許還有人記得，韓國當時瀕臨國家破產，若不是接受了 IMF（國際貨幣基金組織）550 億美元的援助，那一次風暴就能讓韓國掛了；當時，其他亞洲國家地區如印尼、泰國、香港、寮國（有人稱為老撾）、馬來西亞、菲律賓，都受到很大的衝擊。臺灣和新加坡也有影響。

岔題一下，次年，也就是 1998 年，我接受了一個邀請，那是位於北京市海澱區阜成路 33 號，被稱為中國四大商學院之首的北京商學院，當時特別以這個金融風暴為主題做了一場演講，演講邀請函我還珍藏著，因為看到學校張貼的海報來聽講的學生實在太多了，外頭連走廊都站滿了人。講完後，發出的提問有幾乎 50 個。要不是學校最高層劉權書記約束了學生的發問潮，可能到了天黑還離開不了講堂。那是我一生經歷聽眾反映最熱烈的

一場演講。不過，這是題外話了，老毛病，又跑題了。

回到 1997 年的故事。話說當時爆發了亞洲金融風暴，很幸運地，那年我公司的業務卻沒有受到絲毫的影響。

那年 10 月 6 日，星期一，可能是「光輝的十月」關係，到了六點鐘下班時間，卻仍有許多人留在辦公室裡頭加班。從當時位於松德路福爾摩莎大樓裡的辦公室，俯瞰台北信義區的夜景，萬家燈火燦若星，美得像在電影中的畫面。

到了晚上 8 點 20 分，電話響了，助理接起電話，說是歐洲打過來的。

我看了看手錶，心想，原來是歐洲來的電話，難怪會有時差，我要助理把電話接進來，一邊想著，不論是歐洲誰打來的，還好我們在萬家燈火的此刻仍在工作。

然而，幸運之神就是選擇這樣的時刻來敲門的。

（「knock, knock!」）

這是羅斯柴爾德給我們的第一通電話。筆記裡沒記錄是誰打來的電話，但主要內容是約我儘快去蘇黎世會面。

這沒什麼需要猶豫。趕緊的第二天就訂機票，辦理去瑞士的簽證（黃先生回憶，當時去瑞士是需要簽證的，可不像現在這麼方便）

10 月 9 號星期四，下午四點整，電話又響起，顯然他們算了與台北的時差，特意在我們上班時間內撥了電話。這一通是羅斯柴爾德機構中的 C. Preston 先生打來的，除了說說議程安排，更敲定了會議的時間。這是羅斯柴爾德給我們的第二通電話。

　　掛上電話之後，我心理有些激動，隱約覺得有什麼重要的改變要發生。隨手翻了翻黃曆，上面寫著「宜破土、開光」。

　　約定會晤的時間是 10 月 21 日早上 10 點整。而我是在瑞士時間 10 月 19 日上午 7：30 就抵達了蘇黎世。為的是有足夠的時間調整時差，讓身心都處於最佳狀態，然後去會見這樣一個機構的人。

　　我選擇了靠近利馬特河（River Limmat）附近的飯店住下。沿著綠茵如畫的河畔散步，確實是一種享受。在這裡，我只看到一派自在優雅的氣息，絲毫不感覺這是歐洲忙碌的金融重鎮所應該有的悠哉景緻。

　　時間，就在彷彿間過去，很快的來到了 10 月 21 日早上。

　　我叫了一輛計程車，因為人生地不熟，我直接把羅斯柴爾德機構的地址給了司機，司機看了一眼就把地址還了回來，他說：「這裡每個人都知道他們在哪裡。」我有些訝異的又問一次司機：「真的不需要地址嗎？」沒想到司機還是回答：「放心吧，你不會遲到的。」

　　坐上車之後，不知道過了多久的車程，看著窗外的風景逐漸從城市變到郊區，接著又從郊區進入一座森林邊，在聽得見樹林間鳥叫聲、聞得到芳草芬芳的地方，司機停了下來，他轉頭告訴他，這裡就是我要找的地方。

　　下了車，我看著眼前一棟美麗優雅又充滿韻味的建築，完全不像是一般的企業機構，我想了一會兒，為了保險起見，我還是請司機在門口等我兩分鐘，待我確認完再離開。

　　我快步走進那棟建築物，推開大門，映入眼簾的是一整片光滑的乳白色大理石地板，挑高明亮的大廳，四周高聳著羅馬式的巨柱，頓時間我有種置身於神殿的錯覺。我再往裡一看，只見到大廳盡頭有一張同樣是大理石訂製的接待桌，一名穿著黑色西服的高大男人站在那裡，我問他：「請問這裡是羅斯柴爾德機構嗎？」男人點了點頭，對我說：「是的，Mr. 黃，我們在等你。」

　　我轉過身走到門口，對著司機說：「我到了，沒問題了。」司機一副預料之中的表情，對我說：「I told you so.」

　　在司機離開後，沒一會兒，另一名男人從電梯出來，和站在接待桌前的男人一樣，他們都穿著一看就知道的名貴西服，身上帶著淡淡古龍水香味，品味超凡講究。

　　我跟著那名男人一起坐電梯上樓，來到一間像是接待室的地方，整個空間相當的隱密、安靜，更特別地，像似真空般的聽不到一點聲音，地上鋪著白色長毛地毯，牆上掛著西洋名畫，鋼琴鏡面般的桌子上放置的純銀煙灰缸，上頭沒有一絲刮痕。我坐在名貴的皮革沙發上環視著整個空間，不禁讚嘆的想「這裡真的是講究啊！」

　　從我走進到大廳那一刻，所見到的一切，都跟我的想像差距太大。大概坐五分鐘，突然有人敲門進來，對著我說：「好了，我們去聊聊吧。」

　　我接著被帶去另一間較大的會議室，和我會談的兩個男人，先是對我說：「我們很謝謝你那麼遠飛過來見我們。」我隨即也

表示了我的榮幸，因為在這個世界上，有誰不知道羅斯柴爾德家族呢？

會談到一半，不知不覺的已到了中午。他們就帶著我到樓上餐廳用餐，在走進餐廳的那一刻，再度映入我眼簾的，又是一整片寬廣又典雅的空間，整個餐廳只放了一套桌椅在整面牆一般的大落地窗旁。從窗戶望出去，全是遼闊無際的森林，各式精緻的餐點擺盤在高級的瓷器上。「啊，好奢華呀！」我心裡想著。

一直到用餐結束，整個餐廳除了我們之外，沒有任何其他人加入。事後回想起來，那大概是我這一生，第一次感覺到那種所謂獨一無二的感覺。

——會談中，有沒有印象特別深刻的時候？

當然有的，就在我們一邊用餐，一邊繼續談話時候，我好奇的問了他們一個問題：「你們羅斯柴爾德人都不笑的嗎？」

我才一問完，那兩個人先是愣了一下，接著就回答：「因為我們是用很嚴謹的態度在管理著世界上很多有成就的人的財富，所以很難看到我們是放鬆、閒聊，或是用輕鬆的語調在跟別人交談。」

聽到他們的回答，我頓時覺得自己剛才的問題有點突兀，因為他們的確就是靠嚴謹著稱的，而嚴謹的人在談嚴謹主題的時候，是不能用電視影集中常見的美式幽默態度來談笑。

意識到自己的失言，我立即向他們道歉，表示我沒有惡意，

只是單純的好奇，到底為什麼他們都不笑呢？見我這麼慎重的解釋，他們反而笑了，或許是因為我的表達讓他們覺得有點意思，所以在接下來談話的氛圍也變的輕鬆了起來。

因為我無心的失言，而發生了這樣有趣的情況，也曾經發生一次在我和 Baker & McKenzie 他們的高階主管會議中。這是一家全球性的律師事務所，規模是超乎想像的巨大，他們在全世界 47 個國家共設置了 76 個辦事處，那一次我在國外和他們開會討論一項很嚴肅很重要的案子，與會的人士都有著過人的學術涵養，而且非常的專業，其中有一位名叫 Duane J.Gingerich 的外國人，他是當天與會人士裡，層級相當高的主管。

恰恰在會議進行到一半，這位 Duane J.Gingerich 提出了一個問題，在我開口回應他的一瞬間，不小心把「Mr. Gingerich」說成了「Mr. Gingerale」。在我一說出口之後，當時在場所有人都愣住了，整間會議室突然安靜了下來，氣氛非常尷尬，猝然如此，我相當懊惱，怎麼會如此失禮的把人家的名字給叫錯了？唉！怪自己當初在國外我每天早上都會點一杯薑汁汽水，那是我在美國留學時期就非常喜歡的飲料，每當天氣炎炎的時候喝上冰冰的一口，就會忍不住暢快微笑，但在那麼嚴肅的會議裡，把如此重要人物的名字叫成了薑汁汽水，那可就不好笑了。

就當我覺得尷尬萬分，不知該怎麼化解的時候，那位 Mr. Gingerich 完全不在意的笑著對我說：「你給我取了一個很好記的外號，我真感謝你！」他一說完，全場哄堂大笑，我們的會議就在一個非常輕鬆愉快的氣氛之下，達到彼此都滿意的結果。

　　回到羅斯柴爾德的那場午餐會談，就在我們繼續談話沒多久，一位氣宇尊爵年紀稍長的男人來到餐廳，加入了我們的談話，而那段談話在日後深刻的影響著我每一個決定⋯⋯

　　用餐結束後，我原以為這次的會談應該到了尾聲，突然他們向問我道，想不想看看他們是怎麼管理這個世界的財富？我表達意願後，其中的一位男人帶我走到一面牆，他動手輕輕推了一下什麼機關之類的東西，牆居然就自動打開了！

　　牆的另一面，是一個幾乎聽不到任何聲音的大空間，數十列整齊劃一辦公桌前坐著大約有百來多個精英人員，每個人的桌子上都放著一台電腦。他們接著要我隨便找一個人，詢問世界上任何跟財富有關的事情，只要我想知道的任何問題，都可以問。

　　我有點懷疑的走到一位年輕人身邊，對他說：「先生不好意思打擾你，我想請問關於南非的黃金現在是什麼情況？」那位年輕人隨即反問我：「你是指金礦嗎？還是金價呢？」不等我回話，他就把所有跟南非黃金有關係的訊息準確無誤的介紹了出來，我既佩服又詫異的看向帶我來的那位先生，他似乎對我的反應毫無意外，對我說：「厲害吧，我們什麼都知道。」

　　參觀完財富管理樓層之後，我們又聊了好一陣子。最後，他們帶著我回到一開始的大廳，替我安排了一輛 BMW 的座車，載著我回到蘇黎世的中心。現在回想起來還是覺得不可思議，從進去到離開，我沒看見到任何車輛，要是那位先生沒把牆推開，我根本無從察覺那棟建築物裡面居然還有那麼多其他人。

——在那次會談之後，你的心情和思維上有什麼樣的改變和衝擊？

離開羅斯柴爾德機構以後，一路上，我心裡也還算平靜。但是一回到飯店自己的房間裡，我的思緒就如海浪一般，一波波開始翻騰。可以這麼說，我原有的知識在這樣的翻騰裡崩潰了，代之而起的是新的、讓人驚駭的衝擊。

我獨自坐在書桌前，仔細回憶羅斯柴爾德家族的發展史，因認真聆聽得到了他們管理財富的方法和思維邏輯。我把記得的都寫在紙上，然後反覆推敲。一個晚上都忘了吃飯。

不得了，我探索到新的領域了！

當下，我做了個從現在回顧起來，仍然覺得是一個偉大的決定，就是推遲回台北的時間。我要根據我新得到的知識與智慧的啟發，浸淫在這個又小又強的瑞士，去觀察體會是否還有其它我沒注意到的核心秘密。於是，我多留在蘇黎世一天，用新的視野和觀念，體會這個瑞士第一大城市。

然後，我又決定到瑞士第三大城市 Basel（巴塞爾）去看看、去試著探索他們那兒有什麼強大的秘密。

我是在 10 月 23 日到達 Basel。

Basel 是個與法國、德國相接壤的瑞士大城。但這不是我來此的重點。Basel 有個極為神秘又十分重要的某機構總部，決定著這地球上兩百多個國家的命運。它，就是國際清算銀行。

　　在這個總部裡，決定了各個國家資金的秘密調動……，噢，為了保險起見，我應該加上「或許」兩個字。所以，重新說一遍，這個城市的某些角落，或許決定著各個國家資金的秘密調動、或許，哪個公園的地底下，正靜靜地儲存著哪些國家的大量黃金……！

　　我靜靜地到了這裡，找了個小旅館悄悄地住下。我這個人有個毛病，就是該節儉時就節儉。說起這個，我得提一下臺灣的經營之神王永慶。在台育當顧問師期間，我曾聽說王永慶用牙膏，必須將牙膏管倒轉剪開擠完才算結束。節儉到這個程度才叫徹底。

　　所以，這次到 Basel 只是我私人考察，不講排場，我只住在 Aeschenvorstadt 街 24 號的 Hotel Drachen. 乾淨、安全，就行了。

　　這關鍵的幾天內，我獨自一人窩在世界上這樣一個神秘的地方，不斷地觀察、思考、再觀察、再回憶、再思考、然後做成筆記。這個過程，我稱之為羅斯柴爾德智慧風暴！（The Rothschild Shock）

　　在 Basel 一直待到 25 日。然後我在 26 日上午 10：00 趕回到蘇黎世機場，搭上中午飛回台北的班機。在飛機上，我用羅斯柴爾德智慧風暴所迸發出的新視野，對我自己、對我的事業、對亞洲的未來趨勢等等等等，仔細的梳理好幾遍，最終，做出決定性的調整。

　　這個新的調整，從我回到台北，就開始部署。1998 年，一直等到亞洲金融風暴的衝擊漸漸緩解，我們就加速調整的腳步。

1999 年，我決定把部分企業資源留在臺灣，懷揣著謹慎又樂觀的心，將事業的主體，移進到中國大陸。進入大陸後，我給自己定下幾個「八風吹不動」的五年目標，以下簡述成果。

進入大陸的五年後，也就是 2004 年，旗下一家公司成為中國大陸「全國外商投資雙優企業」；同年（2004 年）並到日本大阪買下一家幾十年歷史的日本公司「千代商事（化名）」；之後以日本千代為日式管理之母公司，投資其他國家幾個公司，成為小型的千代集團，全都隸屬西華集團統一指揮。買下日本千代商事後，再過了五年（2009 年），在上海買下了整棟獨立的辦公樓，經過日夜不停地裝潢了一整年，於 2010 年完成各種準備，正式遷入了自己在上海的總部大樓。大門口的牆上鐫刻了使命和信條：「年輕時……我們偉大的夢想，在這兒得以實現。」立足於此，放眼世界。再又過了五年，從 2016 年正式開始籌備回臺灣成立博物館，並開始發展文化事業……。

到今天，我仍是把每個五年當成是每一個必須改變自己集團的新階段。誠實的說，我一路走到今天，若這一生算是有些許成績的話，都緣起於 1997 年 10 月 6 號星期一晚上，那通來自歐洲的電話。

第六章
大樹的根基

　　前面的篇章中提及，在 1995 年春天，黃先生就將芙蓉國際的辦公室搬遷到福爾摩沙大樓，並且將他們原本位於基隆路的辦公室改為從事另一個商業項目，就此成立了西華，並由芙蓉國際扶持而起。

　　到了 1999 年主力移往大陸後，有個當時中國最大的會計師集團之一的立信長江，派人來找黃先生談合作，擬以芙蓉國際顧問的經歷和聲譽與立信長江單獨成立一個國際合資兼併部門。可是談著談著，他們又找去美國談了另一家顧問公司，後來立信長江跟美國的公司合作，與芙蓉國際的計畫就不了了之了。

　　黃先生他雖然心痛但是明白，是到了芙蓉完成歷史使命的時刻了。

　　於是他把在臺灣一直引以為傲的芙蓉國際顧問公司辦理了歇業。當時沉重的心情可想而知。顯然當時芙蓉國際顧問的名聲較響亮，於是我問了黃先生一個關鍵性的問題：「為什麼前往大陸，不延續芙蓉的名字，建立芙蓉集團，改用當時還是小公司的西華，在二十年間從而演變成了今天的西華集團呢？」

▲西華集團企業環境

　　黃先生的回答，令我難忘！

　　他說，日本人稱富士山為「芙蓉之峰」，所以在日本有個集團以日本聖山為名，即是富士集團。

　　富士財團在日本又稱芙蓉集團，成立於 1966 年，目前旗下有約三十家企業。該財團在日本製造業、商業和金融業等各重要領域都有極大的影響力。其核心企業有富士銀行、日產汽車、日本鋼管、札幌啤酒、日立、丸紅、佳能以及日本生產軸承最大企業「日本精工」及農業機械最大廠家「久保田」等。這個集團的經理會稱「芙蓉會」。

　　當然，就法律上，黃先生接著說：「我本可以延續芙蓉的名號，前進大陸。慢慢的，我就能建立我自己的芙蓉集團。但是，我是 1989 建立的芙蓉國際，而日本的芙蓉成立於 1966 年，比我早個 23 年，法律上我可以不管它，但精神上我不能夠這麼做。試想，我若是日本芙蓉集團，看到有個來自臺灣的芙蓉國際，在中國大陸也建立了個芙蓉集團，心裡上該是多麼的生氣啊！」

　　「這樣的事，不是我黃毓麟做人做事的風格。所以只好犧牲了自己花了十年時光，好不容易打響的招牌，在台北市把芙蓉國際給辦理歇業了。」

　　黃先生開始著手計劃將公司主體移往中國大陸發展時，除了前面提到過日本也有個芙蓉集團是個問題之外，剛剛開始也只有大陸的立信長江會計集團找了黃先生討論共同設立國際合資兼併部門，那時候在中國大陸還沒有見到芙蓉顧問公司可以拓展的業務，所以他和當時主持西華業務的洪明雅總裁決定以西華為起點，

前進上海。西華，是門面新換上的桃符。

當時在臺灣傳出芙蓉國際有意暫停營運的消息，很多人都出高價想買芙蓉國際的這塊商譽招牌，也還有好幾家公司搶著要租他們位於福爾摩沙的辦公室，都說是風水好，能發財，但黃先生在幾番考慮之後，還是決定將芙蓉國際辦理歇業。

黃先生回憶說：

「回想起將位於松德路福爾摩莎辦公室結束的那幾天，許多員工通宵達旦的將公司的資料歸檔整理，一邊聯繫著國際搬家公司，十幾名專業人士花了一個禮拜的時間封箱打包，放進貨櫃裡，但還是有些精美的傢俱，例如好幾張法式的大班桌都忍痛送人。

那時候才剛就讀博愛國小一年級的黃策，也辦好了轉學手續，他知道，他即將離開他最喜歡的國小，和他的好朋友們告別，即使身旁的大人們跟國際搬家公司的工作人員們，都在忙碌地進行包裝工作，他還是不吵不鬧的坐在身旁堆滿打包木箱的辦公桌上，寫著不用再交給老師的功課，寫著寫著他就趴在那張桌子上睡著了，他小小的身體幾乎淹沒在打包的木箱堆裡，辦公室裡其他的叔叔阿姨們都心疼的看著這個即將要到遙遠陌生環境的小朋友，想著他這麼小的年紀就要離鄉背井，面對人生中的第一次告別，大家都盡可能的放輕手腳，不忍心吵醒他。」

然而，再怎麼感傷不捨，芙蓉國際的每一位員工，都還是盡責

的完成了手中的最後一份工作。

最不忍的是要撤離福爾摩莎大樓的那天，黃先生稍微的停頓了一下，我能感覺在他的心裡，似乎一直放不下那些員工，猶記當時離別的感傷。

他告訴我：「那天，公司裡的員工全哭成了一團，所有人一起走出辦公室，關上了最後一盞燈，將大門上鎖之後，洪明雅總裁擁抱了每一位夥伴們，雖然早已為這些員工發放了資遣費並一一安排好了後面的工作，但對他們來說，這些一起奮鬥打拼的員工們，是家人、是朋友，所以都堅持工作到最後一分鐘，才正式分手，感情之深，無言可喻。」

總裁洪明雅也回憶當天的情形。

洪總說：「那天公司的人都哭成了淚人，其中包括了很受疼愛的玉幻小姐。玉幻，我們都叫她的英文名字 April（或許因為她是某年四月考試進入公司的緣故），她是個不折不扣的女漢子。有一回派她出去辦事，路上被郵差的車給撞倒在地。在飛起到著地的那一剎那，April 為了形象，側身以臀部先撞到地面，忍住骨裂的疼痛，她硬是不哭，側身半趴的倒在路上。郵差嚇壞了，以為倒臥在地上的是一個勇敢的男士，不停的問：『先生，先生，你沒事吧？』事後，那個郵局分局長帶著那名郵差到我們松德路的公司來專程道歉！那位受到驚嚇的郵差自始至終都不敢相信當天那倒在地上的年輕硬漢，怎麼忽然間就變成了美嬌娘？這個故事在我們公司也一直傳為美談。男同事也常常消遣她，說：『喂，兄弟，借個火吧！』」

「有一回，郁慕明先生來到松德路芙蓉國際的辦公室聊天，就是 April 去遞的三炮台蓋碗茶。這是由瓷蓋子、瓷茶盅、瓷掌托盤等三件一套的茶具，在我們公司如果來了高文化的客人，我們多半以這樣的規格給貴賓上茶。在寧靜的會議室裡，郁慕明先生伸手剛要接下茶杯的那一刹那，突然間 April 的手就不聽使喚地抖了起來，蓋碗在茶托上不斷地咯嗒咯嗒作響，在座都笑成一團。」

「事後 April 紅著臉很靦腆地解釋說：『遠遠的我沒看清楚是誰，等到快要伸手過去遞茶時，突然看到了電視上才能見到的大人物，活生生地坐在眼前，雙手就一個勁的發起抖來了……』」

「那天，我們下班後回家看到了夜間電視新聞，才知道當天就是郁慕明先生榮任新黨要職的大日子。他當時沒說，我們也確實不知道，還平平靜靜地聊著天。也難怪，那一兩個小時內，他頻頻地把催促他的手機電話給掐掉。」

「所以，這個女漢子 April，從沒讓人覺得嬌滴滴。這天，到了曲終人散的時刻，她也是哭得讓人心疼不已。其他人，尤其是女同仁，一個個也哭得像永遠不能再見面的家人一般。」

啊！那真是一個傷感的日子！即便到了上海二十年後的今天，黃先生還是不曾忘記過這些曾經並肩作戰的夥伴們。

在談起這段往事，我看著黃先生的表情，感覺到他還是有很多的感傷，但因為在當時前往上海發展有太多的不確定性，要如何讓員工們跟著他們一起離鄉背井走向這個未知的將來呢？身為領導

▲隨處閱讀的角落

者，在許多時刻必須斷然的做出抉擇與割捨，有再多的不忍也必須掩藏，並將這些感傷長存在心裡。

最後，芙蓉國際在台北畫下了完美句點，西華正式啟航，航向：大陸的東方明珠，上海！

他們用了兩個貨櫃，花了一百多萬台幣搬家費將公司搬到上海，一條陌生又沒有夥伴的路，就此展開。

到了上海不久後，西華集團就搬到了宜山路 888 號，那是一棟嶄新的辦公大樓，四周藍色的玻璃帷幕包圍著現代感的弧形設計，樓面的中間是電梯，所以呈「回」字形格局。而且因為樓下有著某重要銀行的金庫，所以守備特別森嚴，常可見荷槍實彈的警衛人員。當時附近有好幾個著名的台商企業，例如每天早上開車上班的時候都會經過位於宜山路 1295 號的英業達集團，見賢思齊的看著他們規模那麼大，黃先生都會時時提醒自己一定要努力！

都知道企業除了領導者之外，最重要的就是員工。剛到上海時，黃先生發現很多員工都是來自很遠的其他省分城市，住宿變成了他們的一大考驗，於是西華決定租下了一棟樓的幾個樓面，分層做為男女員工的宿舍，並且在每個房間內都配有書桌，鼓勵員工買書、看書。另外規定只要是有益的書，員工可以拿購書單跟公司申請全額費用，以此來鼓勵員工提升自我的素質，除了讓他們從遙遠的故鄉來到上海工作不用煩惱租房的問題，還可以增進自己的知識。

後來沒多久，總裁洪明雅還發現在上海這樣的大城市裡，有許許多多被稱為「外地人」的員工，生活上都十分節儉。到了週末或是過節假日，只窩居在宿舍裡，不外出散心。長此過生活，必定會

▲會議大廳

產生身體、心理上的不適。所以公司又給出了一個新的政策，便是鼓勵宿舍員工趁著週末、節假日去看電影，費用由公司支付。這樣一來，尤其是星期五，員工之間就會聚在一起熱烈的討論週末一起出遊、看場電影。整體的氛圍就顯得十分融洽，工作上也增進了彼此的信賴與默契。

這樣的作法大概從 1999 年起，維持了六到八年，後來因為許多「外地人」都開始在上海自己買房，許多人把家人小孩都接到上海這樣的大城市裡來，公司裡需要宿舍的員工越來越少，租賃宿舍的樓層越來越少，最後就不再有這樣的需求了。

我在訪談這一段口述歷史時，看出一個成功的企業會把員工當做是重要的資產之一。或許不用天天掛在嘴上說，但在我看來，西

▲員工慶生相互道賀

華便是這樣想、這樣做的。

　　有一回，一個技術部門的員工，從別的城市剛剛到西華不足一個月，他的妻子突然生了病，需要一大筆醫藥費，他急的像熱鍋上的螞蟻，人生地不熟的借不到錢。後來，他心想明知不可能，但還是抱著試試看的心理向總裁開了口，結果，出乎他的意料，公司讓他寫了份申請書，十分鐘後，一大筆現金交到他手上了。這件事頓時傳遍了全公司，有的人感到溫暖，但也有相當一部分的人說公司太傻了，直說這是一種套路，他拿了錢，很快的就會「消失在茫茫十幾億人口的大海之中了」。許多員工你一言、我一語地議論著，都說這是到處可見的「騙術套路」！

　　但在幾個星期之後，那名員工，並沒有消失在茫茫十幾億人口的大海之中，他回到了工作崗位。……幾年後，成為西華技術部門管理骨幹。

　　除了這故事，我還聽了一些其他的故事，都是發生在西華早期到大陸期間的各種有血有肉的事情。這些故事讓我相當好奇，西華集團員工的管理文化究竟是什麼呢？還有什麼實際的事件可以體現出這樣的管理文化呢？

　　為此，我特別訪談了在西華集團中負責財務及人事部門的副總裁黃鑫女士，她和我分享了讓她印象深刻的幾個小故事。

員工的尊嚴及名譽

隨著西華集團在美國、歐洲、日本的業務量愈來愈廣泛之後，主要來往的供應廠商就增為五十幾個，為此特別設立了一個部門負責檢驗供應商提供的材料和半成品，負責的員工必須非常的仔細和謹慎，因為一不小心就可能因為小細節的失誤，造成企業的商譽受損。但也正因為如此，派往各處檢驗的人員，常常都會受到供應廠商的禮遇和招待，有的人員還會因為廠商給予特別的「經濟感謝」，在需要嚴格的地方給予符合人情的放水通融。

黃鑫記得有一位員工，向來比任何人都有板有眼，一絲不苟的執行檢驗工作的任務，卻沒想到他的認真負責引起了其中一家供應商的記恨。有一天，這位員工剛從供應商的廠房進行完檢驗工作，才離開門口不到十幾公尺，就被好幾個人圍堵，毆打成重傷。

在那位員工被緊急送醫後，黃先生一接到消息就親自召開緊急會議瞭解實情，而所有的證據都直指那個供應商為背後的唆使人。

黃先生立即就決定要對那個供應商嚴加撻伐，但當時有的部門主管提醒，這是一個很重要的供應商，如果因為一位員工造成雙方關係破裂，將會影響近期的出貨量，耽誤了國外的交貨期，後果必然會造成很嚴重的經濟損失。

提到這個過程的時候，黃鑫她告訴我，當時所有人都以為黃先生可能會需要一點時間，待評估後續狀況再做決定，沒想到黃先生只想了大概十秒鐘，立刻就做了指示。

第一，他要財務主管調查跟這家供應商之間近期訂單的款項流

通，並且立即凍結所有的未付款，以及正準備要給這家供應商的訂
單也一律凍結；第二，正式通知那家供應商的老闆，要他在指定的
日期、指定的時間，親自到西華說明這事件的原委。

▲副總裁黃鑫

在下達命令之後，公司內部產生了議論，有些主管認為，這麼做不但會影響近期對國外客戶的交貨，原本的訂單在這麼緊迫的時間內也很難找到其它供應商消化，這是牽一髮而動全身的決定，但黃先生覺得這是沒有辦法的事，要求主管先通知國外客戶有一件突發事件會影響出貨，並且向他們做出委婉的說明，爭取客戶對可能發生的延遲交貨予以諒解。

黃鑫回想那場會議之後，整個公司就陷入一種很緊張的氛圍，大家的心裡都很擔憂，要是出貨量的問題無法解決，國外客戶極可能會索取很大的賠償金額，但不管怎麼樣，黃先生的決定是不會改變的。

到了黃先生指定的那一天，供應商的老闆帶著他們公司兩位高階主管來到當時在宜山路 888 號的西華，同時在場的除了西華的所有部門主管之外，還有那位被打傷的員工。公司內頓時陷入一種劍拔弩張的詭異氣氛⋯⋯。

在西華辦公室所有人憤怒的目光中，這個霸氣的老闆和他的隨從，大搖大擺的走進了西華的大門，根本無視整個西華員工對他們投注的眼光，殺氣騰騰地邊走還邊睥睨地環視所有人，有幾位員工被他們一瞪，竟然膽怯的低下了頭，見到西華員工低頭，他們更是氣焰張狂的輕蔑冷笑。

就在他們一行人趾高氣揚地來到了公司「回」字形最深處的那個大會議室，一進到會議室，那位老闆就來勢洶洶的搶白的說這件發生在他廠區外的打人事件，跟他們沒有「半毛錢」關係，要西華馬上解除款項的凍結，不然他們就要提告。

面對這位老闆恬不知恥的惡人先告狀，黃鑫說，當時會議室的所有員工和主管，人人都氣憤難耐，只有黃先生不為所動，他抬起頭看了那位老闆一眼之後，淡淡地開口對他說：「我知道你是個自信很聰明的人。但是聰明不聰明在這件事情上並沒有什麼關係。你的聰明，無非就是算準了我不敢對付你，因為對付你，就等於對付鈔票，對吧？但就算你機關算盡，你再聰明，你還是錯了。因為不是全天下的人在衡量情況的時候，都跟你一個樣，把錢的多少，放在第一位考量……」

黃鑫說，黃先生在說那段話的時候，非常篤定，沒有間斷跟遲疑，他語氣堅定的告訴那位老闆，就算他們要提告，西華也不會解除凍結應付款項的決定，甚至表示不惜賠償國外客戶的損失，也要替員工討回一個公平公正的說法。

回想那個當下，黃鑫說她記得很清楚，她看著那位老闆聽完黃先生的話之後，怔怔地站了起來，漲紅了臉，雙手緊緊握著拳頭，說不出一句話，全身還微微發顫抖，像似黃先生的話，一句句打在他腦門上，而且沒有一句是假話，他知道黃先生說到做到，他的手腳已經被看破了，他的氣焰瞬間便消了下來，就像洩了氣的皮球一樣，只是還在做最後的掙扎。

就在那位老闆做出回應前，整個會議室的氣氛異常的緊繃，他身旁的兩個主管似乎也在等待他的指令，西華的幾位幹部警戒盯著他們，彷彿一場大戰就要一觸即發。然而那位老闆沉默了很長一段時間之後，他突然轉過身，對著那位被打的員工深深的鞠躬道歉，承認了他的所作所為，慎重的向那位員工說了一句「對不起」，跟

他一起來的那兩位主管愣愣的看著自己的老闆竟然道歉了，也立即起身跟著鞠躬道歉。

當時在場的西華幹部，都被眼前的一幕給驚訝得說不出話來。那位受傷的檢驗工程師更是瞪大了一雙難以置信的眼睛！

黃鑫說，那位老闆在向員工道歉之後，接著就對黃先生道歉，表示所有的醫療費用他一定承擔，黃先生要他把整個過程的始末寫成一份自白書，以及一份絕不再犯的切結書，那位老闆順從的做了。最後，黃先生告訴那位老闆，之前凍結的訂單可以解除，但下個月及下下個月的款項必須先壓著，當作對他的處罰，對方聽了連連點頭說他明白，並表示感謝黃先生以及西華全體員工對他們公司邪惡的行為，給了「最為大度」的原諒。

在那位老闆及他的主管離開之後，黃先生告訴大家，已經沒事了，要大家散會。糾纏多時的風暴，霍然重見天晴。

當所有人陸續離開會議室時，黃鑫注意到那位被打的員工，他原本一直都低著頭、漲紅著臉，待黃先生也起身離開會議室之後，那位員工抬起頭看著黃先生遠去的背影，再也忍不住和他的部門主管抱頭痛哭，雖然他們極力想要壓低痛哭聲，但是猶如咬緊牙根受傷的戰士，仍然發出讓人辛酸嗚嗚的悲鳴！

因為他們倆萬萬沒有想到西華會為了他，頂著公司可能遭受到巨大動盪及對國外客戶因為無法準時交貨，極可能承受巨額經濟賠償的情況下，替他這麼一個基層員工去跟另外一家公司的大老闆翻臉，為的是討回正義、公道以及他個人的尊嚴。

這件事讓黃鑫感觸很深。或許很多公司的老闆在面對同樣的事

件時，直覺會選擇暫時先隱忍，但身為西華最高領導人的黃先生卻毫不遲疑地為了員工挺身而出，維護了員工的尊嚴，也展現了西華在面對這樣的事件時，絕不退讓的立場。

果然那次之後，再也沒有類似這樣陰謀詭計欺負西華外駐人員的事件發生，而且那天之後，所有西華人都相信一件事：老闆是正義的化身、是他們的保護人。無論工作崗位是在廠裡，還是在辦公室裡的人，在他們內心深處，西華是個光明磊落的集團。

另外，還有一件令黃鑫印象深刻的事，也是跟名譽有關。

黃鑫回憶，前幾年公司部門有一位已婚的女性員工，個性很開朗，風采很好，做事也認真。有一天，她的公公婆婆突然帶著家裡的人跑來公司，一上門就大聲哭鬧。黃鑫當時一聽到吵鬧聲，就趕緊前去關心，搞了半天才知道，那位女員工的公婆說她有外遇，懷疑她在外面跟男人鬼混，黃鑫一聽就說：「那我明白了，這件事我們會注意，會幫忙規勸。」

在安慰完幾位老人家，等他們情緒平復後，才送他們離開，結果過了三天他們又來了，說那位女員工害他們丟人現眼，在老家抬不起頭之類的話。

當時那位女員工的公公婆婆還作勢要在公司大廳上吊，說什麼都要西華替他們主持公道，還抓著部門主管問說，要是他們家裡也出了這樣的媳婦，難道也會有臉活下去？就這樣一連鬧了好幾次，

公司裡開始出現了一些風聲耳語，部門主管都不知道該怎麼處理這件事，而那位原本性格開朗的女員工，在公公婆婆來公司鬧完之後，開始變的心事重重沉默寡言，原本見人都笑臉盈盈的，後來也不見她再笑了。可能是感覺到其他同事在背後的議論，一直以來她都是提早到公司，後來漸漸有遲到的情形，上班也無精打采。

看著女員工的轉變，黃鑫也很是心疼，但她只能幫忙先把幾位老人家勸回去，原本以為這件事大概過陣子就會平息，沒想到好不容易安靜了幾天，那位女員工的公公婆婆又跑來公司，而且鬧的愈來愈嚴重，幾個老人家在大堂裡哭天喊地的指控那位女員工假藉出差的名義在外面跟人家同居，還強行的要向公司索調她的出差記錄，還威脅要是不給他們，他們這次真的要在公司的大廳裡上吊了！

幾個西華的員工眼看都要壓不住他們的哭鬧，黃鑫在那個當下，突然很冷靜的看著來鬧場的幾位老人家和他們從老家調來充場面的人，她感覺他們的目的就是要把這位女員工的名聲搞臭，讓她身敗名裂，讓公司不堪其擾而開除了她，想方設法的要斷了她生計。眼見幾位老人家鬧了半天還請不走，黃鑫說她忍不住扳下臉，很嚴肅的對他們說：「你們的家務事已經造成公司運作的不便，請你們見諒，我們得請你們出去，並且不讓你們再來了」。

終於，好不容易請走幾位老人家之後，整個公司雖然安靜了下來，但人人都能感覺到那位女員工背上的壓力，從她的公公婆婆來鬧場的第一天開始，已經有些流言蜚語在員工之間流傳，有人說一個巴掌拍不響，就是她私生活不檢點，才把老人家逼的來公司鬧場，也有人說她在公司一個樣，私底下又是一個樣，總之都是些不

好聽的話。

這些八卦流言沒多久就傳到了黃先生那裡。黃先生得知後就非常生氣的把公司所有人都召集起來，也包括不在辦公樓裡上班的每個廠房主管。

黃鑫回憶說，當時黃先生很嚴肅的告訴每個人現在公司內部正在哄傳的這些事情，一來，這是人家的私事，二來，無論事情原委是什麼，清官都難斷家務事，所以他對在場的每位主管提出嚴厲的警告，只要有任何人繼續議論這件事，或是在與這位女員工共事時，露出鄙視輕蔑的態度，他不聽理由，一律開除。

記得那天到了下班時間，那位女員工一直等在公司門口，或許是因為黃先生從來不跟女員工獨處，所以她只能在門口等黃先生從公司出來。一見到黃先生，她就恭敬的一鞠躬，感謝老闆維護她的尊嚴，但她在公司真的待不下去了，她將辭職信和感謝信交給黃先生之後，就離開西華了。

很遺憾，以這樣離開作為收場，黃鑫感慨的說。

聽了這兩個故事，我才明白為何在西華集團工作的員工，很多都是十幾二十年的資深員工，因為西華將員工的尊嚴和名譽當成必須守護的重要資產，這樣的「員工福利」、這樣的領導風格，應該是很少見的。

和副總裁黃鑫訪談完之後，我又特別問了黃先生在徵選員工方

面，有沒有什麼特殊的準則或是方法。

——西華集團招聘員工時，在學歷或是能力上的準則是什麼？

我在美國留學的時候，學院裡有一位名叫 Roderick Henry 的老師說過一段話，讓我印象很深刻，他說：「你如果要成為一個成功的企業家，最多只需要讀到商學院的學士學位，MBA 就不太需要了，至於商學博士，不但不需要，反而可能有害，主要是思考問題時，不由自主的會過度強調分析問題的模型和方法。不是高學歷本身有什麼問題，而是在商場上，最多，商學院學士畢業就應該夠了。」

看著大家不可置信的表情，Roderick Henry 更進一步的告訴我們：「MBA 完全是浪費時間，因為你要的所有基本知識，在大學四年就已經修完了，你愈早進入戰場，愈早累積你的本領，你就能愈早成功。」

三十年前的我聽了老師的這番話，覺得很不可思議！因為當時 MBA 是不得了的標誌，很多人認為只要能拿到 MBA 就不用擔心找不到條件很優渥的工作。

但在聽了自己挺佩服的老師這一番話之後，我特別用心觀察到當時美國確實有些很棒的公司，也是主張他們不招收 MBA。比方說 ESI 公司（Electro Scientific Industries, Inc；科電工業公司），他們選擇員工的政策就是不雇用 MBA 學位的人。他們的

董事長曾經明白地說過：「MBA 幫不上什麼大忙。他們充滿了
陳腔濫調，跟大家工作起來不順暢，……哈佛那一套，根本沒有
什麼效率！」

　　也許是受了這種影響，所以我在挑選員工向來是以實力掛
帥，我不會特別注重學歷，但也不蔑視學歷，主要的原則就是不
以學歷挑人。

——除了不以學歷挑人，還有其它特殊的條件嗎？

　　當然除了學歷之外，工作能力、責任感、品格……這些都是
西華員工必須具備的，如果真要提到什麼特別的準則，我倒是想
起了一位特別的員工。

　　有一次公司招聘，篩選了一批合格的人，最後再從這裡面挑
選出兩、三個最適合的人，他們幾個的經歷和條件都旗鼓相當，
其中還有一位條件特別好，很適合短期就能培養成管理幹部。平
時我都不太過問人事招聘的事，那天不經意好奇的問了問，恰巧
黃鑫手上有幾位人事資料，我就請她一一說明那次來應聘合格每
個人員的資歷。

　　我一面聽她說著，一面看著資料，其中有一個人特別引起了
我的注意，我就問黃鑫：「這個人的簡歷都在裡面嗎？」黃鑫就
把他的筆試和面試的成績彙整了出來，我一看，他的筆試的成績，
跟其他幾位比起來，不算差，但也並不是特別的好，但還是決定
要優先錄取他，並且準備培養他當幹部。

所有人都不知道我優先錄取他的原因，於是乎辦公室裡有著小小議論的騷動……。

其實，是因為那位員工有一個很特別的姓，他姓「姬」，出生於山東，這讓我有了因為歷史的淵源，產生了某種聯想。

歷史上記載，西周是商朝之後的朝代，國姓為「姬」，在剛建國的時候，周武王姬發為了鞏固國力，於是就屏藩王室、大封諸侯，當時因周公在伐商時陪伴在武王左右，立下赫赫戰功，於是被分到山東曲阜，封為魯國。

我一看那位員工的姓氏，就想到周公姓姬名旦，又封邑於山東，也就是昔日的魯國。這應聘的人和周公同姓，又來自山東，有沒有可能是周公的後裔呢？假如真是如此，那他必定還擁有姬氏貴族的血統和智慧……。所以決定錄取這位員工，並且培養重用。

可能有人會以為我只是一時興起，沒有什麼根據就把人錄取了，但事實證明，經過了這麼多年，那位員工一直都兢兢業業在他的工作崗位上，至今還在為西華服務，而且還是個經理級主管。有時候在公司遇到他，我會特別跟他寒暄幾句，也總會想到千年前周公的那段歷史，或許這位員工，真的就是周公後代也不一定。

報喜小天使

在和黃先生談起經營管理文化時，我就發現西華集團有一種奇

妙凝聚力，不管是主管和員工之間的相處、辦公室的氛圍、公司的環境，都顯得朝氣蓬勃。對於要如何建立員工和公司之間如此緊密的連結，其中有一個特別的小故事。

曾經有很長一段時間，西華的生意非常好，當時他們的業務不只擴及美國和歐洲，並且還剛剛成功地開闢了日本市場。尤其是從此以後，連續好幾年日本的訂單量非常大，常常是天天都有新訂單，每張訂單代表了一個貨櫃的數量，實務上就等於每天都會有一到兩個貨櫃的商品裝船發往日本。

黃先生覺得很有趣，因為在此之前，他們當時只重視歐美市場，並沒有把日本當成一個主要的市場開發，沒想到日本訂單卻意外的

▲集團活動照

踴躍，所以他把這個意外的驚喜當成是老天爺給的禮物，於是決定從日本訂單的獲利中，提出一部份當成員工的紅利，讓大家一起分享這份快樂。

那時候黃先生在公司裡找出一位身材高䠆且長相特別甜美的女員工，她的名字裡有個蘭花的「蘭」字，他給了這位女員工一份特別的任務，擔綱西華集團的「報喜小天使」，每天只要日本的訂單一進來，那位女員工就會穿著一身喜氣的紅色制服，捧著一個要上發條那種瑞士古董音樂盒，領著音樂盒清脆愉悅的旋律，繞行公司一圈。這個時期，西華還是在上海宜山路上的新銀大廈裡，公司的辦公室雖然是開放式的，但是因為樓層電梯的設計，形像一個「回」字，中間的口是電梯，所以進了公司可以圍著弧

▲壁爐邊的小座是貴賓的最愛

形玻璃帷幕繞一大整圈。

　　那段時間，只要一聽到那個音樂盒傳來的旋律，每個員工都會不由自主地停下手邊工作，微笑的看著報喜小天使走過去，大家都知道公司又接到一張日本訂單啦！那個笑容，聽黃先生形容起來，真是美好，那是一種明白努力就會得到成果的滿足，在每位員工齊心協力的燃燒自己之後，每每聽到音樂盒清脆的旋律，真的就像是天籟之音一樣。

　　黃先生說：「看到公司裡的每個人，每一天，都因為報喜小天使充滿了希望和活力，真是無比幸福的時光。事實上那幾年間公司除了聚餐增加、員工旅遊的預算增加外，連年中、年終都有發放高額的獎金。

　　這樣的日子過了好長一段時間，一直到 2008 年的亞洲金融風暴，再加上匯率的變化，日本客戶無法繼續支撐下去，才結束了跟我們的合作。」

　　從西華集團的管理文化中，就可以看出來黃先生對員工的重視，每一位員工都牽動著企業的根基，就像一棵大樹一樣，假如根基穩了，這棵大樹就可以盡情繁盛的開枝散葉。

　　說到這裡，黃先生跟我分享了另一個小故事。

　　記憶來到還在台北的時光，當時芙蓉國際搬進松德路的福爾摩沙大樓沒多久，上海商業儲蓄銀行就在隔壁大樓成立了世貿分行。

▲▶創辦人黃毓麟的家

　　有一天，大家正在他們引以為傲的辦公室裡忙著，祕書通報說上海銀行，來了一位叫邱曄的先生想拜訪他。

　　邱曄進來就笑咪咪的遞了一張名片，希望芙蓉國際能到他們分行開戶，建立合作關係。黃先生當時覺得這個人看起來乾乾淨淨的，說話很有條理，是那種讓人第一眼就留下好印象的人，於是就答應了，表示過幾天他有空的時候一定會抽時間到他們銀行一趟……。

　　邱曄一聽，馬上就說：「不用不用，您不用跑這一趟。」他請黃先生等他 20 分鐘，說完之後，就回到他們銀行裡，準備著開戶的資料。

　　果然 20 分鐘之後，邱曄就帶著相關的文件回來了，黃先生有些驚訝，覺得這銀行的服務真是直追瑞士銀行了，在當下就對這銀行留下了好印象。

　　而在那天開完戶之後，黃先生每天早上開車到公司上班，每當行經松德路的時候，總會看到上海商業儲蓄銀行的邱曄已經坐在他位子上展開工作了，不管多早，邱曄都是在他的工作崗位上，直到晚上黃先生下班的時候，他還沒離開，每天都是如此！

　　當時在臺灣，多數人都認為，銀行是個金飯碗的職業，工作乾淨又輕鬆。可是，看到邱曄這種孜孜不倦的工作態度，真令人感到敬佩不已！

　　黃先生告訴我，他那時心裡就想，這上海商業儲蓄銀行一定是個了不起機構，有這麼好的員工時時刻刻為了公司、為了企業奮鬥，這種精神是非常難得的！要是……自己公司的主要幹部，各個也都能有邱曄這樣的精神，那他何愁不發達？黃先生多次在對自己公司

員工開會時，都提到邱曄那樣的工作精神，要大家以他為標竿，效法他！

事實上，西華和上海商業儲蓄銀行的合作，也從那個時候開始，至今沒有間斷過。邱曄後來被調到中和去當行長，黃先生回臺灣時也還特別去看過他，兩人愉快的聊了一個下午。最後，聽說邱曄病了，一直待在醫院裡，令人難過。牽掛他，就像牽掛一位摯友！

在西華遷往上海後，上海商業儲蓄銀行的其他行長跟高級主管，也都常常來到上海西華總部拜訪。每次見面的時候，他們會一起談談經濟發展，吃吃美食，逐漸的連他們位於民權東路一段總行裡的主管，還有駐紮在越南分行的行長，也陸續都變成了西華集團的朋友。

西華於是也發現了，這家銀行裡，有許許多多做事勤懇、誠信可靠的「邱曄」，真是了不起！

黃先生說：「現在回過頭來看，從邱曄第一次出現在我公司的那一天起，如果一家銀行能跟一家企業一直維持幾十年關係，彼此之間的互動就像是一個大家庭，這樣的銀行一定是個好銀行！不論那家企業有任何的發展計劃，第一個想到的一定就是跟這銀行進行交流與磋商。」

即便像西華這樣的私人多國企業，來往的銀行，有美國、有澳洲也有英國和日本系統的，但是每次只要想到銀行服務，西華第一個就會想到上海商業儲蓄銀行，他們就像西華集團的老朋友，而這樣的起緣都來自於二十幾年前，那第一位認真負責又勤懇去拜訪他們的員工邱曄。

聽到這裡，我彷彿覺得黃先生在繞圈子，說了一大堆，重點呢？

黃先生看著我，笑著問了：「你是不是覺得我在替臺灣的這家上海商業儲蓄銀行做廣告？」

他接著說：

「絕對不是。我又不認識他們的老闆，幹嘛要這麼做？我只是想借『邱曄們』來說出一個非常緊要的重點。

當我還在美國讀書時，從老師那兒知道密西根大學（University of Michigan）有位相當厲害的教授，叫做 William Andrew Paton，他被人們譽為美國現代會計理論之父，可惜他在我畢業離開美國後幾年就去逝了。

他雖然不曾教過我，但是帶給我的影響也十分巨大。他一生提出的理論很多，有的我讀過就忘了，有的很經典，但是我今天簡單的濃縮成兩個深植我心的概念，分享給你，以及本書的讀者。

那就是：**一個了不起的企業，必須有嚴密的組織文化，和忠誠勤懇的員工！這兩個，構建成一流企業的靈魂。**

『嚴密的組織文化』我可效法當年赴美求學前服務的日本商社，他們的文化很好，很綿密。『忠誠勤懇的員工』，我以臺灣這家上海商業儲蓄銀行的邱曄為標竿。我很驕傲的說，我的西華，同時擁有這兩種要件。

有這樣素質的員工，對於企業來說，真是無比珍貴的資產！無論是西華、上海商業儲蓄銀行，或是任何想要永續經營的企業。」黃先生這麼總結。

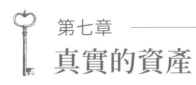

第七章
真實的資產

　　在總部一樓有一面很特別的牆，保存著一百零八張從芙容國際時期到西華三十年之間，所有幫助過、影響過自己事業的人，裡面的訪客來自世界各國的企業集團、高階管理人士、銀行家、中西方藝術家、文化學者，這面牆位在電梯旁，只要是來到西華集團的賓客、每天上下班的主管員工，都一定會經過那面名片牆。

　　記得第一次來到總部參觀時，我就注意到那面牆，當時遠遠的看去，我還以為是一幅裱框的畫，走近一看，才發現上面整齊排列的一百多張名片，有些名片經過時間的氧化，紙張的邊緣都有些泛黃，我問黃先生，為何會將這一百零八張名片裱框起來呢？還特別放在這樣的一個位置。

　　黃先生告訴我，這名片牆上面的每一個人，都曾經幫助過他們，影響過他們，所以他把這面名片牆特別設置在電梯旁，每天經過看到這面牆的時候，他就會提醒自己，西華集團是怎麼一步步走到今天，他們是怎麼起家的。等到有天他退休的時候，這面名片牆就是用來提醒他的兒子和孫子要不忘初衷，或許上面的人他們都不認識，可能有些老朋友都離開了，有些公司也許都不存在了，但他

▲名片牆

永遠感念那些曾經幫助過他的人。

　　湊近一瞧，那面牆上的名片來自世界各地的，從東南亞到歐美各國都有，其中不乏一些國際大型企業，我注意到一張 Sears world trade 的名片，那是曾經獨霸美國零售業的一家大型企業，他們當年的規模及市場地位甚至比現在的沃爾瑪還大，他們擁有一棟全芝加哥最高的大樓 Sears Tower 西爾斯大樓，也就是現在的威利斯大廈。

　　回想當年黃先生還在台育當顧問的時候，這張名片的主人 Daniel L.Henderson 影響了他很多方面，當時他們已經是全美屬一屬二的企業，但他在知道黃先生準備離開台育創業時，寫了一封信來鼓勵黃先生，同時還寄了一份禮物，黃先生說他永遠都記得這份溫暖，就在那張名片上，還手寫的一段文字：with our compliments。

　　除了國外的名片，我還發現幾個非常熟悉的名字，其中包括臺灣現任監察委員陳師孟，那是他在擔任台北市副市長時的名片。在1994年左右，臺灣剛結束了直轄市長選舉，當時的台北市長陳水扁，為了廣納菁英提供建言，找了各方的專家學者進行了好幾次的圓桌會議，當時他們也邀請了黃先生參與。

　　在舉行會議的那一天，許多與會的學者專家都提早入席，只有黃先生還沒到，陳師孟副市長就親自到了台北市政府一樓大門口去等黃先生。在黃先生的印象中，陳師孟副市長一見到他，就

笑臉迎迎的上前，對著黃先生說：「黃先生，你來了」，黃先生說他當時愣了一下，因為他以前沒見過陳師孟副市長，對於眼前這個穿著相當得體，又彬彬有禮的人有些陌生，就微笑著問他：「你認識我嗎？」

陳師孟副市長就拿出了這張名片，簡單的介紹後，就一路帶著黃先生上樓，走進了會議室。橢圓形的會議室裡有一張圓形的大會議桌，出席的人都是台北市各個方面的精英，陳師孟副市長，當時把黃先生安排在陳水扁右手邊附近的位子。回想起那場圓桌會議，黃先生說他感覺，當時，「不論是台北市長陳水扁，或是副市長陳師孟，他們都是努力想把台北市的市政做好，他可以感受到他們的鬥志和理想。」他當時也相當欣賞他們為了市民奉獻付出的情懷。

黃先生講起往事時，彷彿回到當年的歲月。他說：「當時的台北市瀰漫著某種特殊的朝氣，這種朝氣在世界其他地方好像不容易找到。」我看了看他，台北？二、三十年前？朝氣？黃先生看我一副大惑不解的模樣，就說：「我給你舉個例子吧。」

「就是差不多我參加台北市長陳水扁圓桌會議的那個時期，有一回我在台北街上，遠遠的看見邱彰面向我走來，因為在電視上常常看見她，所以認得，她不認得我，但是眼睛卻盯著我帶著微笑，我們對視地走近了。」

「你是邱彰，我認得你！」她的回答，簡潔有力！「是的，我是邱彰，我看你這個人不一樣！這是我的名片，有空來我辦公室坐坐。」我禮貌地拿著她的名片看了看，上面寫著美國生化博士、美國法學博士、美國律師。地址在世界貿易中心國貿大樓，我心

想，其實離我在松德路福爾摩沙大樓很近，走走就到了。就這樣，我們各自朝不同的方向繼續走去，不一會兒她忽然轉頭對我說：「你的髮型真好看！」純美國式的輕鬆對話，就好像說「I like your style.」那麼讓人感到舒服。

「我再說一下那個時期台北的氛圍。」

「由於我公司所處的福爾摩沙大樓在當時的台北市裡形象上很出眾，所以常常成為拍電視劇的場景。（好像連續劇家有仙妻就常在那兒拍攝）有一回，不，好幾回，我從辦公室搭電梯出來，正碰上拍攝劇組和看熱鬧的粉絲，我快快地從邊邊繞了過去，後面跟來了幾個年輕人，我走的很快，她們碎步小跑追趕著……。我於是不得不停下腳步，轉過身來對她們說：『不要追了，我不是明星！』一陣歡愉的笑聲後，她們又回到福爾摩沙大樓門口了。

那時的台北，很清新，人跟人之間的感覺，不很遙遠。很讓人喜歡。」

回來講名片牆。另外在那面牆上左上角的第一張名片，是一張 IBM 的名片，因為過去我是 IBM 電腦的愛用者，那張 Patricia L. Armstrong 名片就特別引起了我的好奇，向黃先生問起後，才知道，原來那張名片的主人是他一位特要好朋友 Robert Armstrong 羅勃阿姆斯壯的夫人。這位朋友曾經是紐約 Chase Manhattan Bank 大通銀行的副總裁，因為愛情他辭去在紐約高薪的職位，跟著美貌的妻

子 Patricia 搬到邁阿密 Boca Raton 之後，就一直沒有得到好的發展，而他的妻子 Patricia 卻在 IBM 擔任了很高的職務。這是個現代版「不愛江山愛美人」的故事。

特別值得一提的是，Robert 的父親老阿姆斯壯在過世前，曾緊緊握著當時才僅僅七歲的他的手，囑咐他這個小阿姆斯壯長大以後，一定結交一個傑出的中國朋友，說完這句話之後，他父親就斷氣了。小阿姆斯壯一直不知道為什麼父親一定要他交一位中國朋友，但緣份有的時候就是這麼奇妙，他後來成為了黃先生最好的朋友（之一），而他的兒子小小阿姆斯壯 Jordon D. Armstrong 後來也與黃先生的孩子黃策成為了好朋友。祖訓嘛，三代阿姆斯壯都有位傑出的中國朋友！

黃先生還特別提到了他的一位日本朋友也是西華集團日本事務長丸山。這位朋友的年紀比黃先生稍長，是一位在日本受過非常好的教育，並且相當有學問的人，他在各方面都有非常廣泛的知識，他不但會用日語吟唱出般若波羅密多心經，還對中國的歷史知之甚詳，他也非常熟悉日本企業的經營模式，所以在管理文化方面，他給了黃先生很多幫助和啟發，在西華集團壯大的歷程上，擁有不可抹滅的地位。

這一百零八張名片的主人，都是曾經影響或幫助過黃先生和西華集團的朋友，除此之外，黃先生的人生中還有許多他相當感念的「益友」們。在他的觀念裡，人類最誠實的財產就是黃金、珠寶、藝術品，除此之外，「益友」則是個更無法用金錢或數據來量化的財產，也是最真實寶貴的財產。

而所謂的「益友」，是指那些充滿智慧且無私的朋友們，所以他認為，每個人在人生的路上，除了追求理想和成功之外，更重要的，是結交益友。

談起黃先生人生中的第一位益友，竟然是現任監察院副院長的孫大川。在小學畢業後，黃先生考進了恆毅中學的初中部，認識了就讀高三的學長孫大川，或許是他們在學校都展露各自的才藝而有些名氣，即使在學級上有些差距，他們還是成為了無話不談的好朋友。

那時候才剛上初中的黃先生個子比較矮小，孫大川已經是高三的學生，所以每當他們兩個一高一矮的走在恆毅中學校園裡，就會形成了一個很有趣的畫面，他們常常一起搭校車，在校車上盡情的聊著各種話題。因為個子比較矮小的關係，黃先生必須仰著頭才能跟這位學長對話。有一次，在他們從校車下來，準備過馬路的時候，因為黃先生顧著仰頭聊天，就被後面的車撞上了，受了傷……。這段跨年級的友情，在當時恆毅中學校園裡被傳為美談。後來孫大川考上大學，離開了恆毅中學，黃先生也升上了初二。聽了黃先生堆滿笑容的描述，我明白在恆毅的那三年也是黃先生少年時代最快樂、最想念的求學期時光。

黃先生這一生中遇過很多人，他保留在身邊的名片不細數也應該有上千張，他的朋友來自世界各地，每當提到他的幾位好朋

友，他的眼光總會散發一種特殊的光彩，好像又回到了他們一起相處的時光。

為此，我特別整理了黃先生他人生中幾位質樸的好朋友，聽黃先生自己一一訴說他那些朋友們，各種有意思的故事。

真情契合的朋友

有段時間搭乘長榮航空時，都會聽到一段以「陶笛」做為主旋律的登機音樂，特別是即將抵達臺灣時，還有〈雨夜花〉、〈望春風〉、〈桃花鄉〉、〈孤戀花〉代表臺灣民謠的組曲，那是讓人感到非常溫馨、熟悉，一點都不喧嘩的音樂，每次在長榮飛機上聽到這些音樂時，我都會想到我的一位好朋友何國杰 Ricky Ho，這幾支登機降落的曲子正是經由他編曲、製作而成的。

他是新加坡知名的配樂大師，擁有一間全亞洲最具規模及專業的錄音室，他曾替臺灣一部非常有名的電影《賽德克・巴萊》製作電影配樂，為了呈現電影中的

Photo by BO-LIN LO

▲ Ricky Ho 何國杰，新加坡音樂家，電影《賽德克・巴萊》金馬獎最佳原創電影音樂獎得主

磅礴氣勢，特別飛往澳洲邀請交響樂團 The Studio Orchestra Of Sydney 擔任配樂演奏，也因此榮獲了第四十八屆金馬獎「最佳原創電影音樂獎」，以及第二十三屆金曲獎「最佳專輯製作人獎」。

我在一次因緣際會之中認識他以後，我就非常喜歡這位朋友，我並不是因為他得了獎才特別欣賞他，有時人跟人之間會有一種說不出的默契和投緣，國外人稱之為 chemistry。

我們公司收藏了一部羊皮樂譜，所不同於一般樂譜的，那是一部在十六世紀以前，五線譜尚未發展完全時就留傳歐洲的四線譜（又或稱古羅式記譜法）。記得我第一次邀請何國杰來西華總部時，我們如同接待其他貴賓一樣，領著他參觀藏品，當時他一眼就注意到那部樂譜，就像林沖見到槍棒的眼神！

我認識的朋友中有很多都是通曉音律的，來西華參觀的貴賓有些人本身也有相當程度的音樂素養，甚至有幾位專業的音樂人都曾經看過那部樂譜。何國杰翻開那部四線譜之後，他就安靜了下來，我看著他似乎在心裡細細琢磨著什麼，也不敢吵他，大概過了二十分鐘，突然，他就開始哼唱起了羊皮紙上從十六世紀以後就再也沒有人哼唱過的曲子。

原來，這是一部聖樂！

當我聽著他哼唱著這部中古世紀的聖樂，心裡油然生起了一份感動，當時我就認為，他真是一個了不起的人。（當然許多時候，你認為的那些了不起的人，最後不一定會變成很好的朋友。）

我們公司接待過許多來自世界各地的名望人士，通常會保持一個很好的交往關係，彼此欣賞卻稱不上是好朋友，我跟何國杰

可以變成朋友，可能是因為我在他身上看到了所謂「共同特質」這樣的東西，所以在他下一趟旅程又來到上海時，我就邀請他直接到我家來作客。

雖然我有許多來自世界各地的朋友，但我基本上很少招待朋友到家裡作客，這可能跟我的性格有關，我認為「家」就是生活的最後堡壘，也是我和家人最無拘無束的地方，不是一個適合宴客和社交的地方，所以曾經到訪我家裡的人，能馬上想起來的，大概就是維多利亞博物院的人和遼寧省文物研究所的一位教授，再來就是何國杰。

我們家裡吃飯的地方是一個像林中小屋的空間，三面透明玻璃的牆壁，將庭院的景色盡收眼底，屋裡放了許多好酒，是一個非常靜謐，偶爾聽的到雨聲的地方，我常喜歡一個人在這裡寫寫東西、看看書。我邀請何國杰來我家作客的時候，剛開始他也有點拘謹，後來我們一面吃飯一面聊天，可能本氣息相投的關係，我們聊得痛快淋漓，開心時笑出了眼淚也有過。

我們聊到他在製作《賽德克‧巴萊》的時候，到底是如何將自己的情感投入到電影裡，這部電影總共分成上下兩集，故事是當年臺灣原住民抗日的那段歷史，因為他是新加坡人，從小又是到美國去留學，所以未必熟悉電影裡的那段歷史。

但他在製作這部電影的配樂之前，已經特別先去學習瞭解了那段歷史，可是在看到拍攝出來的影像時，他的內心像雷鳴閃電般激動，他說他整個融入了賽德克族當時的處境，跟著他們一起進退維谷，一起忍受屈辱、熬過艱難，假意順服之後迅雷出草，

以生命和鮮血榮耀祖靈。雖土崩瓦解，也在所不惜。

他說在他內心有一股很難言語的震撼和感動，感動到他一面痛哭一面在錄音室裡編寫配樂，我問他：「哭的很厲害嗎？」他點點頭說：「哭的很厲害。」問的人、答的人、在座的其他人，眼眶又都濕潤了。

被電影裡的情節和故事撼動之後，他的情感和心血就會灌注到作品裡，所以在《賽德克‧巴萊》的電影裡面，他能夠因應不同的情景，編寫出人物角色的內心轉變，犧牲生命以小搏大的壯烈，還有那些視死如歸、蕩氣迴腸的戰爭場面。他用音樂把這些婉轉曲折的情境表現的淋漓盡致，所以最終得到金馬獎和金曲獎雙料肯定，我覺得這是應該的。一個專業的人，對於他的工作或是他的作品，傾注了熱血和生命進去，就會成就一部雋永的好作品。

我認識的一些做音樂朋友都是比較真性情，何國杰也是如此。通常我們一家人跟朋友吃飯，差不多到了晚上八點就會結束，那天我們一面吃一面聊，從下午的五點半，一直到了八點多，因為實在意猶未盡，我們就帶著酒和雪茄到庭院。

我的庭院有一個叫「雪壓枝小亭」的亭子，亭中佇立一獅一象的古石獸，這兩座古石獸分別是文殊菩薩和普賢菩薩的坐騎，象徵守護著屋主的智慧行願。常常天氣好的時候我會坐在

亭子裡一邊想想事情一邊吹吹涼風，在冬季下雪的時候，可以聽到落雪片片壓在小亭屋頂上，發出吱吱啞啞的聲音，都是特別能讓人忘了憂慮的事。

我和何國杰就在「雪壓枝小亭」裡一面抽著雪茄，一面小酌聊天。我們聊了很多很有趣的事，整個晚上都非常愉快，我看到他把煙都抽完了，心想，今天應該差不多結束了吧，沒想到他叫我等他一下，便起身走進屋裡又拿了一瓶酒和一包煙出來，我才知道，他跟我一樣聊的意猶未盡。就這樣來來回回談笑到了半夜，我的庭院裡從來沒有人待到這麼晚，那真是美好又快意的一夜。

我會特別喜歡這個朋友，除了他的才華和他的真性情之外，他還是一個對朋友非常真誠的人。在我們的生活階層遇到的朋友，在言談中都會修飾自己對其他人事物的喜惡，大部份都會表達好的那一面，對於厭惡的那一面，通常不願顯露出來。我跟何國杰之間，有一位應該算是共同的朋友（為了顧全那人的名聲，我就暫且稱他為 A 君吧），當我們不經意的提到 A 君的時候，他的第一句話是：「喔，你也認識他」，再下一句話，他就說：「我不喜歡他」。

我非常喜歡他的直接和坦白，因為我也不喜歡那位 A 君。我其實對普通交往的朋友很少有明顯的好惡之分，每個人都有自己的優缺點，我也很少跟人家提到我對另外一個人的感受，但能讓我們都共同討厭一定是有理由的。

那位 A 君，是一個規模很大的媒體公司的 CEO，我第一次見到他的時候，只覺得這個人長的一表人才，其它沒什麼太多感

覺。有一次他透過一位朋友轉達，說想在他生日這天拜訪我們公司，我心想，他都特別挑了這樣的日子要來我們公司，在禮貌上，我也不好拒絕。

雖然只有幾面之緣，但來者是客，只要是來到西華的客人，我們一定拿出熱誠接待。那天，我們把所有工作都排開，準備了精緻的點心、咖啡，帶著他看了我們珍藏的藝術品，和他談談未來的工作和展望，因為當天是他生日，我們就準備了一個很珍貴的禮物送給他，他當時也很高興，拿著生日禮物和我們拍照。

那天他回去之後就把生日禮物拿給家人看，還說他的孩子們都好高興，聽到這樣的事，我們也很高興，也認為我們彼此是朋友了，所以就把他和我們的合照放到微博上，沒想到幾個小時之後，中間介紹我們認識的那位朋友，就急忙的打了電話給我。

那位朋友支支吾吾的說 A 君覺得我們不應該把他的照片發微博上，認為我們在蹭他什麼東西，我聽了覺得很奇怪，那不就是一張我們接待朋友過生日的照片嗎？電話裡我感覺那位朋友好像壓力非常大，連聲音都在發抖，相當為難的樣子，他在跟我說話的同時，A 君還一面發訊息催著他盯著我們把微博刪掉。

我一聽到這個狀況就跟那位朋友說：「三分鐘之內，不！十秒鐘之內，我就把微博刪了。」等那張照片刪掉之後，過了一會兒，那 A 君又打了過去給中間人的那位朋友表達感謝跟歉意。中間人覺得是他給我們添了麻煩，我跟他說沒關係，只是動手刪張照片而已，從一個小事件看出一個人的自大無禮，對我來說不算損失，繼續活的理直氣壯。

那天之後，我在其他場合又遇到了這位 A 君，他似乎想透過朋友修復跟我們的關係，但我覺得道不同不相為謀，在這個世界上有些人就是覺得自己特別偉大，那就讓他在自己的世界裡繼續想像他的偉大，我只結交我喜歡的朋友，而我也特別幸運的，不需要為了五斗米去攀附那些覺得自己是權貴的人。

在聽完我說的這些事之後，何國杰馬上就說：「對，那位 A 君就是這樣的人。」不愧是個有話直說的好朋友，聽了真痛快。那他又為何討厭那位 A 君呢？

何國杰說，有一次他聽說了一部日本電影要準備拍攝，因為那部電影的主題他很喜歡，他非常有把握，要是由他製作那部電影的配樂，一定會是一部好作品。他間接得知 A 君跟那部電影的決策方是熟識的朋友，就把 A 君約出來吃飯，何國杰當面懇託了 A 君，表達希望能由他來製作配樂的誠意，A 君當時也答應了，胸有成竹的說自己會出面去談成這件事。

何國杰於是就把工作排開，把寶貴的時間騰了出來，等待 A 君的回覆，但他從來不去催促，只是靜靜的等，等了一個月、兩個月、三個月，一直到了半年之後，他才明白，他被耍了，而耍他的人就是 A 君。

後來過沒多久，他在另外一個場合遇見了 A 君，A 君絕口不提這件事，我想當時何國杰的感受大概跟我一樣，就是你曾經真誠的對待一個人，但人家並沒有把你當成朋友，或是信守你們之間的承諾，像這樣的人，已經不只是道不同不相為謀，而是在品格、氣度上就已經有無法跨越的鴻溝。那，又何必在一起？

　　我跟何國杰可以變成無話不談的好朋友，除了在某些特質
上，我們倆彼此惺惺相惜之外，我發現他是一個追求真善美的
人，對於一些很市儈的人，或是一些為了達到目的去攀附或攏絡
他人的事，是非常厭惡的，我也同樣如此，所以我們成為好朋友
是必然的事情。

　　雖然我們的生活圈並不在一起，彼此也常常奔波於國際之
間，但假如他在某個國家接了一個案子，他在其中扮演什麼角色，
整個案子的故事主題、結構是什麼，他都會來跟我商量，聽聽我
的意見，他生活上遇到一些特別高興的事情也會跟我分享。像他
這樣的朋友，近年來在我的交友圈裡是很少見的，一般來說要達
到這種境界和交情，大部份都是幾十年以上的老朋友，但我們卻
在短時間之內建立了非常深厚的友誼，是相當珍貴且難以用其他
人或物取代的事。

　　我對於朋友的作品常常會有一種移情作用，比方說，有段時
間我會特別選擇搭乘長榮航空，是因為我很享受在飛機上聽著好
朋友編曲製作的登機音樂。我估計我的好朋友們當他們在別的地
方看到跟我有關的事物，應該也會有相同的感受。

　　在二〇一七年的時候，有一部電影叫《七十七天》，是一部
講述一位探險作家，花了七十七天的時間，獨自穿越新疆的故事，
這部電影的配樂就是何國杰製作編曲的。當時飾演女主角的演員

江一燕，出了一本書，在上海有一個簽書會，那時候我們就跟所有的年輕影迷一樣，到書城買了書，來到現場排隊給女主角簽名拍照。即使沒有完全的直接關係，但拿著這本簽名書，我就會想到我的好朋友何國杰，想著他又製作了一部好作品，想著他在編寫那些曲子的時候又是如何把自己全神灌注在故事的意境中，想著我們每一次暢快卻又短暫的聚會。

因為何國杰的關係，我看了好幾次《賽德克‧巴萊》這部電影，有時候在事業上遇到瓶頸，或是遇到競爭很激烈的案子，假如我們必須拿出決心力爭到底的時候，我就會在辦公室裡喊一句話：「戰死吧，賽德克‧巴萊！」就如同電影裡賽德克族決一死戰的那一刻，滿腔的熱血及勇氣瞬間就灌注全身。

前陣子我告訴何國杰，有人計劃幫我們寫傳記，要從我留學回來的第二天開始，一直到創業三十週年，他聽了很高興，我問他，能不能請他寫一段對西華或是對我們的收藏的看法，後來看到他寄來的字字句句，都非常的真心且真實，我相當感動，而我一直沒有機會來表達我對這位朋友的情誼與感謝。

和好朋友在一起的時間永遠都不夠，尤其是如此契合又真心的朋友，所以不管走到哪裡，只要是看到、聽到跟何國杰有關的人事物，我都會在心裡為他感到驕傲，並且替他祝福和祈禱，期待有一天，我們再次相聚在「雪壓枝小亭」，繼續暢聊一整夜。

比明星還閃耀的英國好友

　　我的這位朋友叫 Paul Turner，他是一名英國律師，自從創立芙蓉國際的時候，我們就因緣際會的成為了好朋友。從我創業的過程開始，一直到西華集團的這三十年間，我遇到每一個轉折點、每一次危機、每一道關卡，我一定會找他商量，聽聽他的意見，他是我最重要的朋友，也是西華黃氏永遠要感念的人。

　　Paul Turner 是一個腦子非常好的人，我在跟他討論事情的時候，他的眼光永遠是站在世界的角度，不是以一個西方人的角度來看東方或其他國家，而是將整個國際之間大大小小細節連結起來，而且他的組織分析能力是我望塵莫及的，所以只要我有任何重大決定或決策方向的改變，我一定會找他商量。值得一提的是，他長的很好看，就像電影明星一樣走到哪都能吸引很多目光的人，而且他非常有幽默感。

　　每當他來到亞洲工作的時候，我們經常約在香港的半島酒店見面，那是香港歷史最悠久的六星級酒店。半島酒店一樓的英式下午茶是非常有名的，幾乎每天都高朋滿座，二樓有許多賣珠寶和皮草的精品名店，還有幾間米其林中餐廳，Paul Turner 來香港也常會入住半島酒店，我也偶爾在二樓的幾家西服店訂做西裝，所以那邊的老闆和員工都認識我們。

　　有一次，我們就約在半島酒店一樓喝咖啡，他說已在二樓訂了位，待會兒喝完咖啡，一起吃飯，我說好啊，中午我們就到了二樓接著聊。

　　早年在上海有段時期，我非常熱衷於重型機車，不同廠牌共買了兩台，一台是 750cc 的，另一台是 500cc，所以我有各式各樣重型機車的裝備，皮衣、皮褲、皮手套、安全帽、車靴，我常騎著重型機車到公司，或是一有空閒時間，我也會騎著車飛馳到郊區走走，有時那些重機裝備也變成了我日常的打扮。

　　那天我到半島酒店和 Paul Turner 見面時，就穿一身像賽車手一樣皮衣皮褲，我們到二樓用餐時，剛好有一位早年很紅的日本明星，餐廳經理替我們做了介紹之後，就把我們安排在那位日本明星附近的桌位。因為我這位英國朋友真是長的非常英俊，他可能比電影明星還像明星，而剛好我又穿的像一位賽車手，所以當時整個餐廳的所有人，多把目光投注我們身上，這就使得另外一桌的日本明星有些黯然失色了，或許這就讓那位日本明星心裡很不舒服。

　　當時我們一邊用餐，一邊繼續我們的話題，沒注意那位日本明星的心情，只感覺到他時不時的用一種不是很以為然的眼神在看我們。後來餐廳裡的人才跟我們說，許多用餐的客人都興奮地私下打聽，想知道這桌到底是哪位電影明星和哪位賽車手在這裡用餐啊？

　　因為那間餐廳的人跟 Paul Turner 比較熟識，中途我去了一趟洗手間，他們趁機會跟 Paul Turner 打聽我是不是賽車手，Paul Turner 聽了就說：「是的，沒錯，他是一位賽車手，他常騎著一台 750cc 的重型機車。」那餐廳裡的人一聽，又更好奇了，接著又問：「他的那台 750cc 重型機車是停在我們酒店嗎？」Paul

Turner 又笑了笑說：「不，他的車今天停的比較遠。」聽 Paul Turner 這麼說，餐廳裡的人以為是停在九龍或是尖沙咀這樣的地方，Paul Turner 接著就說：「不，他把車停在上海。」

等我從洗手間回來之後，餐廳裡的人愣愣的看了看我，還是沒搞清楚我是怎麼把車停在上海那麼遠的地方。這就是 Paul Turner 的幽默，他就是這麼一個才華洋溢、思想洗練又幽默感十足的人，我們之間已經有了三十年的交情，這三十年間，我們彼此幫助、互相欣賞，他很尊敬我，我也很喜歡他，人生中能遇到這樣的朋友，對我來說，都是筆墨無法形容的珍貴。

來自間諜傳奇家族的朋友

在我當顧問的期間，因為經常往返國際的關係，所以認識了很多人，其中有一位家族特別傳奇的朋友，他的名字叫做 Michael Kiepert，是一位德國人。為何會說他很傳奇呢，因為他身上確實流著傳奇的血液。

他從英國頂尖的商學院畢業後，沒多久就進入了一家國際金融公司，在準備到公司上班之前，他就跟公司談條件，堅持要把他爺爺的古董辦公桌搬到公司裡去，他們公司居然也同意了，他就是這麼一個特立獨行的人。

我們成為朋友之後，只要我到歐洲出差，他就會想辦法抽出時間飛到我所在的國家，跟我見面。我們聚在一起除了吃飯聊天之外，最常做的事就是一起逛逛歐洲的古董店，因為他家族的關

係，他對藝術品的喜愛程度比一般人都高一些，但他在這方面的知識不如我這麼豐富，所以他很喜歡跟著我一起去逛古董店，一邊還可問我一些相關知識。

有一次我們一見面就他哀聲嘆氣，看起來很憂愁的樣子，我問他發生了什麼事？他嘆了口氣說他最近繼承了一大筆遺產，是一座位於歐洲某個國家的修道院，在第二次世界大戰時期曾經被德國占領，戰爭結束之後，經過多年的爭取，最後法院將那座修道院歸還給了他們 Kiepert 家族，而他又是家族唯一的男性繼承人，所以現在那座修道院就變成了他的財產。

我一聽就說，那不是一件好事嗎？為什麼要這麼憂愁呢？他說是的，原本他也覺得是件好事，但現在那家修道院已經變成了老人院，他過去一看，發現那些老人都不肯走了，所以他現在頭痛的不得了。他說這事時，一派輕鬆，不像真的苦惱。

聊到家族繼承的事，他接著又告訴了我一個驚天大祕密。他的奶奶其實是第一次大戰時期相當有名的雙面女間諜 Mata Hari，而他的祖父就是當時和她結婚的德國軍官 Alfred Kiepert，她遊走在法國、德國和英國之間，從中取得了很多機密，是一位相當傳奇且富有爭議性的人物，她的故事在 1931 年被翻拍成電影《瑪塔‧哈莉》，由瑞典女星 Greta Garbo 主演，一百多年來以她為原型的音樂劇、小說、紀錄片，不計其數，甚至在 1967 年的一部 007 系列電影之中，都能看到與她有關的角色。

他說當年他奶奶要離開他祖父時，放棄了所有東西，唯一的要求，就是為了她兒子，也就是我朋友的父親，保留了 Kiepert

家族的姓氏。在經過多年之後，事實證明她的決定是正確而且是睿智的，因為這個姓氏，加上後來家族內部種種變遷，我的朋友最終成為了 Kiepert 家族裡唯一的男性繼承人。

他和我說起的這些過往，其中有很多諜對諜的情節是非常有意思的，而類似這樣的家族祕辛，一般東方人是不太會對外人說起，但我們之間就是如此的無話不談，我們也經常去探訪一些祕境，就像探險一樣，每次見面都會有一些新鮮事。

有一次，我們約在法國，他一見到我就興高采烈的說，晚上要帶我去吃一點不一樣的東西，但要我有心理準備，因為那裡的食物smells like shit。我就問他，所以是很髒的食物嗎？他說不是，是很乾淨的食物，我聽了又問他，所以是很臭的食物嗎？他賣了關子說：「不，是香和臭混在一起。」

那天晚上他開車載著我，從市區開到了法國的邊界，我們在黑夜中來到了一個很偏遠、很鄉村的地方。一下車我就聞到了濃濃的糞便味和動物體味牧草味，我有點懷疑的看著他，他笑嘻嘻的告訴我：「相信我，那是個好地方。」

踩著濕漉漉的泥土地，在一片漆黑的鄉間農場裡走了一段路之後，遠遠的我看到一間亮著燈的木屋，原來他帶我來到一家農場餐廳。一推開木門就聽到非常喧鬧的歡笑聲和音樂，一桌桌的客人手上都端著啤酒，整家餐廳人聲鼎沸，坐無虛席，我們找了位子坐了下來，即使動物和農場的氣味依然撲鼻，但用餐的客人彷彿都不在意，那家餐廳的食物的確好吃，也確實如他所說的是香和臭混在一起，有的時候想到這位朋友時，我

都會想起那天在農場餐廳裡一面忍受著臭味，一面又要享受食物香氣的特殊體驗。

　　除了偶爾我歐洲工作時會跟他見面，有的時候，他來到亞洲出差可能在新加坡或是在香港，我也會抽出時間去見他。有一次他拐過來上海找我，聊著聊著，我就提議，今天，我們應該換個地方聊天，他說好啊。這次換我帶他去探險了，我就準備帶他去一個很美的地方，那裡雲深霧繞，別有意境。

　　收拾行李，退了酒店之後，我們來到杭州郊區，有個叫梅家塢的地方。我們到了之後，先找了一個旅館住了下來。接著，我帶著他到了距離旅店要走一兩公里，一個叫「雲棲竹徑」的地方。

　　它是位於西湖西南側的五雲山山麓，傳說有著五色雲彩飛集於此，所以才有了雲棲這個名字，也是一個非常幽靜秀麗的地方，四周有整片的竹林，平常不會有太多遊客。那天是陰天，我們抵達竹逕路口處的時候，天空已經飄起了小雨。

　　我們還是繼續往山裡走，從山上下來躲雨的人，紛紛和我們擦身而過，漸漸的，似乎整座山只剩下了我們倆。一路上，我們踩著石板路，淋著棉細如霧氣般的小雨，一邊聊著我們的話題，就這樣一路往山上走去，沒多久，我們走到了一個接近山頂的地方，那裡有一家茶館，我就帶著他到那兒稍作歇息。

　　這樣淋著雨的兩個人，一進到那個茶館，我就對著老闆說：

「店家，趕上了好雨，請上壺好茶！」那老闆愣了一下，他看我不像本地人，又帶了一個外國朋友，居然還對他說起北方話。那老闆也很有意思，他也學起北方人回了我一句：「來了您哪！」

在老闆遞上了熱茶後，我們拿出準備好的雪茄，在煙雨濛濛的竹林茶館裡，一邊且聞著茶香，一邊聽著風吹竹葉的聲音，在風雅寫意的山林裡，一起抽著雪茄，聊著我們的話題，就這樣聊了兩三個小時，才心滿意足地踩著雨後的夕陽下山。

我們每次見面，一定會聊許多跟經濟有關的話題，這是我們之間的習慣，他非常信賴我對時勢的觀察，有時候他聽著聽著，還會拿出筆記來。有一次他到新加坡去參加一個類似經濟論壇的會議，就把我給他分析的情勢，加上了他自己的觀察，製作成一份報告，跟來自世界各地的專家做分享交流，聽說那次他還得了獎，我知道之後非常高興，也覺得與有榮焉。

我們除了會在專業領域上互相給予意見之外，有時候在某些事情上，也會互相支援幫忙。有一次，有位大明星投資了一大筆錢，疑似被一個國際性的財務公司騙了，大明星緊張的透過關係打電話給我，問我該怎麼處理這件事，我請她稍等一下，掛了電話之後，就打電話給 Michael Kiepert。

我把原委告訴他，跟他說這件事比較緊急，務必請他幫我查一下，大概不到十分鐘的時間，他就回了我電話。原來這家財務

公司，早在幾年前就被公告，是一家有問題的公司，因為國際間有一些機制，對於哪些公司或是機構是具有危險的，都會提出警告，類似這樣的資訊在網上都可以查到，只要稍微細心的人，就會注意到這是一家有風險的公司，如果要投入那麼大筆的金額，應該事先做好背景調查才對。

所以他非常不能理解，為什麼有些人會把自己辛苦賺來的錢，交給這樣的公司，不管從中介紹的是認識或是不認識的人，即使是聽起來再妥當的機構，都應該事先調查清楚，才不會誤入這種陷阱。當然，最後大明星這筆錢是不可能追的回來。

這就是我和 Michael Kiepert 之間的相處。我會提到這位朋友，不是因為他的家族，或是他傳奇的身世，而是我想告訴讀者，有時候人與人之間的交往，本不該完全建立在利益之上，或是以賺錢為目的，這樣的友誼通常不長久。因為專業領域的關係，我和 Michael Kiepert 的見解很相似，思想境界和素養也比較接近，更重要的是我們氣味相投，所以自然而然的，就會變成很要好的朋友。

元代白樸說過：「雖無刎頸交，卻有忘機友。」這麼多年來，我和 Michael Kiepert 即使沒能常常見面，我們的友情依然沒有改變，他是我人生中不可或缺的朋友，像這樣的朋友，既可以帶給你精神上的啟發，也可在專業領域上給你意見，而這些都不是可以被量化的資產。

失聯的好友，世界角落的陌生人

以前我認識一個很棒的人，他的名字叫 Anton Jeker，我記得沒錯的話，他好像是瑞士人，我很喜歡跟這個人相處，雖然我們不像和 Michael Kiepert 那樣互動那麼緊密，但 Anton Jeker 負責的業務規模更大，也相對重要。以前他只要來到亞洲出差，就一定會來台北福爾摩沙大樓找我，在芙蓉國際的辦公室裡，他告訴了我很多很有趣的事。比方說在 1995 年的時候他就告訴我要看好杜拜，當時杜拜只是一片沙漠裡的小城市，看不出什麼發展，但他在當時就對我說，杜拜至少有十年的好光景，所以不管往那裡投什麼東西都一定會賺到錢。

在那個時候，我只把這件事當成一件新聞來看，沒想到，後來杜拜真的發展起來，還一年比一年厲害，轉眼間就變成整個中東地區最耀眼的一顆星。所以只要看到跟杜拜有關的新聞，我就會想起 Anton Jeker 這位朋友，可是不知從哪一年開始，我們就失聯了。

在我記憶中，他是一個很謹慎，說話從不嘻皮笑臉的人，而且非常的正直，他有不同於一般人的經歷，對事物的看法也相當卓越，他還有一個特徵，就是他的腳不太方便，所以走路比較慢。他在當年我創立芙蓉國際的那段時期中，提供給我很多寶貴的意見，一直到現在我都還記得他帶給我的益處。

我這一生中有許多這樣的朋友，隨著物換星移，有的時候就會漸漸失去聯繫，加上當時的年代和現在不一樣，既沒有智慧手

機，也沒有 FaceBook，所以在離開台北之後，許多朋友就再也找不到我，我也尋不著他們了。

我還有一位英國朋友，他是一位專業的古董商 Robert Kleiner 也是這樣的情形，他也曾經在藝術品專業上對我幫助很大的人，他跟安思遠（Robert Hatfield Ellsworth）的情形有點相似，但是不及安思遠聞名。安思遠出生於美國，是紐約知名古董商兼收藏家，從收集中國郵票開始，逐漸進展到收藏鼻煙壺，相對鼻煙壺而言，我的朋友 Robert Kleiner 是我見過最了不起的鼻煙壺專家，他有一本超大的著作《Chinese Snuff Bottles》，應該可以認定為論述鼻煙壺最經典的文獻。

除了鼻煙壺，他也精通其他類別的中國古董，並且與世界上最主要的拍賣公司保持著良好的關係。他曾經主動推薦自己成為代理綠隱書房的藏品與世界大拍賣公司之間的業務。他認為可惜的是，「余藏百家雖甚富，今皆不以百金易矣」是我們綠隱書房對藏品的基本態度。所以在委託拍賣上，沒有合作。

有一段時間因為忙於別的事業，我們便有些疏於聯絡，等我想起要聯繫他的時候，就找不到人了，因為我知道他自己開了一家店，於是，我就照著地址寫信過去，大概隔了一個月之後，我就收到回信，只不過，不是他本人回的信。

一位陌生人，回了這封信給我，他告訴我，我的這位朋友 Robert Kleiner 已經過世了，他的店也結束營業，這位陌生人頂替了我朋友的店，在相同的地址重新開了一家店。他非常有禮貌的把事情的經過跟我說了一遍，在那封信的最後，並還安慰

了我，他相信我朋友在天堂一定也收到了我的信，只是還沒找到方法回信給我，或許有一天，在某一個巧妙的片刻裡，我能收到那朋友的回信。這種安慰法，頗有「平行世界」的情境。

世界就是如此，有的人跟你很親近，可能相處了好幾年，最後還是欺騙你、傷害你，而有些遠在地球另一端的陌生人，卻能即時給予你溫暖。隔著那麼遠的距離，他們能明白你在尋找一位遠方朋友的心情，能感受你的著急和擔心，所以他們願意花時間坐下來寫一封信給你，還安慰了你，這是多麼了不起的事啊。

現在我已經 60 歲了，這幾年經常會想起過去曾經很要好的朋友們，還有那些陪伴我走過許多困難如今卻失聯的夥伴，為了聯繫上這些老朋友，我常在網路上費了九牛二虎之力找了很久，有時在終於找到這個人之後，卻發現他已經不在人世間了，這種難過跟唏噓，真是無法用筆墨形容。

人到了一定的年紀，就會開始計算剩下的時間，隨著年齡增長，你感覺自己慢慢在變老的時候，你的朋友也一樣在變老，許多人在商場征戰了一輩子，最後還是得從職業的舞台上退了下來，有的人可能一輩子不會再見面了，但我相信，在這個世界的某個角落，我的那些好朋友們，或許跟我一樣，在某個不經意的時刻裡，總會想起我們曾經相處過的，那些短暫而美好的時光。

白居易有一首詩，描述一個孤單的詩人在異鄉遙望明月時，想起了飄散各地的兄弟姐妹們，「共看明月應垂淚，一夜鄉心五處同。」我想，大概就是這樣的心境，想著我和我的朋友們在不

同的場景，不同的地方，卻思念著同樣的往事，雖然不至於垂淚，但是難免唏噓。

無心插柳柳成蔭

朋友結交靠緣份，不靠年份。在說這個之前，我先說說李白和杜甫，因為他們倆的故事影響了我的許多想法，尤其是朋友觀。我先說他倆，然後說說我的觀點。

照理說他倆人，都是唐朝當代最風光的詩人，李白被稱為詩仙，杜甫被譽為詩聖，都在唐朝詩壇上地位極高，兩人被人合稱為「李杜」，應該就是一對好朋友才對吧？許多人認為應該就是這樣，事實就是這樣，心裡也就這樣認定。我認為，非常有可能並非如此。

杜甫家境貧窮潦倒，而李白則來自豪門！據《新唐書》記載，李白為興聖皇帝（也就是涼武昭王李暠）的九世孫，與李唐諸王同宗。因此，他給人的印象皆是爽朗大方，愛飲酒作詩，擊劍任俠，喜好交友，自然該是如此。出身寒磣的杜甫，天生就沒法子有這樣的豪氣。所以，雖然兩人曾經或許有過短暫的交往，但骨子裡可能李白根本不把杜甫當成可貴的朋友。這從兩人分手後十多年看出，杜甫孤身一人赴長安，希望自己能在長安城有一席之地，畢竟在長安城裡還有風光無限、出入帝門的李白哥，不是嗎？但世事無常，詩仙是仙，活的像仙人一般；詩聖是人，到了長安還是活的像窮苦力一般。不是真正的友誼，就會是這樣，在關鍵

時刻，起不了絲毫作用。怎麼辦呢，杜甫的情況？寫詩，蹭哥哥！只要引起李白哥哥的注意，就脫離困境了！

令我唏噓的是，杜甫一生寫了三十幾首懷念李白的詩，天下人都知道，可李白幾乎沒有回應。這今天來看，叫做「已讀不回」。

無計可施的杜甫，繼續他貧困的人生，到死。他怎麼死的？歷史沒有定論，但多數都認為是餓了很久，突然有頓飯吃就給撐死的。這種說法是杜甫在從潭州前往郴州時，遇到江水暴漲，船停在方田驛。後來，小縣令一聽，啊呀，名滿天下的杜甫來到了我的地界，快！快！快！好酒好菜招待。餓了好幾天的杜甫，死命的吃，最後卻因消化不良而死，也就是吃到撐死。可悲！可歎！

活在世上，無論古今，都會有這樣一個情形，就是你很想結交一位朋友，但是他並不稀罕你，甚至不願花一刻鐘聽你說段話，這時候想想杜甫，想想他的境遇，你便知道自己該怎麼辦了。

我個人是完全不會像杜甫這樣，去苦心「結交」（或叫「巴結」）另一個人，因為人生苦短，我的路很長，沒有時間去做這樣的「揮霍」。幹嘛把自己搞得如此不堪，真心換絕情呢？這是我的看法，不一定適合每一個人，所以不同意的人可以有不同的看法、做法。

但是，人間的事就是那樣，有心栽花花不發。反之，緣份具足時，卻能「無心插柳柳成蔭」。我舉個好例子說說。但是，為了保護現在還在活躍的當事人，我只好把公司及個人的名字做一些改變，還請各位讀者朋友能夠理解。

Is friendship ever always measured by the mere passage of time?

Chris and I first engaged digitally through our common passion for history and the simple gifts of life on 11ᵗʰ December 2016 across two continents. Our belated first meeting almost three years later culminated in the seal of a lifetime of a beautiful friendship.

Chris is a natural talent, with an abundant wealth of knowledge and experience, and an unrelenting pursuit of facts, yet sets me at immediate ease with his pure dedication and unconditional willingness to share – I remain at awe and in heartfelt appreciation of who Chris is.

His immense sensitivity to detail and keen eye on the beauties of history and art twinned with humility, warmth and generosity of the heart have become the unyielding force for me to strive to be a better person.

Stephanie Biixante, a humble friend for life …

To: Chris,
Here's to a long
and beautiful friendship
From: stephanie.

▲尚不便公開身份及任務級別的友人 Stephanie Biixante

　　有個美國客戶伯恩公司（Burns），從 2006 年初起就跟我西華做生意，談新開發的產品。因為我們經營的多半是工業產品，在發展生意上，前期多半是設計開發的階段。（開發成功了，才進入訂單量產的買賣行為，這個我就不贅述了）。開發階段維持的過程很長，幾乎有一年半的時間裡，伯恩公司先後派來與我們共同開發的工程師就有五、六位。每個人有每個人的風格與工作要求，其中有位叫馬丁（Martin）的特別認真，實事求是，不要什麼刁鑽的把戲。他很寡言，也不善交談，我對他的印象不深，但卻是好印象。

　　做工業生產的企業都明白，國外所謂「開發工程師」這其中的玄妙。在開發階段的產品，若因為「某些原因」讓開發時間拉得太長，就很有可能的讓整個開發計畫胎死腹中。一旦如此，這期間所投入的人力、物力、財力、實驗費用、招待工程師的費用都成了入水的泥巴，全拉稀了。

　　還記得距今最近一次的金融危機吧？那當然大家都會說是美國雷曼公司（Lehman Brothers Holdings）在 2008 年 9 月的那場震動。那是當時美國破產申請史上最大的一家公司，引發了美國以及全球經濟衰退的最大一場災難。由於雷曼兄弟公司影響力遍及全球，其破產程序比較複雜，所以旗下約 80 家子公司也因此關閉。動盪持續著，其後一年多（2009），美國最大公司通用汽車（General Motors），世界汽車業的巨頭也申請破產！

其實，早在 2007 年初的美國經濟，就有不好的徵兆陸續發生，許多美國公司搖搖欲墜。根據路透社引用美國法院行政辦公室（Administrative Office of the U.S. Courts）的報告資料，報導了消費者和企業的破產申請數量飆升 38%，達到 850912 件。若根據美國聯邦法院的資料彙編機構的資料，2006 年有 617660 起破產申請。2007 年提交的絕大多數檔案（822590 份）都涉及到個人。然而，法院辦公室表示，企業破產案件數量也有所上升，上升了 44%，達到 28322 件。我不得不提到的是，在 2007 年四月三十日，美國 CNBC 電視網以這樣的標題「Delta Emerges From Chapter 11, Plans Major Rebranding Effort」報導了老牌航空公司達美航空（Delta Air Lines）在長達約一年半時間的重組過程中，躲過了一場敵意收購（a hostile takeover）的競標，又透過裁員、削減成本、重組機隊等等手段，終於活了過來，重塑後成為了獨立的航空公司，好像給大家一個苦盡甘來的印象。

不過，回顧當時緊接著美國破產研究所（American Bankruptcy Institute）的執行董事撒母耳‧格爾達諾（Samuel Gerdano）說：「很明顯，2008 年消費者將有超過 20 萬份破產申請。」因此，當時許多專家對於未來的趨勢也如此預料，由於次貸危機迫使越來越多的房主喪失抵押品贖回權，2008 年的破產數量將更為急劇上升（they expect an even steeper rise in 2008 bankruptcies because of the subprime mortgage crisis that is forcing growing numbers of homeowners into foreclosure）。

（來段題外引申：可見，美國雷曼公司 Lehman Brothers 在

2008 年 9 月的那場震動之前，從 2006 年開始，就有許多明顯的跡象了。**大廈不是哪一天早上，突然間就倒下的。經營企業的人，必須看到危機，料得到危機引發的大崩潰將在何時會發生。**）

回到故事主題，在這麼嚴峻的大環境中，伯恩公司（Burns）自己的大客戶聽說也汲汲不可終日。伯恩公司為了控管危機，內部盛傳馬上要有一批大裁員發生！

那年（2007）四月間，伯恩公司（Burns）派了兩位工程師來上海，馬丁是其中一位。有一次在我當時宜山路的辦公室內開會，我感覺到馬丁不時的看著我，便意識到有不尋常的事要發生。很巧的是，同行的工程師 Jeff 當天與我們的會議結束後，連夜得趕去寧波。這便留下了馬丁第二天跟我們繼續工作。一反平時我們的流程安排，由我們的一位業務和一位工程師招呼伯恩公司他們的人簡餐，當天我決定親自跟他一起吃飯，沒有旁人。

我選了自己時常去的東湖路口的那家五木鐵板燒，熟悉的經理特意幫我留了清淨的位置，幾乎就是一個有鐵板燒烤的大包廂，我拿起菜單，點了許多自己也喜歡的菜，烤銀鱈魚、生魚片大拼盤、烤牛小排、烤羊排、烤鰻魚、日式生牛肉、甜蝦、海膽、北極貝……。聽不懂中文的馬丁，看我不停地點菜，心裡有點慌，說：「Chris, it's too much……」。我轉頭跟他說，平時，我太忙了，沒有陪同他好好地吃一頓，今天，讓我做東好好地補償我過去的疏漏。

這頓飯，我們吃得很盡興，喝了好多的酒，他說他好久都不曾那麼開懷了。酒酣耳熱之際，我問他，是不是有什麼話要跟我

說。「是的，我今天不說，恐怕再也沒有機會說了……。」我回答，
「Martin, take your time, I'm all ears.」

　　他告訴了我很多，有些是他家庭的，比如他有個很聰明的女
兒，快要上大學了，比如說他的老婆管錢管得很彪悍之類的事。
重點來了，他感覺他要被裁員了，我問他我能幫上什麼忙吧？他
說，還不確定是不是裁到他，再看看吧。

　　接下來他說的話令我毛骨悚然。

　　他說，他公司聘了一些新的管理階層。有幾個新的執行副總，
每一個都作風很強勢。公司逼迫所有的供應商都簽一份六萬多字
的英文合約。在中國大陸地區的供應商幾乎都簽了……。我沒等
馬丁說完，就問道：「一份幾萬字的英文合約？我沒聽說啊！你
沒有搞錯嗎？」馬丁回答：「不會錯的。只有少數公司還不知道
這件事，幾乎百分之九十的公司、工廠都簽了。現在趕往寧波的
Jeff 就是去落實這份合約的。」

　　聽他這麼一說，我也警覺了起來。馬丁接著對我說：「更奇
特的是，每個把合約從供應商落實的人，回到美國總部辦公室都
必須第一時間把合約正本繳交到公司的法務部門，然後會得到獎
勵，算進個人績效裡！可見，這合約很厲害，有機關！」聽到這
兒，我就像喝了過多酒還闖進景陽岡的武松，親眼看到那隻吊睛
白額大虎一般，酒全給嚇醒了！

　　啊！不妙！我心大驚：經過一年多長時間的開發，我們剛剛
接了第一份伯恩公司新下的大訂單，而且已經按照訂單的要求，
全下單給下游廠商備料了。一百多萬美金的材料費哪……！

那晚，送馬丁回旅館後，立刻告訴總裁洪明雅我從馬丁處聽到的驚人消息。第二天，由於公司裡業務部及專案開發部有許多人參加會議，我們當作若無其事地跟馬丁把剩下的技術工作討論完，司機準備好送他去機場了。我送他到公司大門口，握了手，說了幾句話：「馬丁，很高興昨晚我們吃了那頓飯，也謝謝你的提醒。以後有什麼事，我們多多聯絡。……還有，你的女兒最終上了什麼大學，請告訴我，我送她一份禮物！」

那是我最後一次見到馬丁。

果然，兩個禮拜之後，伯恩公司（Burns）派來了一位新到任不久的副總經理，說要到「久仰大名」的西華來「學習、瞭解、溝通」。在我們那份已經接受了的訂單還有一個多月才完成交貨準備的這個時候，來的可真是快啊。我已經能想像一個尖嘴猴腮的人即將出現在我的辦公室。

讓人意外地，竟來了位衣著講究、談吐高雅的人，他叫Steve Galbraith。公司裡有些女職員都對這位相貌不凡的老外議論紛紛。Steve 見到我們，笑眯眯地說：「早就聽說西華很棒！」他這次來就是代表公司高層新的管理團隊「進一步瞭解西華的生產能力，準備長期的跟西華有訂單來往的合作」。

他的儀表堂堂，談吐不俗，也沒提什麼其他的怪要求，那是一個星期五，我們開了一天的會，不知不覺漸漸忘了馬丁的提醒，

放下了武裝好的心防。

第二天，星期六，我就決定親自去接待他，從他下榻在外灘的酒店，帶他到另一個我們常去的上海萬豪 Marriott Hotel，這個酒店因為離我們在宜山路的辦公室比較近，而且，酒店的二樓有個非常適合高品味西方人士的牛排館，叫 Manhattan Steakhouse，我料想風雅如 Steve Galbraith 的人，必定願意將星期六的中午時間沉浸在這樣的環境裡。

可能是美麗星期六的關係吧，也可能是牛排館的好氛圍吧？那人就跟我談東談西，但是我發覺他的話題愈談愈不嚴謹，指著餐廳裡（或是他指的是樓下大堂咖啡館的，我其實有點記不清了）說：「你看看那個女人，很漂亮吧，我跟你講，那個皮膚一定很好，觸感應該像 silk 一樣光滑吧？……我跟你講，我真的沒嚐過亞洲女人，但我可以欣賞亞洲人的美，不像有些人，眼中只有西方人，啊……那皮膚很細吧，摸起來一定不一樣……。」他肆無忌憚地沉浸在自己的冥想中，完全忘了我是誰。

我心裡只出現了三個字：「哇哩咧！」

吃著高級美食，聽著高雅音樂，卻談論著低俗的事，頓時我覺得這個人很低級，俗不可耐，噁心死了！我心裡只想著把跟他這頓飯先應付過去，總不好馬上板起臉來吧？

吃了飯沒多久，餐盤收掉，上了咖啡，那人又說：「嘿！我有個絕妙的點子。你看有沒有辦法把它變的更棒，我們將要合作，未來訂單愈來愈多，一年至少一千七百萬美金的訂單，然後我又沒什麼機會一直到亞洲來，不如這樣，星期一以你的名義，發一

封 e-mail 到我們美國總部，說，為了迎接我們公司愈來愈多的訂單，你們公司的管理有點跟不上，所以請我們公司的老闆同意，至少每個月派人來指導指導你們的工作，最好是指定我 Steve Galbraith 本人來！」

我聽完一愣，覺得沒救了！要我說自己的公司跟不上管理？要求這種噁心客每個月都來騷擾我公司？這想法真是奇葩！對方看我好像很認真的思考他絕棒的提議，很高興的又補充一句：「每次來我也真不能待多久，就待個七到十天左右⋯⋯。」

奇葩客回美國後，我立刻開始瞭解我們接受伯恩公司訂單的進度到了哪裡，心裡想著把最後出貨的裝船完成後，不能再接新訂單了。這種公司的生意，不做也罷！但是，現在先不能露出聲色，以免奇葩客對我們出什麼幺蛾子。

奇葩客就是奇葩，還真的以為我們挺想念他，回到美國寫了封 e-mail 來謝謝我們給他的 quality time，還說，因為聊得太愉快了，忘了一件「小事」。就是要我們簽一份合約。我打開 e-mail 的附件一看，果然就是馬丁提醒的那份長達約六萬字的合約！這公司，不是只有一個奇葩客，而是整個公司都變成了奇葩公司。

虛與委蛇地我們一面周旋說合約太長，又是英文，所以「看不太懂」，不過，一看懂了就會配合他 Steve Galbraith 的要求。就這樣，我們很小心地依照訂單的要求把貨做好了。在訂單出口完成之後，我們又耐心的等貨物到達美國，進了伯恩公司自己的倉儲，完成了他們對我們貨物的檢驗。啊，終於完成了！

在訂單完成之後，我的確以我的名義發了一封 e-mail 給他們的 CEO，說：「我們很感謝你們的惠顧，你們交給我們的訂單，我們已經圓滿完成，但是，我很遺憾的告訴你，從今天開始，我們不再接收來自貴公司的任何訂單。」

不到一個禮拜，伯恩公司的 CEO 親自來了，洪總說要好好接待他，我說好，就先不要進公司來了，找個地方先請 CEO 吃飯，吃什麼好呢？對了，就吃麥當勞。由於我十分堅持，洪總也配合了這樣的安排，雖然她覺得太那個了。在麥當勞「溫馨用餐」時，伯恩公司的 CEO 說：「我能不能問你一個問題，貴公司為何不跟我們公司有進一步的商業來往？」

我緩緩地拿起紙巾擦了擦嘴角，回答了：「理由很簡單，但說起來很複雜，總之我們公司是一個正派公司，以我這個年齡，以我們公司現在的規模，我實在沒有力氣，跟低俗的人打交道。」

CEO 對這個回答感到震動，連忙問道：「什麼是低俗的人，你能不能 Clearly point it out ？（清楚的指出是什麼？）」

我又回答：「中國人有一句話，買賣不成仁義在，君子絕交不出惡言，很難翻譯給你聽懂它的含義，所以我不會議論你們公司的主管和文化，總之我做了一個決定，我是西華集團的董事長，the chairman……所以：it's final ！I'm sorry（這件事不用再談了，非常抱歉）。」就這樣，我們把一個外國客戶給封殺了！

事實上，早期在創業時，我們無法像現在這樣選擇客戶，但幾十年過去了，若是現在的我們還得用這種方法去迎合不入流的客戶要求，就會有點可憐和可悲！倒不是對與錯的問題，但是，

此刻的我們，作為一個人的堅持和底線在哪裡，不需要委屈求錢，
可以做得到很鮮明！

　　讀者朋友或許會問，那個馬丁後來呢？

　　是的。好問題！馬丁在上次那個出差回美國後不久，也就是
2007 年六月間就被公司給裁員了。我一直到後來才知道，他被裁
員後，一直都沒有找到工作。時間來到 2007 年十一月底。馬丁
從美國打了通電話給我，說有事求我幫忙。我在電話裡問他，越
洋電話是不是太費錢了，而且可能會漏掉一些細節，改成電子郵
件多好。他說，他要求我的事，太丟臉，還是電話說說比較好。

　　我一聽，是個嚴肅的請求。我要了他的電話號碼，要他先掛
斷，我馬上撥了回去。

　　原來，他被裁撤工作後，幾個月來一直找不到合適的新工作，
全家人在這種氛圍下很不好過。老婆要求離婚，更是對他打擊很
大。我聽了好一會兒，問他是不是借給他一筆錢度過難關呢？他
說，他不是要借錢，他想要我幫他一個大忙。我要他直說無妨。
他遲疑了一下，在電話那頭，說他一生不想騙人，但是這回不騙
不行了。

　　我讓他不要著急，說說看。他說，離他家蠻遠的一個地方
有一家中型的公司，以前買進國外的商品，都是透過美西的進
口商拿貨。現在，那家公司建立了自己的倉儲、售後服務中心，

所以要建立自己的國際採購部門。他覺得自己這過去的幾年間，除了出差香港、中國大陸、泰國、臺灣，有時也去韓國和日本，符合基本要求。但是，他不想只是再停留在「產品開發工程師」這樣的等級職位，他想挑戰高一點的主管位階……。我聽明白了他的意思，但是不懂我要怎麼幫他？他結結巴巴的說，他想要在履歷上表示，從六月份離開伯恩公司後，他就成為我西華公司的開發部顧問，然後把我公司的名字和聯繫方式放在履歷表上，如果那公司人事部門做履歷核實查證時，希望我公司可以不要拆穿他。

馬丁講完後，我停留了好幾秒鐘沒有回答，其實我在思考怎麼做才好，他卻尷尬的先開口：「我知道跟你不算熟，這樣的要求很無理……」，「不，馬丁，你誤會了。」不等他說完，我打斷了他，接著我又說：「如果，你的履歷表上寫的是一家日本公司是不是更好呢？我給你一家日本公司名，你就說是離開伯恩公司後擔任了這日本公司的亞洲開發部總顧問，你看看呢？放心，這日本公司是我的……。」

結果可想而知，那家公司在收到馬丁的履歷表後，立刻就通知他去面試。經過兩次面試，馬丁成功了，擔任了高級經理一職。2007年耶誕節，他特意打電話來再謝謝我們的幫忙。「馬丁，不要客氣，希望你能在這個新的起點上，開心的重建你的生活！Merry Christmas！」我回答的簡潔而真誠，也刻意不提他老婆在他失意的這段期間，離開了他，結束了婚姻關係。

後來我們陸續有些聯絡，他女兒也上了一所讓他很驕傲的明

星大學，實現了我的諾言，我寄了一塊清代晚期到民國初期和闐白玉方玉佩當做賀禮，這 4.2x4.2 公分的玉佩上雕刻了十二生肖，不同於常見的山水紋飾。收到賀禮的他很有感觸，尊稱我是他最為珍貴的朋友。

幾年後，受到他那擁有兩個博士學位的女朋友的鼓勵，他跳槽到了一個具有一百多年歷史的德國公司 Giddy, Schuurman & Co. 擔任了國際部高級副總裁（Global Operation Sr. VP）。娶了美女，搬了新家，就像美國好萊塢大片那種結局，Happy Ending，so nice ！

不求回報的朋友

這三十年裡，除了交往頻繁的許多好朋友外，我得把那些曾經帶給我許多幫助的朋友記錄在書裡，子孫都應該記得他們。

首先該提到的是位於倫敦的英國國立維多利亞阿伯特博物院的兩位學養豐富的人，一位是比我大不了幾歲的 Rose Kerr 蘿絲‧克爾，和 Ming Wilson. 她們兩位代表了世界一流博物館 Victoria & Albert Museum 邀請我們（綠隱書房）的古玉藏品到倫敦去做展覽。這個邀請的主軸是以我們綠隱書房的各類古玉精品，加上英國國立維多利亞阿伯特博物院本身的庫藏進行合展，認為這種合展可與大英博物館的中國古玉互相爭輝！

這個世界最頂尖的博物館給我們邀請信，寫得誠懇而且目的清楚明確，沒有一絲含糊之處：

" The Victoria and Albert Museum cordially invite Mr. Chris Huang Yu-Lin to visit us and to discuss possibilities of collaboration in Chinese art⋯⋯ for the two institutions to come to an agreement on future exhibitions and displays. "

在維多利亞與阿爾伯特博物期間，兩位學者對我一直都很親切，領著我看安排藏品展出的場地和展廳，對我的藏品給予許多珍貴的觀點與肯定。在佈置展廳的討論中，特別計畫放一個古墓，更加讓人有身歷其境的震撼感。

其中，Rose Kerr 蘿絲‧克爾是維多利亞與阿爾伯特博物院遠東部的館長。我的記憶，她總是對我笑咪咪的，說話也總是輕聲輕氣。她是一位英國藝術史學家，專攻中國藝術，是研究中國青銅器和陶瓷方面的專家。在研究中國陶瓷方面她寫了很多書。在2015 年間，她被授予中國陶瓷生產歷史中心景德鎮榮譽市民稱號，以表彰她對景德鎮陶瓷的學術研究和促進中英文化交流的貢獻。她是第一個獲得如此榮譽的非中國公民。

1990 年維多利亞與阿爾伯特博物院出版的《中國晚期青銅器》開創了中國青銅器研究的新局面，至今仍是重要的參考文獻。另外一本研究中國瓷器的書《Chinese Ceramics》也十分精闢，讓許多博物館機構當做重要參考著作。她的著作很多，都很經典，我列舉幾個給大家參考：有關佛教觀音藝

術研究的《Guanyin：A Masterpiece Revealed》、有關象牙雕刻藝術的《Chinese Ivory Carvings》、有關亞洲瓷器的《Asian Ceramics in the Hallwyl Collection》、有關研究宋代瓷器藝術的《Song Dynasty Ceramics》、有關明代中期瓷器藝術的《Ceramic Evolution in the Middle Ming Period》、有關東亞瓷器藝術的《East Asian Ceramics》、有關中國外銷瓷器的《Treasures of Chinese Export Ceramics from the Peabody Essex Museum》等等。此外，她個人還是劍橋大學李約瑟研究所（Needham Research Institute at Cambridge University）的榮譽會員，格拉斯哥大學（University of Glasgow）的榮譽院士。

Ming Wilson 與 Rose Kerr 的專業很相似，著有《英國大維德美術館暨維多利亞博物院藏堂名款瓷器 Rare Marks on Chinese Ceramics》、《英國國立維多利亞阿伯特博物院 中國古玉珍藏》等等。她對我們的藏品分別給了許多評價，比如說在紅山文化古玉上，她認為那件被稱為「馬蹄形器」（實際非常可能就是紅山文化王者的玉冠）應該列為我諸多紅山文化館藏中的「鎮館之寶」；又比如說，她看到我館一對錯金銀玄武鎮，捧在手中欣賞甚久，直呼太珍貴了，（同類文物中）從來沒見過這麼好的藏品。

再說一個小故事，就明白英國國立維多利亞阿伯特博物院的專家是多麼謹慎於自己的專業領域了。有一回，我們探討有

件藏品「六角柄耳高圈足玉杯」(A Hexagonal High-Heel Jade Beaker)，這件玉杯曾經遼寧省博物館孫守道評鑒為唐與宋間的玉器精品，Ming Wilson 端詳了許久，當下並未給出一個定論，後來我們忙別的事務，到了晚上要分別時，她說：「我想了一天，那玉杯可以定唐代，沒有問題。」啊，原來，一件文物的「斷代」竟然在她這樣專家的腦海中琢磨了一整天！（在文物鑒定中，「斷代」特指歷史時間段的確定和劃分。並非時代被中斷的意思。）

有一回，一位港台最紅明星的造型師黃高明來綠隱書房訪問時，我告訴他這是英國國立維多利亞博物院專家斷代為唐代的玉杯，他好興奮，堅持要用這一千多年前的玉杯，喝他帶來的 Johnnie Walker，喝了這杯酒，感覺穿越到大唐長安城去了一趟。

附帶提一下，Rose Kerr 與 Ming Wilson 目前都已相繼從英國

▲黃高明與唐玉杯美麗邂逅

國立維多利亞阿伯特博物院退休。退休後的 Ming Wilson 知道我們的近況後，還特地表達了歡喜之意：「Dear Chris, Thank you for the news. I am very glad to hear you'll be opening your own museum in Taichung.」。不要看寥寥幾句話，這對於不喜歡熱絡的她，已經完整表達了她的意思。從她以前給我的信上看的出來，她自己也知道這個不多話的「特質」，在她的「長信」裡是這麼說的：

> 謝謝你 11 月的來信。因為信是和圖錄一起寄來的，它就一直擱在我桌上，到幾個星期我才打開信封。給我寄圖錄的公司實在太多了，它們都是非緊急性質。我沒想到其中有書函，遲了回覆，非常不禮貌。其實我對所有朋友都是「有距離」的。我另一個朋友對我的形容是「多說一句話都懶」。這是個性使然，不管是好是壞，反正這作風是不會在暮年改變的了。我強調「暮年」，是因為你提到那些已辭世的朋友。我呢，即使未辭世，也不會無限期地在維博（指的是維多利亞阿伯特博物院）幹下去。這幾年我越來越不願往外邊跑，很有「一動不如一靜」的老年人心態。無論如何，圖錄令你感到滿意，我也替你高興。祝你和家人聖誕快樂。上海應該是聖誕氣氛最濃厚的中國城市吧？

她就是這樣的性格，但是我們西華黃氏的每一位，都喜歡這

位「對所有朋友都是有距離的」親愛的 Ming Wilson！她在我西華集團整個藝術收藏史中，有著至高的影響地位。

　　回到主題，收藏藝術品雖然也可當做投資來看，但畢竟不同於收藏黃金、白銀、房地產等專業上門檻比較容易跨進去，所以很忌諱閉門造車。因此除了運用財力去得到好的藝術品之外，藏家與藏家、藏家與專家的交流絕對是非常重要的。

　　在綠隱書房的收藏歷史中，除了英國國立維多利亞博物院以外，也跟國外其他許多學養淵博的大師級人物密切往來，又比如說英國的古董商 Roger Keverne、東亞藝術博物館的館長 Bryan McElney（他曾經親自接待我的到訪，一一探討他們館藏的玉器，分享收藏經驗與有趣的秘密）、大古董商 Eskenazi 還有同源的 John Eskenazi 以及 Eskenazi 管事經理人 Philip Constantinidi（他花了好多時間跟我介紹為什麼在歐洲最大古董商 Eskenazi Ltd 的眼中，商代樸素的青銅器比周代滿紋飾的青銅器珍貴，這是很多人都想不明白的，怎麼漂亮「滿工」的不如素面的？）、既是古董商也是好朋友的 Robert Kleiner 等等，這麼許多人都既有專業涵養又謙遜。透過不斷的交流，能快速積累較深奧的專業知識和收藏經驗，對於行情的掌握也有幫助。其中，Robert Kleiner 的故事前文也曾敘述。

　　所以，在這個篇章裡談論「朋友」的話題，我想給所有讀者一個衷心的建議，當你在時間上、體力上或是能力上有餘裕的時候，請一定要跟你的好朋友們保持聯絡，偶爾喝喝啤酒、談古論今，或是一起上山喝杯熱茶、聊聊天，像這樣的事情，不管到了哪個年紀，都應該去做，因為你常常會以為未來還有很多時間和朋友相處，但隨著時間、空間的轉變，很多人會漸漸的失去聯繫，當你發現的時候，你的朋友也許已經不在了。

　　之前我說過朋友是資產。不論在智慧上、決策上，提供你寶貴意見的朋友，或是在精神上給予你啟發的朋友，都是無法被量化的珍貴資產，但這個資產也很容易從你的會計簿上被 write off，一筆刪除了。當這筆資產被瞬間歸零時，將會變成心裡很深沉的悲哀。所以如果你年輕，就應該重視這個資產，而不只重視賺錢這兩個字，有一個旗鼓相當、氣味相投的朋友，是無比珍貴的一件事！

　　孔子說過：「無友不如己者」，我不會特別去選擇哪一種類型的人當朋友，但漸漸能長久往來的都是在知識學養、興趣愛好、心性修為與我很接近的，最終成了彼此人生路上的好夥伴。礙於大家都忙碌在國際間，時空未必允許常相左右，惺惺相惜的心意不必言說，但有機會，彼此都格外珍惜相聚時光。

印度家族 Saborno Roy Chowdhury

在說起這個家族前，我說說一件事，就可以知道他們的分量。

到了加爾各答，有個知名古蹟 Kali 女神廟，便是由這個傳奇家族於一八〇九年興建。還有，在民國三十一年時，蔣公及蔣夫人親訪加爾各答，據悉便是受到 Saborno Roy Chowdhury（西方人多稱呼他們為「Sabarna Roy Choudhury」，指的是同一名稱）家族，以及另一個印度貴族 Birla 家族的熱烈款待。

我的朋友 Arup Chowdhury 是個很有抱負的人，他是印度 Sabarna Roy Choudhury 家族的重要領導人。

這個家族以前也叫 The Sabarna Ray Chaudhury，在大英帝國佔領了整個印度之前，這家族本就是 Sutanuti、Govindapur 和 Kolkata（以前稱為 Calcutta）三個地方的領主（Zamindar）。在成為這三個地區的領主之前，原屬於帝國 Jagir 的一部分，或甚至屬於莫臥兒皇帝本人。

十六世紀初，這個家族出了個英雄，叫做潘查南·甘戈帕德亞（Panchanan Gangopadhyay）。他是統率帕坦（Pathan）騎兵的將領。由於潘查南·甘戈帕德亞的英勇戰功，莫臥兒皇帝胡馬雲（Mughal Emperor Humayun）封他為「汗」（Khan）頭銜，並繼續統領 Pathan 的軍隊。

（說到這裡，會不會讓我們想起另一個名震天下的，叫做「孛兒只巾·鐵木真」的汗？ Genghis Khan，成吉思汗）

潘查南·甘戈帕德亞成為汗以後，就開始大修宮殿，這個

來自印度綿延昌盛三百七十年
之貴族 Saborno Roy Chowdhury
（西方國家普遍稱該家族爲
Sabarna Roy Choudhury）
在英帝國入侵印度前，該家族
爲 Kolkata, Sutanati, Gobindopur
三個地區的實際統治領主

▲ Saborno Roy Chowdhury 家族來訪

地方後來被稱為哈威里‧薩哈爾（Haveli Sahar）或哈利薩哈爾（Halisahar）。然後，這個新興崛起顯赫的家族，就以哈利薩哈爾為根據地，向烏塔爾帕拉（Uttarpara）、比拉蒂（Birati）、巴里沙（Barisha）和赫普特（Kheput）地區迅速擴張了。

一六〇八年，他們被冠以「雷（Ray）」和「喬杜里（Chaudhury）」的高貴頭銜，後來這兩個名字成為他們的姓氏。

他們於是在哈利薩哈爾建造了許多寺廟，而且修建了從哈利薩哈到巴里沙朝聖之路。自一六一〇年以來，這個家族一直在他們位於巴里沙（Barisha）的祖居慶祝難近母普亞（Durga Puja）。這可能是加爾各答地區一個很古老而且有組織的節日。

（我們西華黃氏就多次被邀請參加這樣一個隆重的慶典。）

回到歷史。到了一七〇〇年，印度次大陸在強大的莫臥兒王朝統治下基本完成了統一。這個穆斯林王朝征服了南亞大部分地區，給這一大片的土地帶來了相當程度的和平與繁榮。

他們是高效能的統治者，也大力發展偉大的藝術創作；同時，也因為其龐大的軍隊，震懾了周邊所有地區。這樣的發展持續了半個世紀，到了一七五〇年，莫臥兒帝國開始走向衰落。

當時，類似我們故事主人公這樣的地方統治者（應該類似我國歷史中的藩鎮），都擁有極大的權利。除了得向莫臥兒帝國朝廷提供兵源和裝備外，並納稅給帝國，其餘的就全歸地方藩鎮。隨著時間的推移，有些這類地方藩鎮變得越來越強大，甚至獨立於莫臥兒王朝的統治。

這種演變當然削弱了莫臥兒帝國的國力。後來，阿富汗軍閥

的入侵也大大地破壞了這個王朝，他們甚至洗劫了德里，這個帝國的首都。

之後，一直到大英帝國的勢力入侵印度後，於一六九八年，羅伊・喬杜里家族（Roy Chaudhury）因為不願意看到人民為了抵抗英國軍隊而血流成河，不得不將他們對加爾各答（Calcutta）的權利轉讓給東印度公司，而搬到巴里沙（Barisha）。之後，家族就以此為老家了。

──幾百年家族，如何維繫其獨特文化？

幾百年的家族，如何維繫其獨特文化？我認為，他們的方法類似 Rothschild 羅斯柴爾德家族的方法。但是我不確定是不是同樣細緻、對子孫同樣有約束力？畢竟，這些都是他們家族內的最高秘密，外人不會有機會知道。

對於這個家族，我知道有一個叫做 Sabarna Roy Choudhury Paribar Parishad 薩巴娜・羅伊・喬杜里巴里哈達的理事會，保存了這個家族的歷史、文化和傳統。

在巴里沙（Barisha）還有個他們自己的家族博物館（Sabarna Sangrahashala），是個作為保護其家族歷史和遺產的獨特場所；同時也還供人從事研究和出版他們的家族歷史之用。據說，每年二月還會舉辦一次國際歷史和遺產展覽。

（說到這裡，我不免就會想起霧峰頂厝的林芳媖。她極力地保存有關先祖林獻堂的一切，並在今年（2019 年）還正式成立了

林獻堂博物館。一個優秀世家的傳承，應該就是這樣的精神吧！）

──我們，締造了加爾各答

二〇〇一年，他們還做了一件大事！

這一年，家族的最高組織「薩巴娜・羅伊・喬杜里巴里哈達理事會」，加上該市的九位知名學者專家，向印度加爾各答高等法院（Kolkata High Court）提起一個公益訴訟（a public interest litigation），要求調查約伯・查諾克（Job Charnock）是否可以被視為加爾各答市（Kolkata）的創始人？

這群知名的社會賢達，包括布拉丁德拉納特・穆克吉（Bratindranath Mukherjee）、拉德哈拉曼・雷（Radharamn Ray）、蘇比爾・杜塔博士（Dr. Subir Dutta）、迪派克・森（Dipak Sen）、蘇丁・班納吉（Sudhin Banerjee）、奇漢達・巴薩克（Chhanda Basak）、烏瑪・德維（Uma Devi）、桑奇塔・杜塔（Sanchita Dutta）和薩普納・雷（Sapna Ray）。

當然，法院（Kolkata High Court）根據這一特殊訴訟組成了專家委員會進行調查。其結果，於二〇〇三年五月十六日宣佈：約伯・查諾克不能被視為該市的創始人，而且，八月二十四日也不能被視為該市的生日。

這個家族並不氣餒。他們正在用自己的方式，於各個領域發展獨特的影響力，企圖把加爾各答帶進更好的境地。所以，家族領袖 Arup Chowdhury 跟我說：「I hope I can fulfill my dreams to rebuild Kolkata as my family did 300 years back.」。

像三百年前的先祖那樣，重建加爾各答！啊，何等的豪情！

──下一代，家族的希望

家族領袖 Arup Chowdhury 曾經誇讚我對於下一代的栽培方式。他指的是我的兩個兒子，黃策與黃治，因為他認為教養得很好。

我回答說：「如果比較您家族對下一代的培育方法，摸著良心說，真是自歎不如……」我所說的是真話！

據我所知，他們挑選天資優異的下一代，在大約十五、六歲左右就送到別的國家去讀書，之後，留在外國就業、體會不同國家的人文、風俗、經濟、文化。這裡要說一點的是，這「送出國」不是到國外去當王子、公主，而是基本上採取「自生自滅」的嚴苛手段，鍛煉下一代在人生地不熟的異國，還能生存，進而還能崛起的意志力和求勝的能力。等歷練到一定的火候了，便召回到印度，加入到各個領域家族已發展的隊伍中。

這樣從青少年就送出去的下一代，應當很多。就我所瞭解的便有 Mrinalini Chowdhury 送去阿曼蘇丹國（Sultanate of Oman）、Priyanka Chowdhury 送去泰國，還有 Priyeta Chowdhury 被遣到阿拉伯聯合大公國之一的杜拜（Dubai）。

這個家族很大，年青一代必然很多，我只知道三個，就送往這麼令人訝異的國度，而不是國人所常見的美國、加拿大、英國、

德國、日本等國家。

可以想像得到，必然有更多最年輕的一代，正在其他完全不同的國家，學習、吸收、觀察著，然後這些年輕人會回到印度，回到這個將近四百年顯赫的大家族，運用偉大的世界觀以及多麼綿密的世界關係網，他們要發展什麼，要投入什麼，絕對比一般富豪完善得多！

啊！快別說印度落後了！這種家族與他們維繫強大能力的方式，不該讓我們深深佩服嗎？

《太平寰宇記》中有兩句：「其山龍盤虎踞，起伏四百餘里。」特別能描繪這個家族的氣勢，他們盤踞在加爾各答這塊地域，把青年一輩送往異國鍛鍊成為龍與虎，發大心願，重建三百年前祖先的光輝與榮耀。《東周列國志》中一段文字，「夫鎬京左有殽函，右有隴蜀，披山帶河，沃野千里，天下形勝，莫過於此。」可以當作我對這個祖先是印度「可汗 khan」家族的預言與祝福！

第八章
藝術品是西華的靈魂

——把辛苦賺來的錢，都投在收藏藝術品上，是為了保存
財富嗎？

我給你的答案，得從一種體悟說起。

不忘記原始的本性：仁義禮智信

記得我曾經在北京衛視觀看過一段演說，那是上海復旦大
學歷史系教授錢文忠先生講述有關傳統文化復興的精闢演講。他
說，這幾十年中國快速現代化的過程中，我們付出遠比環境污染
更加巨大的代價，那便是付出了傳統文化中的精髓，失去了仁義
禮智信，失去了溫良恭儉讓！

是的，錢教授說得極好，直接說出了當前的問題。我們確實
離開傳統太遠了。在快速現代化，奔向經濟發展的同時，忘了人
類發展的目的除了外在的物質，還有形而上文化和教養。華屋、
名車，也只是張顯有錢的能力，如若沒有儒雅的文化滋養薰陶，
社會自然脫序無禮。

　　我跟一位年輕朋友文龍聊到這個問題，他也舉個例子印證了相同的觀點，他說：「就在不久之前，有個偶然的事情，讓我去到了附近商場裡的一個兒童早教中心。許多看起來家境不錯的孩子們被送到這裡，有的上英語課，有的上繪畫課、有的上科學實驗課。我也有子女，家長們的心思我理解，無非就是希望孩子在這樣的環境下，早點啟動大腦的發育和優秀人格的養成。

　　這時，我卻看到了一個畫面：當孩子們各自在不同的教室裡上課的同時，有一群家長聚在教室附近的接待區，紮堆的高聲談笑！

　　由於聲浪挺大，笑聲不斷，我便好奇挨近聽聽看這些把幼兒送早教班學習的家長們，正興高采烈的談論些什麼？哦，原來在議論著彼此的工作和薪資。有個家長大聲的說：公司找我去說什麼升副總、升總監的，我才不管它呢！這都是騙人的把戲，你把我的錢加了，把我的獎金給了，才是實實在在的東西！誰稀罕他那騙人的頭銜啊！其他家長有的點頭，有的附和，接著又是笑鬧聲不斷。聽到這裡，我搖搖頭的走了。」

　　唉了一聲歎息，他接著說：「那麼注重孩子能從兒童開始學習、盼望教室裡的老師能養成孩子良好人格的同時，自己竟然只能這麼看事情，衡量服務單位唯一標準，竟然只有錢，沒有責任、沒有榮譽、沒有理想。在快速現代化的同時，人們忘了溫良恭儉讓！」我記得那天，我們在美利亞酒店大堂的餐廳裡邊吃邊聊，一晃就到了黃昏，也沒人打斷我們的談話。

藝術，是上流社會之宗教！

對於生命之美，我們西華有自己傳統的審美觀！

清末民國初年有位大學者叫王國維，他認為人的能力分內外兩種，一個是身體的能力，一個是精神的能力。其中，精神的能力又衍化出智、德、美。智與德，不難理解，而精神能力衍化出的美是什麼呢？王國維認為，美是一種情感，是一種境界，能讓人忘記利與害，進而產生最純粹的快樂。

王國維有一句話，我始終牢牢記得，他說：「**藝術，是上流社會之宗教！**」

文化與藝術，原來是經濟發展後，必然的顯學！這幾十年來，人們太過褒獎推崇對財富的追求，而沉寂已久的古老傳統精髓，我認為恰恰是這顯學的靈魂！

不知從哪年開始，我們的收藏便成為朋友心靈的惦記，進而，我們也因此結交了好多想像不到的朋友。

就拿之前我們說到的例子，那一封由世界著名大鑽石公司 De Beers 前董事長羅斯柴爾德男爵的親筆信函，上頭寫著：「I would be delighted if we can catch up in a not too distant future!」（在不久的將來，如果我們能敘敘舊、聊聊彼此的近況，我會很高興。）

這極富力量且溫暖的話，或許正代表著綠隱書房的魅力！

尤其是近十幾年來，跨國公司總裁、著名音樂家、國際銀行家、電影電視製作人、知名藝術家、大法官等等國際社會精英，

▲常有高人來訪──蕭鈞瀚

▲常有高人來訪──嘉央卓瑪

紛紛不辭辛勞遠渡重洋，絡繹不絕的造訪綠隱書房，這究竟是怎麼回事？要探討這種現象，得把眼光放大些來看。

比如說，HTC 曾經選擇奇美博物館作為新手機發佈會的場所；又比如說西方有些講究的父母，將子女的生日派對辦在自然科學博物館裡。西方的專家認為這是一種難以形容的高端心理需求，秘訣在於：「How can collections be used to inspire and engage communities and make a difference to people's minds？」大體是說，當人們置身於藝術珍品間，那種心理啟發以及激發交流的力量是非常巨大的！

是的，的確如此。綠隱書房接待這些來自國際社會各個領域的精英們，總會為他們佈置不同的會議主題環境，例如圍坐在明代清代珍稀名貴傢俱旁，邊上紫檀嵌紅根石香几上擺著銅胎掐絲琺瑯的香爐，爐中微微的飄出燃燒黃花梨的清香，長案上陳列了碧玉山子、美硯鎮紙……品嚐著綠隱書房獨家品牌的咖啡，聽著綠隱書房獨家原創的音樂，很能讓人沉浸在一種難以言喻的尊榮裡。

自然而然，千里迢迢來到這樣一個環境裡，沒有人會再感到現代都會節奏所引發的焦慮，也沒有人會願意浪費時間在交流些毫無意義的話題上。交流的結果，總是令人滿意的；有時甚至出現對未來人生，或對事業具有里程碑性質的新決定、新方向。

　　有位曾經不斷來訪又特別喜歡藝術品的瑞士銀行家朋友 Anton Jeker 當時是這麼評價綠隱書房的：「There are over 100,000 different art galleries available today. 2W simply improved them all.」確實有點眾裡尋他千百度，驀然回首那人卻在燈火闌珊處的味道。好友 Paul Turner 看了很多人沒辦法排上參訪的時間，知道我們覺得內疚的很，也這麼安慰的說：「Everyone knows that in order to visit 2W gallery, you will have to wait long queues, because it is so customized. But you will walk out fresh as a daisy.」大意是，雖然等待（能訪問綠隱書房的）時間或許漫長，但是離開時，人們燃起了新的活力。

　　當然，這很大程度取決於：綠隱書房管理層對於接待不同領域貴賓的態度，是不是捨得在庫房中選取出適合貴賓經歷或匹配的藝術珍品，佈置成為特殊的環境，讓貴賓的蒞臨變成終生難忘的回憶？綠隱書房在這一點上總是顯得慷慨豪邁、細緻溫馨的。從上下幾千年的藝術品中，必須選擇合適的珍品，才能讓人感到禮遇與尊貴。擁有數量上接近日本白鶴美術館的綠隱書房，很容易能安排出不同的接待環境，不同心理感受的氛圍。有趣的是，國際間許多成功領袖級的人物，也都對這樣的環境嚮往不已。

　　明顯的例子是，眾所周知法國第五任總統席哈克有深厚的中國情結，尤其酷愛青銅器，所以即便是卸任前的最後一次訪問中

國大陸時，仍然將參訪中國文物視為必然的安排。

2002 年北大西洋公約組織開首腦會議時，記者發現他聚精會神的趴在桌上研究一個東西，拍下照片後發現，原來他在研讀一本介紹中國青銅器的雜誌！所以，當聽到他在中國一再推遲回國的專機，只為了沉浸在上海博物館裡近距離欣賞青銅器時，就一點不覺得奇怪。

（訪談中我覺得）：由於西華創辦人黃先生以往的工作經歷，也是能啟發來賓們靈感的重要來源。早年的他曾經因不同任務關係，跟當時世界性的 Morgan Stanley、Kidder Peabody，或是活躍於亞洲的大機構，例如 Hadiputranto Hadinoto、Drs Hadi Sutanto 有著豐富的交流或合作經驗。年輕時他與義大利博士 Francesco Maria Paglioli、Andrea Speciale 等人共同完成的 G3 法拉利國際戰略聯盟項目，在商業週刊（Business Weekly）第 300 期有特別的報導，項目本身也被當時商學院廣泛地引用為經典教材。（這個在先前提到過）

因此，比如說當貴賓們熱烈在討論 Merger control 時，黃先生或許輕輕提醒一句：「You need to check on the Companies Act to see if anything there about a reduction of capital」，「啊，是的，忽略了……！」如此看來，綠隱書房的高層所具備老練的國際事務經驗，加上豐富的典藏，讓此處成為精英聚會最

喜愛之地。

　　無怪乎，來到綠隱書房特別安排的環境中，面對這股強大的溫暖力量，有貴賓感慨：「此境只應天上有，人間哪得幾回來！」幾乎所有來過綠隱書房的貴賓，都像亞洲知名的新加坡音樂製作人何國杰一樣：「一到上海，就不忘到訪綠隱書房，因為這裡的魅力無窮！」

　　在訪問綠隱書房的同時，除了沉浸在豐富寶藏中那種難以言喻的快樂外，最大的收穫，是在這個藝術殿堂中，我發現了它被許多中外來賓所忽略了的，那種隱藏在背後的光輝！這個發現，叫做傳承，一代又一代家風延續的那種文化傳承。

　　這是許多人沒能注意到的：我在他們其中一個藝術展廳裡，發現了一幅油畫。畫中的人是綠隱書房創始人黃先生的父親年輕時候的風采。後來我又在一個深沉肅穆的紫檀盒子裡，看到他父親晚年用毛筆手抄的經書，一本本整整齊齊被恭敬的收藏著；我還看見黃先生把家訓銘刻在器物上，留給兒子、孫子、後代子孫。

　　為了不再重複許多其他人已發表對綠隱書房藏品的精闢描述，我對綠隱書房的評述就放在發現他們那種獨特的、濃厚的，屬於家族內部傳承的文化上，以表深深的推崇和敬意！

　　有人說，貧窮的歲月，是老天給你豐富人生的厚禮。訪問到此，我看到黃先生從一無所有，三十年後建立了這樣有形與無形的豐富資產，除了羨慕，更多的是佩服。

——鈔票、黃金、古董，哪個更厲害些？

亂世黃金，盛世古董

這是個好問題。

常聽人說：亂世黃金，盛世古董。我對這個說法，有自己一點觀察，我認為這兩者都同等重要！我說說看法：1949 年，隨著國民政府撤退到臺灣，先後除了 290 萬兩黃金外，還帶上國寶文物 24 萬餘件分三批，先後由中鼎輪、海滬輪、崑崙艦，遷往臺灣。

先說說黃金，我舉一個鮮為人知的例子。

國民政府初抵臺灣時，民間謠言四起，社會人心極度動盪，自然而然成為各種有組織犯罪集團發展的溫床；其中便包含有規格較高、規模較大的經濟組織罪犯，運用類似諜報組織的高超技術，結合香港、臺灣兩地各類專業人員，有效分工地大量收購臺灣民間的黃金，並瞞天過海地運出臺灣。這樣的情況，顯然動搖了當時臺灣的整體經濟實力，立刻引起當局的重視。

經過臺灣財政部門和警務部門成立聯合專案小組，佈線數個月，並成功地破解其機密電台發報密碼後，其中一個專業走私黃金的犯罪集團於 1950 年 4 月 20 日遭到緝捕。當天警務部門共逮捕了嫌犯 26 人，扣押了海外走私用的盛京輪和機密電台等。後來根據嫌犯的供述，這個複雜分工、規模龐大的集團組織在長達一年多的時間裡，平均每月走私套匯的黃金約達 4 萬兩左右，可謂數量驚人！而且，這或許只是眾多集團其中的一個，難保當時

沒有其他有組織的團夥做同樣的營生！這是典型的「亂世黃金」實例，在社會動盪之中，黃金成為重要通貨。

接著，以一個廣為人知的例子，談談古董的部分。如前述所說的，1949 年國民政府將 24 萬餘件國寶文物遷到台中糖廠存放在三間庫房內；次年管理當局租用了台中霧峰北溝山邊土地建造新的庫房後，全數國寶便遷徙到北溝保存。1954 年初，美國富豪 Henry Luce 到臺灣參觀了這些中國皇家藏品後，慷慨給予了資金上的援助，在庫房西側興建了一個而今看來十分簡陋的地方作為陳列室，這即是後來通稱的「北溝文物陳列室」。

「能參觀北溝文物」是地位的體現

這小小的「北溝文物陳列室」，竟然成為外國友邦和國際間達官顯貴到訪臺灣時，都指定參觀之地！這其中包括當時的伊朗國王、泰國國王、日本首相以及當代國內外知名人物，不避條件這麼簡陋、來回交通如此不便利，都以能親臨這個山邊小陳列室參觀為榮。

這批存放此地的珍寶，一待便是 15 年。十五年間，數不清的高官顯貴來往穿梭地處偏僻的北溝，直到後來台北故宮興建完成。如今，各國的觀光客到臺灣旅遊時，台北故宮也還是必訪之地。回首看看這個在當年那個亂世中，國民黨政權拼盡氣力遷移、保存的文物，後來果真成為臺灣傲然於世最重要的文明資產。

根據以上兩個例子，我認為黃金與文物珍寶，不只盛世，即

便在亂世，也都非常重要。

回顧我的前半生，從留學回國的那一天起，一路走來直到今天，幾十年一晃過去了。由於工作關係，我看盡了各式各樣的人物，瞭解到許多興衰起落背後的來龍去脈。這麼長的人生歲月裡，從原來意氣風發的青年，到如今歷盡人間滄桑的我，已學會不再把金錢、學歷、權力、頭銜視為社會高度的指標。

無論對人或是對事，我還學會了揚棄那種憑直覺、憑感受，傳統印象式的批判（impressionistic criticism），並學會把許多複雜而膚淺的東西，精煉成為某些特質。這種精煉過的特質，簡單的說，就是一種境界：一種傻傻的像愚公移山、勤懇的像農夫一樣，那種不斷深耕細作的耐心；如此能耐著性子，一點點、一滴滴的累積自己的人，才能冀望成功；一旦成功，便是長久的成功！

西華集團成立到今天已三十年。透過前十年主要在台北、後二十年主要在上海，兩個不同時間段，我親眼看著自己的事業以及藝術收藏就這樣一點一滴、一年一年地深耕，如今終於釀成了醉人美好的境界。活在這般境界裡，不媚俗、不做作，自成高格，獨絕之處，清典可味，難以用通俗的文字籠統概括。

此時黃先生對我笑了笑，說：「所以我的眼中，沒有財富排行榜的概念，只有好不好，適合不適合自己的生活方式……」

──請深入的談談收藏這條路吧！

綠隱書房談永續收藏之路

「收藏」二字，包含了太多的東西，比如：包含了對歷史的尊重、包含了民族文化基因的傳承，同時也包含了收藏者的性情、興趣、學識修養和情懷。「綠隱書房」就是這樣一個對藝術品有著深厚情懷的收藏機構。難能可貴的是對藝術品的綿長情懷，近三十年來，集團平均每年劃撥其總盈利的 30-70%，作為藝術品收藏基金，最少 30%，多的時候可達到 70% 以上。如今在位於美國、加拿大以及臺灣的藝術倉庫中，靜靜地擺放著「綠隱書房」從中國遠古七千年至明清的精美藝術品。

我們常想，如果把收藏當作是理財方法的一種，把收藏昇華成為一個屬於全民的經濟知識，那該多好！身為西華集團的創始人，也是綠隱書房的創始人，今天就把收藏這一部分，提出一些個人膚淺的看法與經驗，以經濟學和投資學的角度給廣大的愛好者說說心得與經驗，猶如企業家談永續經營般，也談談永續收藏吧！

眾所周知的理財、聚財的種類，大體包括有：銀行存款、股票、債券、基金、期貨、房地產、外匯、金銀幣、珠寶、保險、近代藝術品、黃金、古董、開工廠辦企業⋯⋯我幾乎都投資過，但是我有自己理性的偏愛。我這就談談個人最偏愛，投入資金最多的古董。先說一個 444.95 倍的故事。

444.95 倍的故事

古董收藏，它除了必須具備有較為深厚的文化底蘊，從經濟投資回報的方向來看，收藏也是一條崎嶇的路，一條要不斷付出心血的路，但是如果有方法，那也是一條收穫很豐富的路。以下，我就說個 444.95 倍投資回報的故事：

1984 年臺灣藏家蔡辰男在紐約蘇富比拍賣會上以 3.3 萬美元的價格購入「乾隆青玉螭龍玉璽」。（約新臺幣 109 萬元；近年來，許多高拍賣成交的藝術品都是以人民幣或港幣計價，所以若有人習慣看人民幣的話，當時從 1979 年至 1984 年，人民幣經歷了從單一匯率到雙重匯率，再回到單一匯率的變遷。1984 年底公佈的人民幣外匯牌價已調至 1 美元＝ 2.7963 元人民幣，所以大約是人民幣 39 萬元）。

Da-La，一轉眼 25 年後 （即 2010 年 6 月 26 日）這乾隆玉璽在台北拍出 4 億 8250 萬元新台幣的天價。拍賣價為原來的 444.95 倍！

現在有什麼投資可以在 25 年之間翻上 444 倍的？（拍賣當時

1 美元對人民幣 6.1803 元，折合人民幣約 1.018 億元；而當時新台幣兌換美元匯率是 32.5 左右）值得一提的是，這枚玉璽的買家是山西五台縣的趙星。他父親曾擔任過山西省圖書館的館長。

這個例子說明了兩件事：一是頂級藝術品增長的爆炸力是非常迷人的、驚人的、嚇人的！二是藏家的財富實力也是物換星移，精彩猶如電影情節，從臺灣錢淹腳目到大陸人一擲千金。

G3 法拉利老闆家宴的啟示

說來汗顏，幾十年前，我剛剛開始收藏時，跟許多剛入門的朋友一樣，只敢在很一般的古董間做選擇，一旦聽到價格高的好東西，看都沒信心去看，膽子也就那麼點大，但這也是一般人心理上常常犯的毛病。

我接著說，那一回我去義大利談一個策略聯盟的案子（前文提過），受到 G3 法拉利總裁的邀請，去了他家晚宴。（這是 G3 法拉利，不是跑車那個法拉利，但據說歐洲就這兩個叫「法拉利」品牌的家族。）到了他彷彿座落在小公園裡的豪宅，一踏入他家門，就像是進入了個小型博物館一般，到處都陳列著古董、藝術品。直到那一刻，這我才真的明白，書本報章上呼籲要把藝術品融入生活是個什麼境界！

後來我更多機會與國際成功人士交往時，發現西方人把收藏藝術品當作生活的一部分，進而也受到薰陶，也開始收藏較為昂貴的藝術品和高價的古董。

　　回到主題。歷經 G3 法拉利老闆的家宴見聞後，我開始檢視
自己的收藏，發現已有的「藏品」大都是藝術價值不高的清代玉
器小件，小雕刻件什麼的，連一件有份量的藏品都沒有。我感覺
這樣不對！痛定思痛，改變方向後，我收藏的第一件好東西是一
把清代紫檀交椅。這兒我就不說價格了。有趣的是，這交椅收藏
了三年半後，被一位藏家看上，先後讓他自己信任的專家朋友來
看了好幾次，這位藏家以原價十一倍的價格請走了這把精美的紫
檀交椅！這件事，大大振奮了我收藏的信心。之後，許多很具份
量的古美術、古文物就這樣一件一件的進入了我綠隱書房的收藏
行列，逐步形成了今天具相當藏品規模的情形。

　　現在，我想跟大家分享的第一個，也是最重要的心得：

　　**寧可買貴不能買錯；寧可買一件特好的，也不能
　　買三十件普通的。**

　　前一句，但凡有收藏經驗的人都明白，就不多說了。後面這
句，道理也很簡單，越珍稀的，通過歲月的洗練，價值增長的倍
數越大！

　　說個例子，當作佐證：大家不一定知道，2015 年北京保利秋
拍會上，有一件很漂亮的黃花梨方檯（拍品第 7354 號），以什
麼樣的高價拍出吧？我來說說這故事。

　　這台，原是當年名導演李翰祥的藏品。1995 年他交給在北
京的中國嘉德拍賣公司進行秋季拍賣，預展當時的起拍價是多少

不知道，但估摸著大約是人民幣二、三十萬吧。後來這 141 公分
高的黃花梨方檯，在那次秋拍中，以人民幣 88 萬拍出！這在當
時是天價了！

　　光陰似箭，二十年後，也就是 2015 年的北京保利秋季拍賣
會，這個方檯，以人民幣 2587 萬拍出！從 1995 年的 88 萬，到
2015 年的 2587 萬，價格足足增長了約 29 倍！這是因為這件黃花
梨拍品，形體特殊且個頭大，當然也可能又有著名導演李翰祥舊
藏的光環，所以價格這麼耀眼。

1995 的特殊意義

　　另外，附帶提一提：1995，是個特殊意義的年份。

1. 於私：對我公司而言，業務開始變得繁忙有趣，還有，
   加入了陳履安、王清峰競選總統的團隊。

2. 於公：那一年，我中華民族千萬件流失在海外瑰麗的文
   物回歸的可能性，被國際設置了一個非常無奈、困難的
   現實障礙！那一年的 6 月 24 日，西方世界主導了一個
   叫「International Institute For The Unification Of Private
   Law: UNIDROT Convention on Stolen or Illegally Exported
   Cultural Objects」；它是國際統一私法協會制定有關文物
   主權歸屬問題，一個非常重要的公約。白話簡述這公約
   所帶來的現實問題是，二次世界大戰結束以前，列強在
   如中國、印度、韓國等貧弱國家的各種巧取豪奪所得之

文物，到了 1995 年，基本上沒有歸還的義務了。有這麼
一種說法：人們只有在遇到災難的情況下，才願意挺身
去面對危機！或許因為這個追討文物現實上帶來的困難，
民間自發收藏剩下還在國際市場留存的文物，並聚集到
一定規模後，創辦私人博物館的行為，是個具有民族使
命、保護民族文化遺產的光榮事業，值得鼓勵。

當然，我們西華並非從收藏文物初始就想創辦私人博物
館那麼偉大，我得承認。但是，有關真正意義上走上設
立私人博物館這一部分，我很快會在後面談到。

古董的流通與變現

現在回到投資議題上，我來講講一個收藏古董的現實問題：
流通與變現。

這個問題通常出現在初級涉獵收藏者的身上，讓這條路走得
老是狐疑不定。他們的問題是：買房、買車、買股票、買外幣……
有急用時，可以變現。買古董，找誰去變現？

這個問題，不好回答，也很好回答！

我先說幾個例子，也就等於回答了一大半。第一個好例子，
是我前面提到自己的紫檀交椅三年半間進與出的經歷。第二個例
子：前文提到過，我有個曾經在美國大通銀行當副總裁的朋友
Robert Armstrong（他的美麗妻子是 IBM 總部高階主管的，記得
嗎？）他的父親有個好友，在二次大戰時是到中國助戰的飛虎隊

成員。據說在戰爭任務結束要離開中國時，帶著一批文物古董回到美國，其中有許多是元青花瓷器。現在他家族據說是過得很闊綽，時不時讓出一兩件寶貝給其他藏家、或博物館、或拍賣公司。（按：我沒有接受好友 Robert 的好意，去結識這飛虎隊員的後裔，所以也不知道他們手中還有多少好東西。）

第三個例子，是大陸的收藏名人馬未都常常說起的往事，他在導演李翰祥逝世後，收購了一些李導演生前的寶貝傢俱。第四個例子是，當年那個堪稱世界級私人美術館的「鴻禧美術館」財務出現問題時，大收藏家曹興誠接收了一批好藏品。

以上這四個例子說明什麼呢？答案是：**只要是好藏品，都有人要。**

藏家心中的秘密藏寶圖：

而且，不瞞各位，我認為每個好藏家心中都有一張「藏寶圖」。這藏寶圖中，記載著誰誰誰家裡有些什麼什麼寶貝；一旦這誰誰誰想出讓什麼什麼寶貝，他一定帶上好酒好茶登門拜訪。

這藏寶圖，拿我們自己為例也說說。有個藏友，夫人頸上戴著一件唐代連珠出廓饕餮紋絕美玉璧，我親自上手看過，本來相談甚歡說好出讓的，後又反悔無疾而終，這事兒讓我惦記了十幾年還沒消停。另外，哪位朋友，家裡有一完整無損的清晚期紫檀兩椅一几；哪位朋友家裡有個高二十公分商代無銘文扁足尊，我上手過，是真品沒問題；哪位朋友家有套不算太好但總還是拍賣公司拍回來的黃花梨傢俱……等等。藏寶圖中也有些不敢惦記

余藏百家雖甚富
今皆不以百金易矣
綠隱書房

▲藝術收藏，百金不易的執著

但想多看看的，例如聽說連戰家族有幅大書簡式的竹雕詩文赤壁賦（我家有同個老師傅雕刻的東坡寒食二首）、藏家某某手裡有件沁色優美的良渚玉琮、某位老總手裡有件優雅無比的戰國 S 龍……等等。

有時候，我惦記著人家的，人家也惦記著我的。

比如說，幾年前，我們從西方收藏了兩大本幾百年前皮殼精裝的四線譜聖樂。有朋友知道了我這兒收到了沒聽過、沒見過的寶貝，非鬧著要拿他一件價值 100 多萬人民幣的翡翠山子來換我其中一本！我終究沒依他。後來，這兩部四線譜聖樂，讓我結交了許多音樂界的名人，例如有臺灣民歌教母之稱的陶曉清、新加坡大音樂家何國杰等等。看哪，單單一件寶貝，竟能帶給我許多社交上的歡愉！

又有位隱居於淡水坪頂路的藏家詹某，素養儒雅，也有許多美麗的收藏。一回借了我一件體型碩大的二節獸面紋方琮放在几檯上端詳了大約二十分鐘，他動也不動，然後鼓起勇氣半抬起頭來問了一句：「我拿一棟房子跟你換這件，好嗎？」當然，後來我婉拒了，原因是這一件無論就體型上，或是玉質上、包漿上皆是良渚二節琮中罕見之器，二是我們不想出讓，還是那個原則嘛，「余藏百家雖甚富，今皆不以百金易矣。」藏家詹某覺得若有所失，沒辦法擁有這件良渚大器，雖是悵然之極，但也無可奈何。

有的藏家交際甚廣，收藏與出讓，同時進行著，像是跑馬燈，充滿活力也熱鬧非凡，這樣美好的進進出出，就成為他的生活重心，由於活力充沛，六十歲都看起來只像四十歲。另有

個英國朋友在他的辦公室裡，指著環繞的精品對我說：「許多在歐洲的私人藏家就是信任我，即便價格比大拍賣公司的拍品還貴一些，還是寧可痛快的從我手裡把東西買去，納入收藏，低調又隱秘。」

看到這裡，關於古董流通變現的問題，就算回答的差不多了。但是，重點是，東西要好。好東西，藏家一定要。除了藏家外，好的拍賣公司也是一個流通變現的途徑。

（聽到這裡，我甚覺得有趣，就再向黃先生追問下去）

──那麼，怎麼才能收藏到好東西呢？

問得好，解決流通變現這個令人裹足不前的障礙後，接下來的問題當然就是：「怎麼才能收藏到好東西呢？」要回答這個問題很花時間，但是我把綠隱書房的經驗歸納成幾句話：殷實的古董商，殷實的拍賣行，可靠的藏家朋友，加上自己的辨偽能力，噢，還有一點，最好還有功力深厚又能對自己說真話、說實話的專家朋友。具備了這幾條件，必能收藏到美品、精品！

以上談了收藏，若把它當作收藏經濟學來看，真是一門有趣的科學！為什麼這樣說呢？正確的收藏，絕不亞於其他複雜的投資活動。因為，它同時能具備了知識性、實用性、社交性、以及流通性！正因為如此，只要社會上更多對收藏知識有影響力的學者專家，自然減少了全民對「收藏」誤解的各種隔閡，縮短了投資學、經濟學與「古董收藏（學）」理論和現實的距離，

一個更健康、更有文化內涵、更能保護財產價值的運動，必會
蓬勃興起。

　　黃先生說到這裡，笑了笑，說了一句：「好像扯遠了……」。
但是，聽到此，連我這個不怎麼懂收藏的人都明白了，正確的收藏，
同時能具備了知識性、實用性、社交性以及流通性！
　　九層之臺起於壘土。與「綠隱書房」接觸過的人都會留下這樣
的印象：
　　首先是他們對傳統文化的熱愛。綠隱書房的主人（黃先生特別
強調說，西華黃氏各個都是主人，各個都有義務守護這批重要的文
化財）必須受到過良好的傳統文化薰陶，正是基於這樣的文化背景，
在他帶領綠隱書房進入收藏領域時，從來都是有確切的收藏計畫，
那就是將文化內涵作為其購藏藝術品的首要標準。
　　黃先生經典的一句話：「如果沒有對文化的追求與素養，將是
脫離文化根基的虛偽和炫耀。」（可見，他們不認同沒文化追求，
土豪式的假藏家。）
　　另外，不同於投機撒錢式追高殺低的收藏慣性，綠隱書房對藝
術品有著執著的求知精神，以及投入資金獨到的邏輯。所以綠隱書
房的求知求解的態度，以及獨特投入資金的邏輯，締造了其可以傳
世的收藏規模。在其逾千件的藏品之中，以中國古玉及青銅器最為
人所稱道。
　　根據我訪談的瞭解，他們的玉器類涵蓋了從新石器時代至明清
時期的一流古玉，難怪英國國立維多利亞阿伯特博物院，會要求與

綠隱書房的古玉藏品在倫敦辦個合展。其中最為珍稀的有：漢高祖
敕封詔命白玉神獸，紅山文化玉鴞、玉玦、玉豬龍、玉蠶、玉馬蹄
形器、勾雲形佩、雙聯璧，查海文化的玉柱形玦、柄形器，良渚文
化的玉琮、玉鉞、玉椎、玉璧，還有個屬於齊家文化的青玉大琮，
這個素面大琮可真是人見人愛。(參考《宮華五十選》第十七選)

▲珍藏青銅器

　　上面提到漢高祖敕封詔命白玉神獸，可是費了好多時間才確定了這件是天下罕見的寶物。

　　首先，經由遼寧省考古研究所長孫守道先生小心地斷代此物為漢代的獸面形白玉。玉器上本有多字的銘文，但是黃先生怕銘文會誤導專家斷代產生了先入為主的概念，特意把銘文的部分給遮住，以致於專家只好從玉器的器形、玉質、包漿等等特徵上進行斷代評鑒。孫教授斷代為漢，之後，為了這塊玉，黃先生又特意從台北飛了一趟到北京，去見了一位完全不認識的專家張茹蘭，她是北京市文物鑒定委員會委員、中國文物學會會員、北京工藝美術協會會員。

　　張茹蘭仔細看了這件銘文被遮住的寶貝，肯定的說是漢代的白玉神獸，這就與遼寧省博物館的專家評鑒得一模一樣，黃先生

▲藏品黃花梨大畫案

這才放下了久懸的心。這時，完全沒有交情的張茹蘭又對黃先生說：「你為了這塊玉，專程從大老遠的台北飛過來，不如我再找幾位專家一起為你的藏品把把關。」她於是又找來了兩位專家，估計都是北京市文物鑒定委員會的委員，一位姓閻，另一位姓薛。他們兩人分別都仔細的看了看這件不凡的玉器，都認定是漢代的白玉，神獸造型。黃先生對我說：為了讓我出境沒有多衍生出來的問題，他們在文物出境許可證上，書寫了「白玉神獸」四個字，故意略掉「漢代」兩個字，然後三人簽了名，蓋上了大印「國家文物出境鑒定北京站」。

黃先生得到這樣的鑒定結果，如撥雲而見日也，趕忙帶著這件稀世珍寶搭當天的班機返回台北。在心裡上，黃先生認為這位張茹蘭真是貴人！可想而知，包括孫守道在內的四位專家寫下的鑒定書，被珍貴的保存著。至於這件漢代神獸的真實身份，便是漢高祖敕封某王的詔命憑證，因為是天下至寶，故很少取出給人看。

回到藏品的介紹。綠隱書房青銅類藏品有鼎、爵、觚、盉、簋、尊、罍、彝、壺、盆等，特別是其中一件西漢銅鈪鏤，與台北故宮博物院藏品的精美以及完整程度非常相似。其他還有銅鏡、戈、鉞、劍，也都十分精美。諸如竹木牙角及各類雜項，紫檀、黃花梨等明清傢俱也在其收藏之列。無疑「綠隱書房」的藏品已經享譽世界上某些領域，除受邀在首都博物館、遼寧省博物館等知名博物館展出以外，部分藏品還曾多次獲邀其他如維多利亞博物院等世界級知名博物館展出。

如今，綠隱書房攜三十餘年的收藏情懷度過了「而立之年」，

相信此後會走的更遠，因為成功而成熟的收藏者從來不會停止腳步。

我這時突然有這麼一個想法：如果能把收藏昇華成為一個屬於全民的經濟知識，那該多好！我便邀請黃先生為我們介紹「永續收藏」！（搬上小板凳，我靜靜聽著。）

永續收藏（Sustainable Art-Collectors Operation）

好，現在讓我們談談永續收藏：永續，當然只是個形容詞，因為沒有什麼是能永續的，我想形容的是 30 年、50 年、100、200 年。經營了 30 年的綠隱書房想提出個「永續收藏」的概念，是來自於不斷的思索、觀摩與改進自身的不足。這種改進，來自於克服同時經營企業，與增進藏品等級所面臨的困難與恐懼，所以像是投資學與管理學謹慎結合的產物。

永續收藏的內涵

永續收藏，與一般所謂的收藏，在心態和本質上不大相同。這兒我試著用較淺顯的說法來解釋他們的不同之處。永續收藏，因為要一代傳一代，它最終會走向私人博物館、美術館的道路，把相當數量的藏品醞釀成豐富的文化遺產，保護好，傳世而不朽！

它與「收藏」有何區別？答案在「隨緣」與「計畫」的不同。聽起來有點模糊，是不是？舉個貼近實際點的例子：

　　某人李淵在古董店裡見了個竹雕筆筒，店家說這是三年前某拍賣行的拍品，一翻圖錄，果然當時的起拍價是十二萬元，老闆說手頭缺錢，八萬元就出讓。結果這人就買回家了。回到家後，藏友們聞訊前來觀賞，一時間廳裡人言籍籍，議論紛紛。有的說撿到了便宜，有的說雕功還缺那麼一口氣，你一言我一語的，說得讓李淵心神不寧，不知道自己是該高興，還是該難過……。三個月後，這筆筒以十萬元隨隨便便就轉給了另一位朋友。

　　類似這樣的事，聽的很多。如此「隨緣」像玩股票似的，我不太認同他是認真的藏家，頂多是玩家，或叫做古玩愛好者。

　　永續收藏的理念與實務就大不相同。

　　永續收藏就得有系統、有目標、有方法，像長期經營一個成功的企業那般來經營收藏。一般常見隨緣式以及追高式「玩古玩」的方法，容易形成收藏經濟無效率病症（Economic Inefficiency in Fine Arts Collection），對有心永續收藏的人並不可取。

　　個人認為永續收藏必須要一個階段、一個階段與時俱進地，擬定好適當的收藏方向和計畫，然後提撥相應的資金，重點是這資金只用在計畫內的收藏活動，就像「專款專用」那樣。這時候，如果突然聽到有「大便宜可占」的古董出讓，即使價格非常迷人，也應該不為所動，因為它不在原來的收藏計畫裡。否則，原定計劃就都會被打亂。年年如此，就一定無法在原定好方向的藏品類別中，逐步充實，進而形成規模。這是我的經驗之談。

　　所謂收藏方向，意思是在有限的資源裡，決定哪些類別的藏品，一期一期逐步的充實成為自己的收藏主流。有的藏家或許有

不同的意見，認為齊頭並進、一氣呵成，更具王者魄力。

　　嗯，當然，我同意，不同的經濟實力，可以有不同的做法。

　　怎麼決定收藏方向呢？那要看什麼藝術品在自己心中，最能有共鳴、最令自己嚮往？比方到了大英博物館，除了中華古玉器外，最讓人震撼的或許是他們許多宏偉的大石雕；若是研究古陶瓷部分，可參看英國維多利亞博物院、美國舊金山亞洲藝術博物館、日本大阪東洋陶瓷美術館、日本出光美術館、京都國立博物館。這就是所謂的「在自己心中，最能有共鳴、最令自己嚮往」的意思。

收藏界裡最受尊敬的幾種人

　　我曾經聽人歸納了一下，收藏界有幾種人最受尊敬：有好眼力的；手裡有好藏品的；是好買家的；專業上說實話的；知識淵博，知人所不知的……。

　　有意的跑題一下，提個真實感受。有一年參加一個北京的玉器研討會，會中，我與北京故宮的玉器專家張廣文坐在一塊，發表心得並回應提問。會後晚宴，我們（包括我集團副總裁黃鑫和投資部協理黃策）與大陸數位專家和藏家在一起吃飯。大冬天裡的北京，酒過三巡，眾人高談闊論，人間快意事，這是少有。

　　藏家們看到專家，紛紛從懷裡、兜裡把貼身的玉器拿出來，一屋裡人輪著上手議論品鑒。（古人常雕刻「松下高士」，約莫就是這般相似的情景）有一藏家拿件玉器交到名家王敬之手裡，

▲黃毓麟敬佩的學者之一：北京故宮張廣文

王看了看微笑，說了幾句什麼我不太記得，然後遞給故宮的張廣文、後又有張友來、鄒運昌幾位專家……大約半個多小時過後，王敬之才對那藏家說：「**你那件不對**」。接著講了講他的看法。其他老師也紛紛微笑點頭，表示贊同，眾藏家也欣然聆聽著。

　　這般和諧的氛圍，有禮儀矜持，也有熱絡近乎，有指導有學習，還能兼具真實又不鄉愿，沒人和稀泥。那一晚浸淫在如此一個充滿收藏特有語言的晚宴裡，心中一直充滿著溫暖的感覺。我體會到一個道理：**同好，是天生的盟友！**這珍貴的一天，在北京寒風凌冽的夜裡，大家依依不捨、臨別握手後卻再又停下來抽根煙、然後才互道珍重。

兩個根本問題——真與善。

回到「永續收藏」的主題，綜合了世界各地考察的結果，我發現要永續經營一個藝術機構，必須要解決兩個根本問題：一是真，二是善。有了此二者，才能有永續的美。

什麼是真？當然指的是真正的古董藝術品，真品，真古董。（暫不把現代藝術品列入討論範疇裡）若是買進了仿品，無論多美，材質多珍貴，亦就是白白浪費了時間和金錢，縱有再多經費，也禁不起這般瞎折騰，美麗的夢想、遠大的理想，終會以失敗告終。

我延伸再多說點，說說 Old Money 階層的啟示：

在西方社會裡，有一種說法叫做 Old Money，它代表老貴族階層，通常這樣的家族都具有百年以上顯赫的基業。我從歐洲一個這樣的 Old Money 家族，發現了個有趣的事。他們積聚了各門各類的珍寶，而且件件好，件件真。就拿古董傢俱來說，有的建了有諾大的倉庫，裡頭的格局像工廠大貨架一樣，從上到下，自左到右，一格放一件藏品，每件一個標示，並把來源、價格、發票、相關傳承的檔案包裝好，置於藏品下方；如此，猶如我們的兵馬俑一樣，一個一個、一排一排，整整齊齊，如林而立，讓人看得驚歎不已！

看到如此，突然明白一個道理：為什麼從我國早在明代同時期起，西方就興起了私人博物館的風潮？我認為就是因為，**這不單只是社會地位的象徵，甚至也意味著這代表著終極財富！要累**

積終極財富的首要條件，一個字，真！真古董，真跡，真珍玩，真，真，真……！

好，回到兩個根本問題的第二個，善。什麼是善？這個部分，綠隱書房本身也還在摸索，不敢匆匆下個定論。既蒙邀請權且探討一下。

善，代表著完善的管理。管理的先決條件，是制度加上資金的綜合體。

辦私人博物館的風潮

我常聽朋友說，哪位哪位富豪託了哪一個或哪兩三個人，四處蒐羅明清傢俱，然後再託人找一兩處古宅子、老四合院，準備成立博物館。創辦人那種源於癡迷、開天闢地的衝動本性，以及開拓者的雄心和彪悍，令人敬佩！整個來說，**辦私人博物館的風氣，絕對是個好事，除了能長久保護文物，也是社會富裕的象徵！**但是我認為，開辦博物館比開辦一個新公司新企業要困難許多。

不同於工業產品，每件藝術品的形成都源於優雅的情緒與心態。所以，民間創辦博物館（或美術館）應該重特質，而不是重數量；它能在未來無論是預算充沛或拮据的情況下，都能維持這個館在相當的水準及素質下運作。一個必然且客觀的事實：我們都逃不掉總體經濟活動興衰波動的命運，一旦經濟衰退到非常嚴重的地步，維持一個博物館往往成為開辦人財政上

沉苛的負擔。

可以創立，更可以屹立！

也就是說，儘管相較於公立的機構，私人博物館或私人美術館在經濟資源上，有眾所周知的缺點，但是開創者在籌備初期，就應該務實地建立一個具備自給自足機能的政策，再配以周密的參謀作業。如若計畫過於鬆弛，導致失敗的可能性就加大。簡單講，開辦私人博物館，很好很偉大，但必須做到：可以創立，更可以屹立！

朋友、黃金、藝術品！

好了，以上是綠隱書房提供給各位藏友參考的經驗之談。盼望這番話能起到拋磚引玉的效果！在經營企業以及國際商場中打滾了大半輩子的我，回顧過往林林總總的成功與失敗。這時若是有人問我，除了家人和健康外，什麼是心中的終極財富，我會毫不考慮的回答：三個，「朋友、黃金、藝術品！」

——西華集團總裁洪明雅談《珍寶失蹤記》

以前聽到博物館失竊事件，例如荷蘭梵古博物館、智利國家歷史博物館、西班牙普拉多博物館、法國楓丹白露博物館、美國

▲西華集團總裁洪明雅

哈佛藝術博物館都曾經有藝術品失竊事件。我幾乎只對失竊的是什麼藝術品關注，從未想到這些遭竊的藝術機構是怎麼樣的著急與心痛。

一直到了 2014 年秋季，我在美國結束了生意上的拜會活動，想起了我集團存放在那裡眾多的藝術珍寶。隨後發生了不可思議的恐怖事件，我才真正瞭解到那些遭竊的博物館是多麼的驚慌失措又痛苦萬狀。

從來不曾想到我集團存放在美國大銀行機構的大批珍寶，竟然能不翼而飛！更明目張膽的是，掏空這批珍寶的不是外來的竊賊，而是銀行本身！若是一般人聽到這裡，恐怕會以為我存放的是個私人小銀行。不是，幹出這樣事情的是一家一百多年前創立，有著悠久歷史的大金融機構 Seventy Seven Bank（為了陳述我們遭遇的痛苦，又不讓這狡猾的大機構找法律的漏洞對我們提出訴訟，我們便宜行事地改動他們的名稱。以下簡稱 77 銀行）！

這裡，我先說說「失蹤」的是哪些寶貝。

遠在 1995 年及 1996 年間，我集團有許多玉器珍稀寶貝曾經在首都博物館、遼寧省博物館公開展出，受到許多關注及好評！（備註，在首博展出的文件因年代久遠，加上公司屢次搬遷都已遍尋不到，特別聲明一下。）之後，由於這些展出品，加上其他的藝術收藏，我們集團開始受到國外的博物館以及藝術機構的關注。其中，世界排名第三的英國維多利亞博物院把我們的古玉器，當作重要邀展的物件；另外還有許多美國的博物館、美術館也紛紛與我們商議展出的計畫。因為這樣的情況，我們就決定將很重

要的一批玉器存放在美國，以方便美加地區，及以歐洲的藝術交流活動。

但是，我現在回想起來，感覺上像掉進了一個精心策劃的陷阱。因為當時我諮詢過許多美國友人，結果其中一位朋友對我說：「既然你的藝術收藏是如此的珍貴，而且數量龐大（當時大約是二百多件），最好不要存放在像紐約、洛杉磯這樣的大城市，我推薦一個又清靜，管理又好，而且有大型保險櫃的銀行給你們。」

於是，我們就把寶物存放在密西根州，一個人煙稀少的小鎮上，最好的銀行裡。

這一存放，除了有時少量藝術品的進出，絕大部分時間，這批曾經在博物館大放異彩的眾多藏品中，有最為珍稀的玉器：漢高祖敕封詔命白玉神獸，紅山文化的玉鴞、玉玦、玉豬龍、玉蠶、玉馬蹄形器、勾雲形佩、雙聯璧，查海文化的玉柱形玦、柄形器，良渚文化的玉鉞、玉椎、玉璧，齊家文化的青玉大琮……等等中華七千年到明清時期的一流古玉，十幾年來就都靜靜的躺在銀行的大保險櫃中。

2014 年的秋天我圓滿的完成了美國各地所有的商業活動，心情很好，便想打個彎到密西根的這個純樸小鎮，去看看這些久違的漂亮寶貝們。

那天，密西根的天氣很奇怪，很冷。我突然出現在銀行，把他們都嚇了一跳。由於我們公司還在這銀行有開設帳號，一直有許多資金往來，所以每次我到訪時，他們的資深副總 Saxon

Lubbers 都還會親切的邀請我到他辦公室喝杯咖啡，聊聊天。可是，這一次我走進銀行，迎來的是人們一陣錯愕後的紛紛走避，我當時覺得奇怪，但又想可能是天氣的關係。

我說我要來開保險櫃，他們一陣支支吾吾後，由助理 Stella Steigenga 領著我到這寧靜而戒備森嚴的區域。我走到我的兩個大保險櫃 500 號和 761 號前，看到 500 號被撬開，挖了個大洞！

我被這個突如其來的景象嚇住了，以為是我看錯了，但明明是 500 號沒錯呀。我轉頭問了問 Stella，這是怎麼一回事？她說她也不知道。我又問這裡面存放的東西呢？她還是搖頭說不清楚，眼睛裡流露出明顯的恐懼。我的腦子一片空白，渾身發抖，大大的睜著眼看著眼前的一切。「啊，寶貝們被偷了！」我心裡大驚，隨後我便昏倒了！

不知過了多久，我聽到身邊有許多人七嘴八舌的，其中有個人說：「我早知道會出事」（這是 Stella Steigenga 的聲音，我認得。）其他的人有的讓她不要多話，有的說要送我去醫院。

我突然想起我另一個保險櫃 761 號！

不知哪兒來的力氣，我從地上迅速爬了起來，衝過去打開 761 號，還好，寶貝們安然的放置在裡頭。然後，我再詢問 500 號裡的寶貝哪兒去了？要求副總經理 Saxon Lubbers 立刻來到這個區域見我！而他們的人卻回答我：「不好意思，他出去開會了⋯⋯」

此刻，我知道完蛋了！許多被遼寧省博物館認定為一級寶物的藏品被偷了，而且，明目張膽的是，掏空這批珍寶的不是外來

的竊賊，而是銀行本身！

我這樣一個亞洲女人，呆在寧靜的美國銀行的回廊裡放聲大哭，哭聲迴盪在大半個銀行裡。周遭的行員包括管理階層都只對我逃避搪塞。我悲痛，是因為瞭解如果這批珍貴文物在我手上丟失，我將是西華集團的罪人，也是歷史的罪人。

我不知道那天我是怎麼離開那銀行的。之後，我打電話給我們的律師朋友 Paul Turner，他說，我一直留在銀行跟他們周旋這個事件，還不如先冷靜下來，把剩下的 761 號保險櫃的寶物，迅速轉移，以免有人「一不做，二不休……」。

聽到這提醒，我立刻驚醒了過來！現在銀行擺明了耍賴，我得快點把 761 號其他 100 多件的珍貴收藏品取出帶走……後面的故事就太長，我就不一一贅述。

接下來的很長時間，我便留在美國，託了有影響力的人士來回奔走，希望得到輿論的力量，多少對這一百多年樹大根深的龐大金融勢力，產生或多或少的影響。

在與龐大金融勢力周旋時，為了能平安追回「失蹤」的珍貴寶貝，我以及律師們採取的不是提告的強硬態度，而是身為中國人一貫的「動之以情，曉之以理」！

在我們不斷地軟磨硬泡下，2014 年耶誕節前夕，他們說「失蹤」的這批「東西」找到了！事實上，我知道銀行在輿論的壓力下，終於肯交還這批被盜的珍寶。

經過了冗長的交涉與煎熬，突然聽到這消息，我又趕回了這個小鎮，再一次踏進了這個令人傷心的銀行。進了副總 Saxon

Lubbers 辦公室裡，懷著忐忑不安的心，等候著接收我的寶貝們。

當我看到他們用一個破舊的紙箱把「東西」拿進辦公室時，我心中一陣透涼！果然，「東西」被他們剝去了原有的包裝及保護，像對待垃圾一樣的把我近百件的寶物從紙箱子取出，我當場看到有寶貝已被擠壓成碎片！

這被擠壓成碎片的不是一般的東西，它是 1996 年 4 月在遼寧省博物館展出過的戰國彩珠琉璃大壁！

或許遼寧博物館的楊仁愷、郭大順、徐秉琨、姜念思、王綿厚和已故的孫守道等大師們，都還記得這難得保存的如此完整的中華古琉璃大壁！（當然，我也相信 1995 年首博館長榮大為，和已故的翰海拍賣公司總經理秦公，當年都應該對這保存十分難得的琉璃壁，留下深刻的印象。）

其他的寶物多是玉器，或許是皇天垂憐，全數都得以幸存下來。

我把這些寶貝一件件小心包好，簽署了必要的文件後，做的第一件事情，便是關閉我西華集團在這惡毒銀行裡所有銀行帳戶！我發誓，永世不再與這種帶給客戶無窮無盡折磨與痛苦的銀行來往！這個暫時化名為 Seventy Seven Bank 的銀行，將永世成為我西華黃氏的仇敵。

帶上失而復得的寶貝們，搭上最晚一個飛離密西根的航班，當飛機起飛的那一刻，我的熱淚不聽使喚的滾滾流了下來！「寶貝們，咱們離開這鬼地方……」（根據這個感受，我們把它創作成為旋律，併入後來慶祝三十週年特製限量版的十首音樂中的

〈Border 國境〉那首鋼琴曲）。

後來，我們要提告這銀行，他們聘了當地最大的律師事務所，給我們發來了律師函。信中清楚的提到，律師們去瞭解為什麼 77 銀行會發生保險櫃被撬開的事件，連律師們也「弄不清楚」！就明白這個幕後是多麼貪婪又肆無忌憚的暗黑勢力了。暗黑勢力的律師 Wesley Norcross 瞭解了全委後，是這麼對我們說的：「we cannot say with certainty what happened here……」

2015 年 2 月 10 日，我們曾寫了信給這個龐大機構的董事長 Warren Isaac，告訴他，他們這樣一個百餘年的機構幹出這樣無恥卑劣的事，還企圖用大律師事務所出來當打手，是件極為不智的行為。希望他能本著銀行家的良知與良能，並顧全其金融機構的名聲，跟我們道歉，並賠償我們的損失。

當然，可想而知，又是「已讀不回」。有 Warren Isaac 這樣的董事長領導，才會有這樣無法無天的銀行機構！

三十週年音樂專輯：《36 顆星》

音樂，秀出藝術收藏之美！我們認為：收藏品，是看得到的藝術；音樂，是聽得見的藝術，把兩者結合起來，讓「美」更加沒有距離。是故，我們花了龐大的心血，製作出綠隱書房三十週年音樂專輯：《36 顆星》

許多人都有這樣的經驗，在繁華的都市節奏中待得太久了，有時候覺得被過多新穎的文明給包圍著，若是能忙裡偷閒的跑到

▲三十週年音樂專輯：《36 顆星》

博物館或美術館去，心靈頓時得到一種寧靜的洗滌。對於拜訪過西華集團的來賓朋友而言，我們恰恰提供了這樣一方私人的天地。這裡美的讓人想賴在任何一個角落裡，懶懶的在上上下下各種古美術之間放空自己，隨便欣賞什麼，都覺得古趣與歡愉，所以常被來自世界各地的朋友形容是個 Wall to wall treasures（有滿屋子珍寶）的地方。

在古往今來的歷史長河裡，春光與希望是常駐的，朋友們圍坐一起，一杯芳醇的咖啡，一段豪邁俊逸的談笑、一時興起的恣意歡唱，很容易讓人忘卻現實生活中這樣那樣的小挫折。從這些經歷中得到了結論，綠隱書房認為：收藏品，是看得到的藝術；音樂，是聽得見的藝術，我們把兩者結合起來，讓「美」更加沒有距離……

於是花費了好長時間，完成了十首原創鋼琴曲，製作出綠隱書房自己的專輯：《36 Stars》，具體表達了這個機構對於文物藝術的收藏、保管、研究和陳列，數十年一貫的堅定與執著，以及纏綿不變的深厚情感。這個音樂專輯把看得到的藝術，融合了率真摯樸的聽覺藝術，雕琢成更加生動華美的篇章，讓人覺得那些古美術是史詩，而不只是孤冷的靜物。專輯 CD 上印有三個不算扎眼的英文字：Treasures, Friends, Music！僅僅這三個單純的字，卻完整代表綠隱書房這一個不是普通書房的藝術機構所蘊意的靈魂：「珍寶，朋友，音樂！」**珍寶就像絢麗的火焰，朋友和音樂就像圍在火焰旁的笑聲，溫厚的傳遞著彼此生活的風姿。**

這十首曲子，分別有：

〈36 STARS〉，36 顆星

經歷了數十年歲月滄滄，跨越了經濟上以及藝術品收藏上的種種障礙，綠隱書房陸續收藏了稀有古玉、青銅器、以及明清時期名貴傢俱，加上了竹木牙角雜項等，到達一定數量精美的藝術品收藏總和，成為了經常供企業集團的來訪貴賓及私人朋友，參觀玩賞的精緻社交活動。其中，綜合了中外許多專家的評述，挑選出最好的 36 件藏品，譜寫出這曲〈36 STARS〉，猶如 36 顆燦爛於天際的星光，恆古的讓人內心靜謐安定！這首曲子，有著遼闊又激動人心的旋律，而且段落強弱明顯有力，所以也成為專輯的名稱。

〈SPRING WOULD NEVER COME〉，春天不會再來

很讓人感到驚奇的是，這首曲子竟是為春秋時期吳王夫差所寫。

話說西元前四七三年十一月丁卯，越國打敗吳國。越王勾踐有意放過吳王夫差，打算將他流放甬東，給他百戶人家，讓他老死在那裡。夫差說：「孤老矣，不能事君王也。吾悔不用子胥之言，自令陷此。」遂自刎死。這是大家比較熟悉的故事。但是，吳王夫差死前，還有一段故事，卻是不太為人知曉。其實，吳王在死前遁逃於越軍的追殺途中，匆匆將吳宮中數百美玉埋在餘杭山某一樹林裡，（其實離他後來遭生擒不遠處）。遭擒獲的夫差到死也沒說出埋寶的地方。料想當時在樹林裡夫差把宮廷中這批心愛的璧、鐲、環、琮等美玉埋藏時，必是徘徊顧盼，悲不敢泣！那一刻的夫差心裡也必然明白，此去，風號雨泣，無論是自己，或者是這些個美玉，都像那不會再來的春天了！

南宋「中興四大詩人」之一的范成大評述夫差說：「……夢見梧桐生後圃，眼看麋鹿上高臺。千齡只有忠臣恨，化作濤江雪浪堆。」吳王先是埋了玉，後又不討饒地自盡而死，也是個英豪之主。

專輯裡特地把這段埋玉又寧死不受辱的歷史波濤，以略帶一種融合拉丁森巴舞曲和美國酷派爵士樂的 Bossa nova 風格，來憑弔夫差在英雄末路上，卻昂然慷慨赴死的霸王本色！

〈BORDER〉，國境

前文所述，近百珍寶，失而復得的情感釋放，在熱淚中譜出

了：〈BORDER〉，國境。

這曲子的旋律，有著搖滾的熱血，與它愁慘的故事有關！追回珍寶的過程太長也太折磨人，但是最終帶上失而復得的珍寶，洪明雅總裁搭上最晚一個飛離密西根的航班……歸鄉的旅途輾轉而遙遠，當飛機即將降落的那一刻，「終於回家了！」她的熱淚禁不住滾滾的流了下來。這段刻骨銘心的記憶，於是被細膩的譜成了專輯中這一首感人的曲子，國境！

〈LAST FAIR〉最後一場展會

接下來介紹這專輯中，甚為悲催的一曲：〈LAST FAIR〉最後一場展會。

這首曲子，深情款款，娓娓道來，充滿了內心獨白的旋律。在銀行裡「被失蹤」的這批珍寶雖然找到了，但是遺憾的是，其中一件已經面目全非！這被擠壓成碎片的可不是一般的藏品，它是曾經於 1996 年春在遼寧省博物館風光展出過的戰國時期彩珠琉璃大璧！是一件在經歷了兩千餘年漫長歲月，很難得仍能保存得如此完整的中華古琉璃大璧！

傷心不已的綠隱書房，為了這珍愛的琉璃古璧，作了這曲〈LAST FAIR〉，紀念它那年春天在遼寧省博物館期間，竟是最後一場展會，也是對世人的訣別！這曲子暗藏著對這琉璃璧無比的思念，透過鋼琴彈奏出滄海桑田的遺憾，像是對老友的悼亡！旋律的周折迴轉，將悽惶深深蔓延，最終讓人熱淚縱橫。

〈AH! LIFE〉，啊！人生

　　為什麼那麼多人喜歡古文物收藏？這個問題就跟問人：「為什麼喜歡讀《三國演義》？」一樣，因為喜歡那裡面一個個鮮活的人物，一篇篇精彩的故事情節。人生，以至於無數的人生，就在這「青山依舊在，幾度夕陽紅」的歷史感慨中過去了。就拿「秋」來說，一年一度秋涼，霜風蕭瑟，秋雨一夕便把綠葉給催老，然後離鄉遠遊的人便不由自主的感到落寞，在枯槁的枝柯裡，看到自己逐漸的衰老。從歷史看一個人，無論他如何英雄無敵、如何招天寵愛，到頭來都只有注定的數十個秋。所以，為什麼那麼多人喜歡收藏古文物？因為，每一件藏品，那裡頭都有無數多的故事、無數多的秋涼、無數多的人生大結局。這曲〈AH! LIFE〉，用乾坤朗朗的意趣，加以抒情搖滾的風格，寫出這種情緻，曲子間奏部份卻又爆發力十足。

〈BROKEN SWORD〉斷劍

　　這首曲子，是西華集團的創辦人黃毓麟為自己寫的，也是寫給兒子們的。

　　黃先生是想這麼留給兒子們的：唐朝李賀的詩，「男兒何不帶吳鉤，收取關山五十州。」宋朝賀鑄的詩，「少年俠氣，交結五都雄。立談中，死生同，一諾千金重。」宋朝辛棄疾的詩，「喚起一天明月，照我滿懷冰雪，浩蕩百川流。鯨飲未吞海，劍氣已橫秋。」這三首詩裡，都有自己從年輕到老的精神寫照，特別到了六十歲，回顧一路憑著本事，猶如仗劍而行，雖然仍舊劍膽文

心，但已是傷痕累累，不如從前金戈鐵馬般無所畏懼，老了，變得易感傷、易懷舊、也易發怒。本身，就已是柄斷了的劍。但願兒子們仍能流淌如此的血脈，仍能金戈鐵馬、無所畏懼，且能活在不感傷、不懷舊、不易發怒的完整、快樂的人生裡。這樣的希望，盡數譜在這首曲子裡。

江湖行三十年，當年離家的少年，如今已快變成了老羅鍋。他的一生投入幾多戰鬥？他的一生是否都那麼英勇？敵人有的披著狼皮，戴著猙獰面具，有的皮笑肉不笑，多麼陰謀詭計，身邊的夥伴，一個一個倒下去。櫛風沐雨，不堪回首。啊！當兒孫們看見那斷劍，能不能知道那戰鬥多麼慘烈。啊！當兒孫們看見那斷劍，會不會知道他仍是個不屈服的英雄？

專輯中其他的曲子還有〈LOVE IS WINE〉、〈TWILIGHT〉、〈LEAVES IN MY MIND〉、〈TIS FOR THEE〉也都十分動聽悅耳，讓人享受著珍寶收藏所閃現璀璨的光華，同時又必須承載著猝然湧現又倏忽消逝的種種歷史情懷與傷感，猶如夢裡的繁花、清冷如雪的月光，成了精魂，成了感動！

前文提過，有位特別喜歡藝術品的瑞士銀行家是這麼評價綠隱書房的：「There are over 100,000 different art galleries available today. 2W simply improved them all.」有點眾裡尋他千百度，驀然回首那人卻在燈火闌珊處的味道。最後，引用綠隱書房好友 Gabrielle Holmberg 的一句話，作為製作這張專輯的總結：Music makes ancient treasures come to our life again. 音樂使得遠古珍寶的美麗，再度進入我們的生活。

第九章
傳承

　　我每天早上來到總部辦公室跟黃先生進行訪談時，進到園區裡遠遠的就能看到三樓外牆上約一個人高，大大的「西華」兩個紅字，黃先生告訴我，那是他父親生前寫下的毛筆字，他將父親的字複印保留下來，從西華集團總部創立至今一直鑲嵌在公司外牆上。

　　談起父親，黃先生說父親不只書法寫的好，鋼筆字寫的更是好看，他記得小時候父親的書桌上永遠都擺著一罐墨水跟一枝鋼筆，有一次他看到父親寫的書信上，每一個字都精美的像是刻印出來的，從那個時候開始，他就愛上了鋼筆，成為了名符其實的鋼筆控。

　　在有了經濟能力之後，他開始收集了各式各樣的精品鋼筆，總共收集了十幾二十枝，其中最特別的是一枝 Michel Perchin 沙皇紀念筆第 0817 號，當年那枝紀念筆全臺灣只有兩枝，台北一枝、高雄一枝，他在天母的大葉高島屋買下了台北唯一的一枝，而那枝鋼筆也一直跟了他二十幾年，直到現在還擺在他的辦公桌前。

　　在訪談過程中，我發現黃先生常常使用不同顏色墨水的鋼筆在文件上做註記，他會依照文件的內容以及重要性，來決定使用哪一枝顏色墨水的鋼筆，從他以前的舊筆記或是記事本中都可以看到，

有些隨筆是用藍色，有些特別的重點是用紅色標示，有些正式的文件或文章則是用藍黑色書寫。在開始收集鋼筆之後，黃先生幾乎不再使用原子筆寫字，他認為筆就是文人的劍，從一個人的字跡、字體則可以透露出性格和涵養，由鋼筆寫出來的字，可以表達一種嚴肅的美感。

關於鋼筆，還有一個小故事。

在他小時候因為父親工作的關係經常搬家，每搬一次家，就必須從一個小學轉到另一個小學，跟班上的同學好不容易變的比較熟悉的時候，又要轉學了，所以幾乎沒有朋友……。活蹦亂跳的年紀，沒有玩伴的嬉戲，孤獨無助的歲月，常常一個人在家裡聽著收音機，也許是巧合，胡美紅、文夏是那時最常聽到比當時更老一代的歌星，在那清貧的年代，唱出的歌聲悠悠動人，慰藉了他無數個孤獨的時光，直到日後，每每聽到這些曲子還是會觸動年少時隱隱的悲涼。

孤獨的童年，除了沉浸在音樂的旋律外，他最常仰望湛藍無垠的天空，似乎想在寬廣的虛空中去發掘探索什麼，渺小的心靈已經在思考天空外的世界了。

小學六年級的最後一學期他轉進了桃園的東門國小，當時同學們對於他這個新來的轉學生是非常疏離陌生的，沒有人主動跟他說話，加上在那個年代小學畢業後必須經過考試才能上初中，所以每個人的升學壓力都很大，除了月考、期末考之外，還不定時的有模擬考試。好幾次他的模擬考試作文，被當成答卷範文，在早自習的廣播中被播放出來，「請六年級各班注意，以下朗誦 X 班同學黃毓麟的作文，各位同學要注意聽。升學考試時，遇到類似的題目，可

以像黃毓麟同學這樣作答,爭取得到高分⋯⋯」班上的同學這才開始注意到有他這個人。

那時候為了提高升學率,學校的班導師會在放學後替同學上補習課。當時他家住在龜山,離學校有段距離,所以他每天都得餓著肚子留在學校,等到上完晚間補習課之後,才趕著晚班公車回家。

有一天,黃先生和往常一樣留在學校準備上晚間的補習課,班導師心神不寧的走進教室,每個人都注意到班導師的神情跟平常不太一樣,他不發一語的站上講台背對著同學們擦著黑板,擦著擦著又突然停下動作,轉過身,對著全班同學說有人偷了他的派克鋼筆,他希望偷了鋼筆的同學,可以把筆還給他,因為那枝鋼筆跟了他一輩子,只要同學把筆交出來,他保證一定不會處罰那位同學。

黃先生回想班導師在說這些話的時候,聲音竟然有些顫抖又帶著一點哀求,而他完全可以理解老師的著急,因為父親桌上的那枝鋼筆,也跟了父親一輩子。

就在班導師說完之後,班上陷入一種奇異的靜默之中,不一會兒,突然有同學開始轉頭看向他,一個、兩個、三個⋯⋯,頓時間,班上二十幾個同學都看向他這個新轉來的學生。

那是他第一次感覺到,原來目光是會灼人的,他想都沒想過這些陌生的同學們會用這樣的眼光來看待他,他僵坐在位子上,抬起頭不眨眼地和講台上的班導師對看著,最後,班導師遲疑了快一分鐘,開口對著全班同學說了一句很關鍵的話:「我相信不是黃毓麟拿的」。

那天晚上下課之後,他背著大書包在站牌下等著公車,旁邊的

同學好像什麼事都沒發生過一般的聚在一起談天笑鬧，他一個人安靜的站一旁，等到上了公車之後，他坐在最後一排位子，在公車開上黑暗的夜路之中，眼淚這才終於忍不住流了下來。回到家之後，他像往常一樣，放好書包，吃了母親留在桌上的飯菜，洗澡寫作業，家裡的人沒發現他在學校發生了什麼事，他也從來沒有提起過。

在東門國小最後的一學期很快就過去了。他得到了畢業生第二高的榮譽：校長獎。這在當時是比較罕見的，一是他只有在這學校讀了一個學期；二是沒有所謂來自校方或家長會等有影響力的「人脈」會積極的推薦他這麼一個轉學生。他自己認為，唯一會把他列在「校長獎」候選名單的人，就是那位掉了派克鋼筆的班導師。

畢業典禮之前，每班都會統計購買畢業紀念冊的人數，而黃先生是班上唯一沒買畢業紀念冊的學生，班導師就把他找去，問他為什麼不買畢業紀念冊？有了畢業紀念冊將來長大了可以回憶班上的同學呀，而黃先生聽完之後，什麼話都沒說，只是笑了笑，班導師看著他沒再勸說下去，應該是明白了他為什麼不買畢業紀念冊的原因吧。

黃先生曾經說過，他的人生有三個求學階段，是他最快樂也最懷念的時光。

第一階段是在台中水湳的大鵬國小，那是個黃俊雄布袋戲《雲州大儒俠》最盛行的年代，他吸引人的不只是在當時貧瘠生活條件下成為大家精神娛樂，更多的是主角儒雅俠義的人格，要成為像史艷文般的儒俠的人物，在他的童年記憶中種下了嚮往的種子……那樣的人格點滴孕育滋長在他小小的靈魂中，一直到投身在人稱

的殺戮商場，他仍不忘期許自己有那樣的精神風範。

第二階段是東門國小畢業之後，他考進了新莊的恆毅中學。在中學的這三年，對於他的思想和人格品性起了關鍵性的作用，他到現在都還會唱恆毅中學的校歌。在那裡，他初一新生遇到了少年時期最好的朋友高三的孫大川。兩人一大一小，個頭一高一低的，竟然有那麼多說不完的話，一時間成為學校的美麗風景線。

他自小因不停的轉學，所以幾乎沒有朋友。到了恆毅，有固定的同學還有特別喜歡他的許多老師，珍貴的友誼與師長的厚愛，讓他度過清貧但十分愉快的三年生活。即使日後已馳騁商場事業有成，還是常常會懷念這一般人覺著沒什麼的歲月。

第三階段則是在美國留學的時候，雖然勤苦克難，知識的殿堂讓自己廣開眼界心胸，恩師的引領教誨，奠定了未來的成功之路。

從求學時期被同學當成偷鋼筆的人，到創業時遭股東好友們的撤資離棄，這些傷痕成為他在前往艱難道路的另一種動力，所以他喜歡做自己，用自己的實力來經營事業，收藏自己喜歡的藝術品，結交自己欣賞的朋友，用自己的方式前進到嚮往的境界。也因為如此，在西華成立之後，他便不再把核心事業與人合股，用全獨資的方式經營管理西華集團，從來不欠錢且也不接受他人的投資。

綜觀他的一生，他現在擁有的一切，是由無數個窘迫和孤獨一點一滴累積而成的，或許就是因為明白社會及商場的險惡，所以他對孩子的要求標準也相當的高，黃先生說過，假如將來他的孩子要承繼西華集團的事業，也要對所有的員工和家庭負責，他們做出每

一個決策，都攸關著每個員工的幸福跟成敗，所以在那之前，他們
必須擁有解決一切困難的決心和毅力。

——對於教育與傳承之間的想法是什麼？

（黃先生的回答很不教條）他說：

以前我在國外進行一宗國際合併合資的案子時，認識了一
位從印度家庭培養出來的會計師，他的名字做 Yahya Yunus。我
是在一場商務會議上注意到這位會計師，記得那天，我和幾位國
外的客戶在會議的空檔交流了一些彼此公司的近況，那是一個很
輕鬆的談話，他在旁邊聽完後居然隨手就把我們幾家公司的財務
報表中最關鍵的情報給寫了出來。憑著我們對話中提到的簡單數
據，和公司大概的情況，再加上國際經濟情勢的判斷，他就能分
析出每家公司現在的財務狀況，以及八九不離十的資產淨值，就
像戴了一副 X 光掃瞄眼鏡一樣。

我當下就知道，這是一個有真本事的人。我得學習如何能擁
有這等功力。

後來相處多了，更是發現他對財務分析的方法及反應，跟一
般的會計師不太一樣，幾乎到了天才的等級，所以我非常的欣賞
他，在國外處理合資案的期間，我們經常一起吃飯，也成為了很
好的朋友。有一次我問他，他這些本事到底是怎麼來的，他是天
生就對數字敏感，還是經過了什麼訓練？他才告訴我，他是如何
在父親的嚴格要求下，成長茁壯為現在的樣子。

他的父親在印度擁有一家中小型的會計師事務所，他在十歲那年，父親就要求他進入事務所打雜，從那個時候開始，他記憶中的父親就再也沒有對他笑過。

他進入事務所之後，從完全不懂，到一點一滴的跟著裡面的會計師們做著同樣的事情，在父親嚴格的要求下，學習著各式各樣的會計事務，這讓他在高中時就可以做出擁有會計師執照同等能力的財務報表，跟會計師審計報告。

他以為自己已經成為父親眼中「合格」的會計師，父親卻告訴他：「你現在學會的只是把一家公司瑣碎的數據，籠統的整理成格式而已，對於數據背後的實際情況，還是一無所知。」

父親告訴他，即使他有能力做出 CPA 報告（有執照的會計師叫 CPA），並不代表他真的明白其中的奧妙，他必須對自己要求更嚴格，訂出更高的標準。在他高中畢業之後，父親就替他申請到外國商學院就讀，並且告訴他：「我把你送到最好的學府，你必須在最短的時間之內，把真正高深的本領和知識學了回來，等你學成了，再回來替我工作。」

噢，好嚴苛呀，對自己的親生兒子！

除了 Yahya Yunus 這樣從印度家庭出生的小孩，黃先生說，許多猶太家族對孩子的教育也是相當的嚴苛，他們會在孩子很小的時候，就要求他們學習很高深的心算能力，所以他們有能力掌握世界上很大部份的財富，並且鞏固家族企業。「這讓我體悟到，在孩子接受教育的成長過程中，身為父母，有的時候你必須讓他

覺得你非常的嚴厲，你不能在他面前透露出一絲憐惜，你甚至不能考慮他喜不喜歡，或許有些殘酷，但唯有這樣才能澆注他們的毅力。」

黃先生認為一個孩子在經歷嚴格的教育和學習之後，才會逐漸明白什麼是真正的價值和資產。黃先生強調，是價值（Value），不是價格（Pricing）；是資產（Assets），不是財產（Property）。

當他明白之後，就會開始學習各種技巧，透過這些技巧一步步的累積他的實力和名聲，進而拓展他的事業，當累積和拓展到了一定的程度之後，接下來最重要的，便是傳承的方法。

黃先生還說，可惜像這樣的傳承觀念，在臺灣普遍的家庭中還停留在比較一般的階段，大部份的父母在小孩完成教育之後，就讓他去摸索發展自己的興味愛好，除了一些家族式的大型企業，一般家庭很少會特別花心思去研究如何鞏固自己的家族。自己有這樣的觀念，除了受到羅斯柴爾德家族的影響，還有與西華集團相當友好的印度 Sabarna Roy Choudhury 家族，以及從閱讀中得悉美國的洛克菲勒家族、日本的住友家族……等等，都是歷史超過百年的家族。

這些百年歷史家族，都有他們自己傳承的方法跟文化，這是西華黃氏所追求的目標，也應該是臺灣許多成功的企業和家庭需要學會重視的東西，才能讓「富不過三代」的這個魔咒，在臺灣徹底消失。

在聽完黃先生對於孩子的教育及傳承的想法之後，我很想知道在未來即將繼承西華整個事業體的黃策和黃治的是怎麼思考關於傳

承這件事，由於黃治還在就學，而黃策在六年前從上海復旦大學畢業後，就進入到公司學習，所以我決定對黃策進行另外一段訪談。

——復旦大學畢業之後，就直接到西華工作了嗎？

並不是的，那年畢業之後，我在家休息了兩週的時間，就去應徵二手車行的銷售員，雖然不是一畢業就直接到西華工作，但我是以「回到西華」為目標，因為父親要求我必須證明，在激烈的社會競爭之中能擁有完全實踐生存的能力，所以我是非常有目的性的尋找我需要的工作。

父親建議我可以從 Cartier 這樣的精品名店開始做起，但我覺得在一個環境良好的商場工作，對當時的我來說會太過悠哉，因為我必須在最短的時間之內，提升自己，而我對車比較了解，就想到去當車行銷售員。

父親說：「成為企業的領導人，不能只是『懂銷售』，還得自己是『精通銷售』的人。因為，這裡面的學問很大，要怎麼判斷面前的是不是客戶？如果是客戶，是怎樣階層的客戶？判斷出是什麼階層的客戶還不夠，得判斷出他的心理需求，以及他在社會中對自己的定位是什麼？這都得在很短的時間內完成分析，才有可能成為一個『精通銷售』的人。」

我記得，那時候我們家附近有一間 Jaguar 的展售中心，鄰居有認識的人在裡面工作，可以介紹我到那裡應徵，但考慮到客層的侷限性，我還是委婉拒絕了，後來決定去一家非常高檔，規模

也很大的二手車行，是因為我希望能接觸到來自四面八方的各個客層，不管是高端客戶、中端客戶，或是普通層級的客戶，都將會是我最好的學習對象。

記得我到二手車行應徵的時候，主管看到我的履歷就愣了一下，他不能理解為什麼一個復旦大學畢業的學生要來他們這裡賣車，我也很坦誠的表示我是來學習銷售。幸運的是，在我被錄取之後，第三天我就賣出了第一輛二手車。

記得那天，一如既往是個炎熱的早晨，就在開完晨會和擦拭過展廳的汽車沒多久，三樓進來了一家三口，夫妻帶著女兒，這家人乍看下平平無奇，我的同仁們都缺乏動力，認為沒戲，所以讓我這位新人上去迎接客戶。

「啊，輪到我了？」我於是迎上前去。雖說乍看下平平無奇，但我感覺這家人整潔乾淨，丈夫斯文、妻子端莊、女兒非常的乖巧。在上前去介紹之後，從對方的談吐中，隱隱約約地感覺到了他們心中似乎有鎖定的車型或者品牌。他們在展廳裡來回看了許久，始終定不下來，好像沒辦法做出明確的選擇。於是我遲疑了一下，大膽的推薦展廳中有一台高配置的奧迪 Q5。我提出了推薦的理由是：品牌價值高、SUV 空間適合一家人出行、配置高不需要擔心有功能上的缺失等等。

一家三口很快移駕到我推薦的車旁，妻子和女兒坐入車內，臉上流露出滿意微笑；但是，最重要的是，丈夫始終駐足車外，看上去神情上似乎有些顧慮……。

這個時候我的直覺告訴我，我其實應該設身處地的，真真實

實地把這輛車的好與壞，都分析一些給這家庭的男主人聽了。於是我開始介紹了這輛車的缺點，比如說這輛車的左前葉子板有刮傷過、正後方雖然被後車低速追尾過，但是很幸運的，沒有傷到鈑金而只是更換了保險桿，我說了一些我認為的缺點。這時，我注意到這位丈夫的表情似乎放鬆了些許。

一般人聽到有過小事故的車時，通常會表現出驚訝或者不滿意的反應，然而他卻表現出了一絲輕鬆感。這樣看來，旁人會因為聽到這樣那樣的事故而直接要求汽車本身的價格必須下調，這男主人卻沒露出這般表情。可見，顯然他明白，這些小事故本來就對於車子本身的安全性和使用性，沒有任何影響。最後我補上了一句話，說因為這些小事故的原因，我想這輛車是能向主管報告，在目前的價格上再優惠一些！

聽完這些，丈夫點了點頭，便上了車。一家三口在裡面興高采烈地交談了好長一段時間，我則站在車旁不遠處等候著。

男主人下車後，便向我詢問了最最可能優惠的成交價格是多少，我去請示了主管，回答了他：「人民幣44萬」。他聽了之後，又回到車上，一家人討論了一陣子。十分鐘後，我們把車開出去試駕。一路上，我可以感覺到這一家人真心的喜歡這輛車，車內洋溢著一種幸福感。此刻我的腦海浮現出父親說過一句話，他說：「把客戶從猶豫不決中說服成交一筆買賣，很難，但是很多人都做的到。可貴之處在於，把客戶從猶豫不決中說服成交一筆買賣，而且事後，他還感到幸福與愉悅，這才是個真正的好買賣！」

我正想著入神，那麼眼前這個洋溢幸福的一家人，應該就是

父親口中說的：「感到幸福與愉悅」吧！他們一家人歡愉著，我微微的陷入思考父親的話中。突然，男主人傾過身，輕輕的對我說：「小黃，我跟你商量一個事兒，這個 44 萬……有兩個 4，是不是有些不吉利……？」

試完車後，帶著客戶來到財務室辦理付款。最終，他付了 43.8 萬，看著客戶付清了全款，我覺得不可思議！全身發熱！這是我人生第一次，經由自己的手，銷售出如此大金額的商品！真的很開心！同時，在那一刻也開始對自己多了些自信與肯定。

可以想見，在老業務們驚訝的眼光中，我懷揣著一顆得意的心回到自己的座位上。不止是同仁，連主管都用訝異的眼神看著我！才進公司三天的菜鳥呀！微笑坐定後，我立刻偷偷地向家人告知「首戰大捷」的喜訊！後來我得知，在這群老鳥當中，有的已經兩個月未開市了。

當時那個車行有個規定，就是每個禮拜一早上都有晨會，在我加入銷售團隊的下一次晨會時，經理還特別表揚我這個剛入行的新人，但沒有人發現，其實緊張的我在剛開始上班的那幾天，凡是接待客戶前，我都必須先偷偷的在一旁調整好呼吸，默記要領，做足了準備才堆滿笑臉上前跟客戶交談，陪同客戶試車，同時還要熟練的介紹每一輛車款的性能。

在二手車行工作的那段時間，我從銷售到交車，從簽屬合約到更換牌照，在這些繁複的流程裡，學著怎麼觀察人，怎麼講話，怎麼選擇語調跟用詞，學著對什麼樣的人說什麼樣適合的話，學著如何跟社會上的人打交道，如何化解跟同事之間的衝突。那段

時期，父親也常常問我一些工作上的細節，有時候問我，客戶是什麼樣的？有時問車子是什麼牌子、哪一款、什麼價錢？問我是怎麼介紹車價、性能等等的細節。有時候問得很細，我幾乎懷疑父親要買個高檔二手車了……。後來，我明白，父親只是想知道我的功力推進到哪兒了，能不能在細小關鍵處仍然精進？

記得第一個月我賣了三台車，當時領到的工資是一千六百多塊人民幣，隨著我的銷售技巧愈來愈純熟，賣出去的車也就愈來愈多，那段時間，我每賣出去一輛車，就回報到家族的通訊群組裡，大家就給我按了個「讚」，知道我又成交了一筆！

就這樣大概過了七、八個月，期間，我賣過的車還有賓士 ML350、淩志 ES240、福斯 Tiguan 等等，大致就是這個等級，沒有成交更高昂的車了。有一天，我父親突然就通知我辭職，準備回西華工作。我知道，社會實踐到一個階段了。

——黃先生是以什麼標準，來判斷你回西華的時間點？

他並沒有告訴我是怎麼判斷這個時間點，也並不是我賣了五十輛車或是一百輛車就得到了進入西華工作的認可或資格，可能是他看到了我的改變，不管是我說話的方式，與人之間的應對，這些在進入社會之後的強迫歷練和學習之下，有些東西很自然而然就會有所改進。

我在剛剛進入西華的職位是總裁特助，但在進公司的時候，完全不知道自己能做什麼，或該做什麼，這跟我在外面賣二手

車的感覺是截然不同的，我沒有固定的資料可以背，沒有辦法
事先預習，也沒有人可以教我，我只能盡可能的摸索，從開一
張發票開始學習，如何找資料、聯繫工廠，熟悉每一件產品零

▲西華集團第二代，黃策

件的製造流程，在我逐漸進入狀況後，才開始負責去接待一些美國的客戶。

當時洪總裁其實不是很擔心我外語能力，因為我從小就喜歡看美國影集，我所有的英文語法、發音都是從影集上學來的，在和客戶進行溝通的時候基本上不會有問題。問題不在外語能力，而是在我進入西華工作之後，光是學習經濟、策略和財務就花了近將五年的時間，才算是勉強熟悉了公司所有的業務。

———對於家族傳承的概念有什麼看法？

我是在小學一、二年級的時候跟著父母一起搬遷到上海，我記得以前芙容國際在台北的辦公室，和西華集團在上海宜山路的辦公室，都是承租商業大樓裡其中的一層，我在就讀小學和初中的時候，每天坐校車上學都會經過宜山路附近的梅特勒-托立多（METTLER TOLEDO）的大樓。

有一天，忘了為什麼，是我父親開車送我上學，我們在經過那棟大樓時，我父親就指著它對我說：「你覺得有一天，我們能做到像他們那樣，蓋那麼大的一棟樓嗎？」當時我聽不懂這句話的意思，也沒太多感觸。

在我上了高中之後一直到大學畢業，因為忙碌於課業，我沒有機會也沒有時間再到西華辦公室，只知道公司從宜山路搬到了另一個地方，直到父親叫我回去西華工作時，那時我才第一次來到現在的總部大樓。

記得那天，我進到總部的園區，看到了西華集團自己的大樓，我想起了小時候父親在車上和我的那段對話，我才明白，他真的實現了他的期望。我從小看著父親從跟別人一起承租辦公室，到現在擁有了一棟自己的總部大樓，我突然感覺到，接下來的歲月裡，會有另一場長遠的戰役是屬於我的，而這裡將是未來我要打仗的地方。

——你跟父親相處，有什麼深刻的感受？

大概在我五、六歲時，處於我父親創業的初期，記憶中他每一天都非常、非常、非常的忙碌。我們的相處時間也是非常壓縮的，所以在我小的時候，我對聲音特別敏感，常常在睡夢中聽到車子發動的聲音就會驚醒過來，因為我知道爸媽要離開家去工作了，我會立刻從床上跳起來跑出房間，要是能趕上他們離開的時間，他們就會開車載著我圍著家裡附近兜一圈，那是我最滿足的時刻，雖然有些無奈。

後來搬遷到了上海，我要重新開始上學，結交新的朋友，學習去面對陌生的孤獨和恐懼，同時我又必須達到父親對我的要求。對他來說，任何事情都沒有完美，只有更好，而更好之後還需要再往上衝刺達到另一個境界，所以一直以來，他對我的教育以及要求非常嚴格，可能很多人對於「嚴格」的定義沒能達到這種規格，但從我父親的角度來看，只是「基本」而已。

這麼多年來，我一直很不能理解為什麼他對我這麼嚴格，我

甚至也在心裡埋怨過，直到我十八歲那一年，我突然懂了。有一天我參加了初中同學的聚會，在那場聚會當中，我發現那些朋友們開始有些搭不上話，雖然我們是同樣的年紀，差不多的環境，但從說話、言行、舉止、談吐、作風、思想，全都不一樣了，我那時候突然明白，不是我把自己變成現在這個樣子，是因為我父親的教育，讓我變的跟別人不一樣，此刻我才開始理解，他對我的嚴格都是有原因有理由的。

也是從那個時候開始，我確信自己要走上繼承家業這條路，之後我學習的每一件事情，都是為了將來的傳承做好準備。

——這一路上，你的目標和夢想是什麼？

我的夢想很明確，就是「家庭」，這個所謂的家庭之中包括了我的父母親，我未來的妻子，我的小孩，我的弟弟和他自己的家庭，我們必須保護、鞏固現在擁有的一切，這就是我繼承家業的目的，然後再圖更好的事業境地。

現在每個禮拜，我和父親會有一段固定的時間，一起聊聊天，我們可能會談經濟、談時事、談公司未來的發展，我從和他的對談之中去學習摸索將來要一肩扛起的東西是什麼，西華集團傳承下來的精神和價值是什麼，我要承擔和面對的困難是什麼，我相信，他可能跟我一樣也在摸索傳承的概念，身為父親的他該怎麼傳，而我又該怎麼承呢？

而現階段對我來說，要完全承接他的成功可能有些困難，但

假如有一天，我有了自己的孩子，我希望可以像我的父親一樣，給孩子很好的環境，很健全的教育，沒有顧慮的生活，永遠有辦法回答他的任何問題，解決他的疑慮，教導他所需要的每一件事，這是除了家業之外，我想從父親身上傳承下來給我自己的孩子，最寶貴、最純粹的東西。

結束和黃策訪談，晚上我跟黃治一起吃了飯，和黃策的穩健不同，黃治是一個非常聰明率真的男孩，愛笑、活潑、思想很跳躍。每次我們吃完飯，他都要再點一份甜點，我問他，他覺得傳承是什麼？他想了想，背起了一段庭訓，很有點「藍田出玉」之風。

> 三十載荏苒冬春謝，年年行役險，窘辱相催逼，諸苦備嘗，冰霜慘烈，記當時只有西窗月，疑寒燈吹滅，策兒治兒慎之，庶乎近焉。

那天之後，黃先生並沒有問過我和黃策的訪談內容，但在幾次談話之中，他有時會透露出對兩個孩子的情感，他曾經說過，他沒有很刻意的去了解他在孩子心裡的樣子，可能對他是尊敬，也可能是敬畏，也可能是討厭，但這些他都不管，他沒有辦法去教孩子如何每天快樂的過日子，因為他必須先讓他們學習承擔事業上的責任以及家族的榮譽，然後才是體驗生活上的快樂和幸福的範疇。

然而，即使再嚴厲，對於孩子的愛，仍然從他以往寫給黃策的兩封書信裡滿溢了出來。一封是寫於 2004 年 11 月 12 號，黃策報考

上海中學的前夕；另一封則是上海中學畢業，正要報考大學前。兩個時期，兩種囑咐。

> 黃策，我親愛的孩子：
>
> 很快，你就要走進十五歲，邁進這青春飛揚的門檻了。十四年前，我由印尼放棄了發大財的機會，趕回臺灣，等你呱呱落地，降生到我們黃家來，我花了四十天來為你取一個我心目中最了不起的名字：黃策。從那一刻起，你給我們添了很少很少的麻煩，反而給我們家帶來了數不清的幸福和歡樂。這五千個日日夜夜中，我的心無時不刻都是緊緊地繫在你的身上。
>
> 和你相比，世界上的其他一切都黯然失色了，我看著剛出生的你，寫了我的第一本書。我在發展事業的過程中，每一次碰到天大的困難，只要想到你，我就產生出莫大的勇氣去面對困難。
>
> 你生活中的每一點點快樂，都讓我們感覺到百倍的欣喜，你的每一點點難過，也都讓我們感到十分的不安。當你取得一點進步的時候，我們比獲得什麼都高興；當你偶然有一點沮喪時，我們又比什麼都著急。
>
> 你的第一次牙牙學語，第一次學會叫爸爸媽媽，第一次晃悠悠的學走路，第一次把小手放在籃球上拍打，第一次背起書包去上學，第一次在小紙條上寫了大大

的「爸爸」兩個字，……都是我人生的大事和永不磨滅的珍貴的記憶。

你小的時候一次生病發疹子，當時你媽媽在美國出差，高燒幾天都不退，我日夜抱你在懷裡，「爸爸，我好痛噢，爸爸，我好痛噢。」你輕聲一直跟我說，我半夜裡心急如焚的抱著你，拿冷毛巾不斷擦拭你的額頭和你燒紅的臉龐。那時去醫院也治不好你的病，那次，有很多大人也都因此病死了。我不停的祈求天神能夠開恩，讓我以自己的身體來取代你承受病痛高燒的折磨，祈求菩薩保佑你平安，幾天後直到你徹底沒事才鬆了一大口氣，因為幾天的辛勞和折磨，我抱著你，兩個人都沉沉的睡去。那種心情直到現在我們還是刻骨銘心，彷彿昨日。

我們想對你說：你是一個很優秀很懂事的孩子，爸爸媽媽都以你為榮。但是我尤其是想讓你知道：雖然我們也希望能經常分享你成功的歡樂，但我們 不是為這個而給你我們的愛的。如果你有時可能會誤會我只是想把你當作我們的私有財產，誤會我們是要你為我們「掙面子」的話，我會比什麼都感到痛心。如果，我沒看出你那麼些總總好的、高貴的、超人一等的天賦，即使你只是一個資質平常的孩子，一個平庸的孩子，我也絕對不會因此少給你哪怕一點點愛。

我是那樣愛你，不僅僅是因為你是我的兒子，是我們

家身上不可分離出的一部分，是菩薩賞賜給我們這個世界最完美的作品。你的身上，流動著我英豪般貴族的血液。你就是我未來生命中的一切期盼，一切理想的實踐，不是為了我，是為了我能看到你豐富多彩的活著，是為了我能看到你有絕對能力去實踐你心中的理想，雖然你現在還不知道你心中的理想是何物。

因為這，我希望也能像你娘一樣無微不至的照顧著你。可是，更希望你能成為英豪般的男子漢，我奉獻給你的只能是堅持不懈、堅強不屈的意志，以及打死不退的精神。可能有時你會覺得不能理解我。所以我還想告訴你，「可憐天下父母心，望子成龍，龍飛九天！」哪怕我的嚴格要求可能暫時會讓你感到不高興，但無論我做什麼，總都是希望為了你好，總都是為了你能夠幸福美滿的度過一生。

我們希望你將來能成為一位全面發展的優秀的人才，在社會上能夠安身立命，能過上多姿多彩的好生活。我從不希望你能夠考上名牌的大學，但必須承認，上大學特別是上一所好的大學是為求取豐富學問必經的道路。為此，我不得不經常心疼的看著你埋頭在書山題海之中，甚至還不得不忍心給你再增加一些要求，再減少一點你本來就少得可憐的自我發揮的時間。我儘量的想提供給你各方面的幫助，但是最終能教給你的，只有自立自強，不折不撓的精神和一些如注意學

習方法、苦幹加巧幹的告誡。剩下的都只能靠你自己
去奮鬥了。

我還要告訴你的是：隨著你年齡的增長，我希望能夠
成為你的好朋友。儘管爸爸媽媽我們總是很不放心，
但我還是願意你自己逐漸自主的做你自己的事情。同
時我們希望能夠平等與你探討各種包括學業和其他你
在成長道路上遇到的種種問題以及解決的方法，像好
朋友一樣開誠佈公。

我們很希望你遇到難題的時候能先告訴我們。我們畢
竟比你多經歷一些，多少可以為你提供一些中肯的意
見。我們絕對不會覺得你幼稚和可笑，絕對不會因為
我們是家長而不尊重你的意見，更不會不尊重你的人
格。我誠摯的希望你不僅僅在學業上能夠百尺竿頭，
更上一步，也希望你在生活中能再減少幾分任性，再
多幾分成熟，更加懂事一些。我多麼希望你會覺得你
的家是一個民主、輕鬆和充滿快樂的地方。

看到你一天一天的成長起來，爸爸媽媽感到欣喜。爸
爸在欣喜之中，又包括一份傷感。因為這也意味著我
們相聚的日子一天一天的在減少。你早晚會擁有自己
獨立的一個世界，而那個世界裡充斥各種無情與險
惡，我要你能夠一一迎刃而解。

我總是在擔心，擔心你將來會有這樣那樣多的煩惱；
我總在祝願，期冀你在未來的日子裡能獲得比爸爸多

的幸福。而我自己，包括你媽媽，都願意看到我們生
命精華能一點一滴的轉移到你的身上，然後自己心滿
意足一天一天的緩緩老去。

將來，你也會有自己的小孩，你也會成為另一個偉大
的父親。到那時候，你就會深深的懂得我這種心情，
深深懂得世間有這樣的一種偉大父親的感情（跟你媽
媽對你的細膩呵護不太一樣）：絕對的寬容又嚴格的
要求，絕對的真摯，絕對的無怨和絕對的美麗——這
就是父母對孩子的愛，這就是我們對你的愛。

無數的夜裡，我一次又一次悄悄地坐在你床前，凝望
著你恬靜的睡容，看著你淘氣的鼻子，緊閉的眼睛和
我們特有的濃濃眉毛，心裡充滿了幸福和溫馨。

永遠愛你的
嚴厲的爸爸
2004-11-12，寫於替你報名上海中學後
爸爸希望你能順利考進上海中學（12 月 26 日考試，
1 月 3 日放榜），能在那兒愉快的受教育、愉快的成
長、愉快的戀愛、愉快的風風光光。成為森林中剛剛
成長的小白獅王—辛巴！

　　前面說過，黃先生寫的第二封是在 2010 年，黃策於上海中學
畢業，黃先生寫給他一封簡短的信：

漢建安十八年，曹操攻打孫權時有感：生子當如孫仲謀！宋代詞人辛棄疾那首著名的〈南鄉子〉又寫下：生子當如孫仲謀。宋詞劉克莊〈沁園春〉裡又提：生子當如孫仲謀。我不羨慕有子當如孫仲謀，我只高興有了個叫黃策的兒子，如今長成，頂天立地，我老黃家十分欣慰！雖說人生終究是不盡長江滾滾流，千古興亡多少事，但是年少就該滿眼看去是灼灼錦繡、澄澄水藍，也不該怕那前路幾番風雨！就記住：世間凡是奇妙的、壯麗的、珍貴的、都藏在那又高又遠又幽峭處，等著你去一一經歷！不必隨人俯仰，無須拾人餘唾，黃策吾兒，你擁有我們家所有所有的祝福！

四年後，黃策復旦大學畢業！
在訪談期間，我可以看的出來，黃先生至今對他兩個孩子的要求還是非常的嚴格，但在嚴格的背後，有一段是他從來沒有說出口的話：

你可以恨我，也可以討厭我，也可以不喜歡我，但有一天，當你靠著這些真正累積出來的本事，去維護、鞏固你自己的幸福的時候，你就會知道我的苦心，你會明白，這就是我對你的愛。

第十章
神的眷顧

　　西華總部的一樓大廳，供奉著一尊明代的鐵鎏金佛祖，之前我聽說過的鎏金佛，大多是銅鎏金，這是我第一次見到鐵鎏金佛，那尊佛的身上以非常細膩的工法，刻畫著祂成佛的故事，總裁洪明雅每天早上到了公司，一定會先在這尊佛面前點上一盤檀香，讓所有的員工們，在清雅的檀香之中，展開一整天的工作。

　　在進入黃先生的個人辦公室前，有一個小前廳，那裡也有一尊高約五十公分，法像非常莊嚴肅穆的鎏金佛，祂的背後是一座清代象徵武將一品的麒麟木雕，木雕旁有一幅很大的書法「八風吹不動」，在之前提過的「八風吹不動」這幾個字，是黃先生在 1999年決定從臺灣前進上海時，給自己的精神目標，這幅毛筆字就掛在他辦公室的前廳，在他每天走進辦公室之前，除了對神佛表達敬意之外，他還會時時提醒自己，不管做什麼事，都要堅定不移，有始有終。

　　在西華總部的各個樓層都可以看見許多收藏的佛像、佛首、書畫，有石刻的，有木雕的，在隨處隨地，都可以感受到他們與神佛之間的親密，每日一柱清香「謝天謝地謝三光」，隨時的提醒及感

▲總裁辦公室供奉的觀音

念神明帶給他們的眷顧及寄託，因為黃先生的在神佛面前的虔誠，也讓西華人身上都帶著一股謙卑敬天的氣質，信仰對於西華集團及黃氏一族來說，除了豐富了精神與心靈之外，也影響著他們的處世之道。

———是什麼樣的機緣開始信佛？

在我的記憶中沒有一個非常明確的時間，決定我的信仰或是宗教，而是很自然而然的就會去親近佛祖、觀音菩薩，會想去看佛經，而且一看就懂，就好像你把一個原本就識水性的人丟到水池裡，很本能的就會游泳了，所以對我來說信仰比較像一種感受，一種跟神佛之間很難言喻的親近感，並不是發生了一件特別的大事，讓我開始崇敬神明。

舉例來說，我們曾經接待一對外國貴賓，那位董事長夫人，一進到總部，看到了我們大廳那尊鐵鎏金佛，突然就在佛像面前跪了下來，非常虔誠的雙手合十參拜，當時我們所有人看了都很訝異，因為外國人嘛，她的信仰文化通常跟東方人不一樣，但她看到那尊佛的時候就特別感動，也說不出什麼原因，就是一種感受，我想大部份有信仰的人，一定能明白我所說的那種心理狀態。

或許是因為神佛對我而言，是非常崇高的一種精神和心靈上的力量，讓你有所依靠，有所保護，所以對於「神」這個字的使用，我非常小心謹慎。近幾年常常聽到什麼事被傳為「神話」，什麼人網路上被稱「男神」、「女神」的年輕人，我都會微微為

此感到不安。「神」，是最高層級信仰的稱謂。

西華齋房

我們西華總部一共有六樓層，每一層樓都有它的名稱，比如一樓是「虛懷」，二樓是「藏奇」，三樓是「拼搏」，四樓是「崛起」，五樓是「觀遠」，最高樓層的六樓則是黃氏闔族自己的齋房。

這裡所謂的「齋房」，並不是一般人觀念裡的那種吃齋唸佛的那種「齋」，主要是齋戒、清淨的意思。六樓有一個中庭花園，在花園的盡頭，就是我們的「齋房」。

這個「齋房」分成了兩個廳，一個是空間比較大的主廳，跟一個側廳。側廳的空間環境很安靜，很適合在有煩心事，或是心浮氣躁的時候，到那裡去把思緒放空，也或許就因為特別安靜，會讓人有一種上頂著天、下立著地，又或者上不著天、下不著地的感覺，所以很適合做冥想。主廳裡則供奉了一尊明代木雕的佛祖，還有一尊清代鎏金千手觀音。

▲一樓的精神：虛懷

▲行政樓（拼搏樓）的精神：得失無意，寵辱不驚

　　這尊千手觀音是立式的，我曾經聽一位法師說，立佛與坐佛的精神差別，坐佛象徵安定身心智慧如如不動，而立佛是有行願的，千處求千處應，四處雲遊體察人心，並有降魔除妖的能力，這個魔可能是外界的魔，也可能是供奉主的心魔，所以我在「齋房」供奉了這尊站立的觀音，除了希望佛力加披，幫助我們清除雜亂的心緒，也能有菩薩的行願精神，時時精進不散墮荒逸。

　　在《孟子‧離婁下》裡，有一句是講天的，孟子曰：「雖有惡人，齋戒沐浴則可以祀上帝。」這裡的齋戒沐浴，除了沐浴更衣，不喝酒、不吃葷食之外，更重要的是整潔身心，清除心靈的不淨。

　　在古代行齋戒禮時，會有一個示警牌子，叫「齋戒牌」。明

朝洪武五年（西元 1372 年），曾令諸衙門製作木質齋戒牌，並在牌上刻文「國有常定，神有鑒焉」，這個制度延續到了清代，更是加將齋戒牌放於衙門或壇所、齋、宮等處。

到了雍正十年的時候（西元 1732），雍正皇帝認為只是將齋戒牌懸於各延處，還不夠達到戒慎恐懼的目的，於是命人重新設計齋戒牌的樣式，並縮小尺寸，要各官員將齋戒牌佩於心胸之間，彼此觀瞻，簡束身心，竭誠致敬。《儒林外史》第三七回：「先一日就請老先生到來祠中齋戒一宿，以便行禮。」說的也是這種戒慎小心的精神。

所以在清代之後，就出現了可以繫於身上的齋戒牌，這樣的齋戒牌我們西華收藏了一些，洪明雅總裁就經常配戴一個象牙質

▲六樓的精神：齋戒吾心

料的齋戒牌會見高雅的人，她非常喜歡那個齋戒牌，常常佩戴在身上，那面齋戒牌上的刻文和雕工是非常工整、平滑的，在觀賞時很自然的心靈就會得到平靜，等到心靈平靜之後，我們再去供養神或是面對工作，就會感到從容安穩，而六樓的齋房，對我們來說，是一個屬於內心齋戒的地方，不論是有特別的煩惱或是特別喜悅的事發生，我們都會去那裡坐一坐，但通常我們不太會一大群人聚在那裡，多半是個人單獨坐在佛和觀音面前，靜靜的跟神佛相處一段時間。

──為什麼會特別收藏佛像？

我們在收藏佛像的方面，並不像收藏其它的古美術品那樣有目標和計劃，也不像其他藏家那樣，會到四處各地去蒐集佛像，很多時候，大部份的佛像自己來找我們，與我們相遇，例如我們跟這尊大千手觀音也有一段奇妙的緣份。

那是二十多年前有一天，我接到了一通電話，是一位朋友的朋友打來的，那位朋友一家人準備要移民到澳洲，他們有一尊鎏金的千手觀音，為了把那尊碩大的千手觀音一起搬到澳洲，他們特別訂了木箱，但在國際搬家公司來裝箱的時候，卻發現木箱的尺寸做得不對了，那尊千手觀音根本放不下。沒辦法，只好快些透過關係尋找有緣人，我當時聽了沒想太多就過去看了，看了之後，也覺得是個緣份，就把那尊觀音給請回來。後來這尊觀音也跟著我們從台北遷到了上海，現在就安置在我們齋戒房裡。

▲隨處沉澱思緒的空間

在齋房除了供奉佛像的主廳之外，側廳也是我們黃氏闔族
非常喜歡的地方，就像前面提的，每當我們需要把心情沉靜下來
的時候，就會到側廳進行冥想放空思緒，所以我在那裡設計了一
張很適合冥想的長椅，坐在長椅上看出去就是綠意盎然的空中花
園，平常天氣好的時候，陽光灑在花園之中，微風吹來的花草香，
特別讓人心曠神怡，即使現實中面對了再多的難題，身處在那樣
的環境之中，也會頓時讓人感到生命是滿足的。

通常六樓的齋房只有我們自己的人會上去坐一坐，平日幾乎
從不開放外賓參觀。一來，那裡不是一個適合高談闊論或是喧鬧
的地方，二來，也不是拿來張顯或炫耀收藏品之所在，而是讓我
們在特別高昂喜悅時沉靜下來，或是在挫折沮喪時找回勇氣的地
方，對我們而言，那是一個很私密的地方，也是我們跟神佛可以
寧靜獨處的空間。

除了六樓齋房，我也常常坐在自己辦公室前廳的鎏金佛面前
或看書、或冥想，我喜歡生活中有這樣的空間，可以隨時跟自己
獨處，將思緒淨空。前文提到過，我自己家裡的庭院有一個叫「雪
壓枝小亭」的亭子，亭中有一獅一象的古石獸。獅子和大象是佛
教的吉祥物，分別是文殊菩薩和普賢菩薩的坐騎。每當假日空閒
時，坐在亭子裡看書，或小酌，或聽風或觀雪，都讓人感覺愜意
解憂，而這一獅一象的古石獸就像守護神一樣，護持著我們一家
人的穩健與智慧，每每坐在亭子裡看書或思考一些事情時，都能
神奇的有所領悟。

神的眷顧

前篇我提過一位好朋友 Robert Armstrong，就是父親在世前，曾緊緊握著他的手，叮囑他一定要結交一位中國朋友的那位大通銀行的副總裁，還記得嗎？後來他為了配合太太的工作，辭去了自己銀行副總裁的職位，從紐約搬到了邁阿密之後，他的太太在 IBM 非常受到重視，擔任很高的職務，反觀自己卻一直處於待業中，原本以為，以他在紐約資歷應該可以很輕鬆的找到一個好工作，卻沒想到正因為他的學經歷太過優秀，讓當地的機構不敢啟用他，反而變成了龍游淺水，一直找不到稱心快意的工作，逐漸地他就變的抑鬱寡歡了起來。

因為他是我非常要好的朋友，在得知他的情況之後，我就找了一個時間想去看看他，聽到我要到邁阿密去找他，他非常的開心，約好了時間要來機場接我。

我坐在飛往邁阿密的航班上，期待著跟好久不見的老朋友相聚，那是一趟跟往常沒什麼差別的飛行，風和日麗，氣流平穩，飛機裡非常的安靜，但我不知道為什麼，總覺得沒什麼胃口，不想吃東西，座艙裡的其他旅客用完餐之後，都準備入睡，但我卻一點睡意也沒有，我想既然睡不著，就打開小燈，讀起我帶在身邊的楞嚴經，整個座艙裡一點聲音都沒有，我讀著楞嚴經，漸漸讓有些浮動的心緒，安定下了來。

在飛機落地之後，我拖著行李一走出機場大廳，發現整個機場亂哄哄的，遠遠的，我看到 Robert 跟他太太相當著急的四處尋

找我，我連忙上前問他們發生了什麼事，才知道，原來當天佛羅里達有狂風警報，還有很大的暴風雨，新聞都在報導，他們趕來機場的時候，機場人員說，因為暴風雨的範圍太大了，無法確定這班飛機會不會準時降落。

他們夫妻一聽就很著急，也聯絡不到我，只能在機場等待，同時也有很多人都在等那班飛機抵達，每個人都很著急，擔心飛機會出事，結果飛機平安的降落。他們見到我的時候，臉上露出驚訝的表情，他們完全想不到這班飛機居然會準時抵達，因為連塔台都沒把握這班飛機能安全降落。他們聽說我整趟飛行完全沒有感覺到風雨，連一點亂流都沒有，更是想不通了，因為明明整個佛羅里達都處於狂風暴雨中，而我卻能準時抵達，如此你一言我一語，好像在討論兩個不同世界發生的情景。

深夜大爆炸

類似這樣的事情發生過很多次，雖然我不想用一種怪力亂神的說法來舉例給讀者聽，但是每一次逢凶化吉之後，都讓我更能感受到神佛的眷顧，以及信仰帶給我神奇的力量。

在 2008 到 2009 年那段時期，亞洲經歷了一場金融風暴，很多人失業，更別說很多中小型企業是成片成片的倒閉，我有個做生意的朋友，幾乎是每兩個月就虧掉一棟房子。大家都在掙扎著，是該縮編、該裁員，還是乾脆宣佈倒閉？那時候的我，同樣也在這場風暴裡匍匐前進著，同樣的掙扎難熬，不知道自己的公司能

否挺得過去。但就在某個星期六早上起床，赫然發現一個如小孩般大小的手掌印，清晰烙印在我床後的牆上，我看著掌印，內心油然生起一股很深的感動，可以感受到，神佛正庇蔭著我，藉著顯現在牆上的無畏掌印告訴我，什麼都不要怕，繼續往前走，一定會有光明的那一天。

至於顯現的是哪一位菩薩的手掌印呢？我們不十分確定，但是經過了內部的研究，幾乎可以肯定是龍樹菩薩或是跟龍宮有關的龍族。在某張唐卡中我曾經看到過這樣的景象，主尊龍樹菩薩的頭上有很多蛇環繞，這些蛇象徵著龍以及龍族。在那張唐卡的下部，有一位上身為人、下身為龍者半露於海水之中，正在敬獻一部經典。這蛇身人就代表龍王或者龍族，長條經典則代表《般若十萬頌》。我們這麼認為是因為，我在家中最高處供奉了一尊蛇身人面的「菩薩」。按照大乘顯教的說法，龍樹菩薩是一位證得初地的菩薩，按照無上密法的說法，龍樹菩薩通過修持「密集金剛法」，已經證得佛陀的果位。七世紀的月稱在《淨明句論》的歸敬偈開端即言：「彼（龍樹）舍二邊依住，得生等覺智慧海；覺解法藏深妙性，複以慈悲言說之。」意思是說，龍樹因慈悲心而深入智慧海，在海底證悟諸法實相，再將此含藏空義的大乘經典攜回岸上世界。

果然，我的公司安然渡過了那場金融風暴，但接下來，卻發生了一件更驚人的事。

2012 年 1 月 5 日凌晨 2 點 30 分左右，大半夜裡我的電話突然響了起來，一聽到電話響，我馬上就醒了過來，還沒接起電話，

我就感覺有大事發生了，打電話來的人是我西華總部園區的保安隊長，我一接聽，他就非常驚恐的告訴我，位在我們這個高科園區隔壁的化學工廠，發生了非常嚴重的爆炸，波及到我們整個園區，要我趕快到現場確認公司的情況。

把電話掛了之後，接著我就打電話給總裁洪明雅，冷靜的把事情跟她說完，我做了簡單的梳洗，特意換上衣服打上領帶，即使是半夜三點，我還是要求自己必須穿戴整齊的出門，以防現場已經有媒體記者做報導，畢竟身為企業的負責人，我代表著西華的形象，絕對不能蓬頭垢面的出現在外人面前，穿戴好之後，我立即開車趕往園區。

一路上，心情當然惶惶不安，因為那個化學工廠幾乎就在我們公司的正左方，中間只隔了很短的距離，從剛才保安隊長的語氣，不難想像情況會有多麼的慘烈。

但現實還遠遠的超過我的預期！

我開車來到園區，現場一片漆黑，空氣中飄散著刺鼻的化學物燃燒的味道，滿地破碎的玻璃，四周圍異常的安靜，不見人聲鼎沸，透過微弱的月光，整個園區看起來就像一座剛被炮彈轟炸過的廢墟。保安隊長就站在園區的入口等待著，他一見到我，就說車子不能再往裡開了，因為地上的碎玻璃太多，怕輪胎會爆氣，我跟他借了手電筒，他問我需不需要陪同，我說不需要，我一個人可以過去，讓他在崗位上處理其他可能突發的情況。

我拿著手電筒，一步步的踩在碎玻璃上，從園區入口走向我公司總部大樓，一路上幾乎都是斷垣殘壁，身首異處的斷肢，有

的高掛在高樓的圍牆上，甚至還可以看到一些破碎的臟器、腸子晾在某些辦公室的窗子上，愈靠近事發現場，損傷的愈是慘重。令人不解的是，趕到園區來的，似乎只有我一人！

終於走到西華總部，我看著隔壁幾棟公司大樓的外層玻璃牆都被爆炸貫穿，只剩下建築物的空殼，我深吸了一口氣，想著待會兒一開門會是怎麼樣可怕殘破的場面，經過一年時間打造的西華大樓，以及珍愛的藏品，會不會都已經灰飛煙滅了呢？

門一打開，映入眼簾的就是我們的一樓大堂，拿著手電筒往裡一照，整個大堂漆黑安靜，所有東西都位在原處，好像什麼事都沒發生過，我有點不敢相信，但也不敢輕忽，於是我一層一層的往上檢查，每層樓的各個角落都確認了一遍，整棟西華大樓就像與外界隔絕了一般，連一粒玻璃渣子都沒有。

確認完所有樓層之後，我回到一樓大堂，在那尊鎏金佛面前撲通的跪了下來，磕首拜謝！除了神佛的眷顧，我想不到任何理由，為何西華大樓可以倖免於如此猛烈的爆炸，沒有半點損傷。

摸著黑來到我自己的辦公室，先打了一通電話給正在趕往公司路上的洪明雅總裁，讓她安心，好好開車不要著急，另外提醒她繞另外一條路來公司，因為原本我們習慣走的那條路上，有一塊人的頭皮落在地上，讓她千萬不要踩到。

掛掉電話之後，我在辦公室持誦大悲咒，超渡那些因爆炸而身亡的化工廠作業員，願蒼天垂憐，幫助那些驚恐無辜的靈魂，一路好走，龍天善神恆常護持。

妙不可言的因緣相會

來說點輕鬆的話題，這是一段以前在台北發生的事。

曾經有一個外國企業家，想在臺灣、新加坡尋求一個合作夥伴，於是他就帶著他的女兒飛來台北拜訪我，我在圓山飯店替他們訂了房，等他們安置好行李之後，就派車載他們一家人來到我們當時位於福爾摩沙大樓的辦公室見面。

那天是我們第一次見面，這位企業家一見到我，眼神中流露一種驚訝，在互相寒暄之後，他就沉默了下來，但睛睛還是一直盯著我看，我們談論到他來訪的目的，談著談著，他突然就流下了眼淚，這把我們在場每個人都嚇壞了，我有點摸不著頭緒，是說了什麼話，惹他傷心了嗎？還是什麼東西讓他觸景傷情？

等情緒稍稍穩定了之後，他就對我說：「你知道嗎，你是我前世的兄弟。」

聽了他講的話，我看了看坐在一旁他的女兒，這個美國女孩對於他父親說的話，沒有表現出任何驚訝，好像一切都很理所當然，這也難怪，其實我一見到他，也感覺到一股說不上來的親切感，但一個外國人，居然相信輪迴之說，這倒讓我們覺得很新鮮，漸漸熟識之後，才知道他其實也是一個修行之人，每天凌晨三點就會起床打坐修行，對於佛法也有自己的一套領悟，不論我們到底是不是前世兄弟，至少這一世，我們一直到現在都還是非常好的朋友，每當給我打電話的時候，他還是稱呼我為「前世的兄弟」。

　　類似這樣的因緣故事，在我身上發生過幾次。

　　有一次我們一家人回臺灣，參加十七世大寶法王法會，因為大寶法王是觀世音菩薩的轉世，和我們之間莫明就有一種更加親近的感覺。記得那天，我們到達會場時，現場已經湧進了上萬信眾，就在我們苦尋不到座位的時候，突然眼前有一排人起身離開，空下來的位子，剛好就是我們一家人的人數。我們坐下後，才發現那排位子就在大寶法王入場的通道旁，是非常好的位子。在連續兩天的法會當中，大寶法王都是從我們身邊經過，走到台上講經。

　　法會的中間會有幾段中場休息的時間，這時大寶法王的金剛上師嘉城便來到信眾面前，很多人都搶著要跟他拍照，當時我就坐在通道旁邊，因為不好湊熱鬧，所以就留在位子上讀經，突然那位上師來到跟前，很慈祥的看著我，對我說：「Don't you want to take a picture with me？」我抬頭看著他隔著通道站在中間，四周圍又有好多人簇擁著，我實在不知道該怎麼穿過去，只好禮貌婉拒了他的邀請。

　　神奇的是，到了隔天第二場法會的休息時間，金剛上師嘉城又來到我面前，對我說：「Don't you want to take a picture with me, still？」這一次，趁著信眾還沒湧上，我就趕緊穿過通道，開心的上前跟他合照。

　　到了法會要結束的時候，我們雙手合十看著大寶法王在隨眾的簇擁下往後台離去，上萬的信眾人也依序離開會場，我們站在原地，想等待著人潮散去之後，去一趟洗手間再離開。就在我們

前往洗手間的時候，突然走道一下子被淨空，只剩下我們一家人站在走道裡，還沒搞清楚是什麼情況的時候，一抬頭，大寶法王就出現在我們面前不遠處，他身後跟著一整列的喇嘛、弟子隨眾，一行人浩浩蕩蕩的朝我們走來，我們一見這個情況，連忙靠著牆往邊上站去，空出走道來。

我看著大寶法王，一邊走來一邊吃著手上的東西，想必是餓了。就在他即將通過時，突然之間，他在我面前停了下來，他一停，後面一整列的人也跟著全部停了下來，現場彷彿定格在那兒，所有人都看著大寶法王，而大寶法王卻半轉過身子來看著我。看了一會兒之後，他對我笑了笑，又繼續往前走。

因為長年信奉觀音之故，所以當大寶法王和我四目相接時，時間雖然很短，但卻非常震撼，那是一股似曾相識的感動。法王微微一笑，我猶如親見了觀音！

與妙天禪師的餐會

1996 年 5 月 17 日，妙天禪師約我正午十二點一起吃飯。我記得妙天禪師安排了一個高級又寧靜的餐廳，好像在松江路上，名字我就想不起來了，似乎叫紅鶴或是相近的，非常高級的規格，就像在敦化北路拐角、民生東路上的 Banker's Club，那種只有會員才能進入的場地。

那天餐會他帶上一個人隨行，我記得那人叫楊松亮，好像是他很信賴的弟子，但是因為我專注在妙天禪師的身上，所以沒怎

麼注意他弟子太多。

我們見面之後，先是簡單的寒暄，一邊點餐，一邊輕鬆的聊著臺灣社會的現況，很快的我們就聊到了正題。若是我沒有記錯的話，說到正題後，妙天禪師想要知道，國際間那種大型非盈利組織是如何跨國管理的。或者，歐美那種非營利的宗教組織又是如何運作的。

我記得我說有關非盈利組織的管理或財務運行，我沒有這方面的知識與經驗，但是跨國企業方面我倒是略通一二。禪師表示他也很有興趣，想聽聽看。

這時候，我感到有些驚訝。他這位宗教團體的主持，竟然能把眼光放到國際間，實在不簡單。

「請把你知道的，重要的，要特別注意的，都告訴我吧……」禪師這麼對我說道。

花了些時間，我把跨國企業集團式的大概架構，跟禪師介紹了一下，也大致說了歐洲與美洲的或許有些什麼差別，然後不知不覺地，我們的話題談到了關於併購上面。

我們一邊用餐，一邊談論這方面的事，要是記得沒錯的話，我跟禪師說，不同於臺灣或是日本，在歐洲許多在二次大戰後建立的私人企業，願意出售給適合的人接手經營，聽完我的話，禪師面帶微笑的問我：「如果是在歐洲，應該將主要的目標放在哪裡呢？」

這個問題，問的精妙。

「德國。」我回答。原因是德國無論以何種方向來看，都是

歐盟中的核心，所以我不假思索的回答了。

「因為負責管理歐盟國家之間的工作，以及相關的法規，是由一個叫歐盟委員會的在管理，也就是所謂的 European Commission……這是因為歐盟會員國之間，對於企業跨境併購有許多不同的看法和顧慮，其中，尤其是德國和荷蘭表達出最多的議論……」

我說到這裡，潛意識的提醒自己，儘量不要說得太艱澀。可是，我發覺妙天禪師顯得興趣昂然，所以我逐漸地變得沒什麼忌憚，暢談我個人的淺見。

還記得說到買商譽也要付錢，也列入會計帳上，而且攤提的規定也不一致。比如瑞典、義大利可以長達十年；德國、義大利、法國則要求必須在五年內攤提完畢……。

「哦？有很大的不同嗎？」禪師問道。

我解釋了這會在財務報表中，體現不同的資產價值。我接著說：「所以我說一樣的東西，在美國、加拿大可以放在四十年內攤提……澳大利亞可以二十年。」

禪師越聽越入神，不知什麼時候開始，坐在他右手邊的弟子開始流起鼻血，而且這一流還停不下來。

我看著他鼻血不斷的流，服務生見到這般情況也連忙送來毛巾，一旁的禪師對於弟子不斷的流鼻血，似乎只看了他一眼之後，就繼續我們的話題，而那位弟子的鼻血，在我們結束之前都沒有停下來。我看著服務生先是送了一條毛巾進來，發現根本不夠用，接著又送來了一盤毛巾，整盤的毛巾從白色染成了血紅色之後，

又送了出去，就這樣白色的毛巾進來，紅色的毛巾出去，來回幾趟，那名弟子的鼻血還是沒真正停下，我看他血流到臉色蒼白，真怕會昏了過去。

回到我和禪師的話題上，我又講到單單一個德國，公司的形態有許多區分，這從公司名稱的結尾大致可以看出。比如股份有限公司的結尾常是 AG（Aktiengesellschaft）、有限責任公司的結尾是 GmbH（Gesellschaft mit beschrankter Haftung）、合夥企業的 Offene Handelsgesellschaft.....

聽完這些之後，禪師接著說道：「真是有趣呀，各式各樣的併購都有嗎？」「有的，我舉例給您聽。」我便舉些禪師能熟悉的例子。

＊ 德國最大的航空公司 Lufthansa 買下租車公司 Avis；

＊ 雀巢公司買下 Wilhelm Stubbe 飲料公司；

＊ 戴姆勒（也就是賓士汽車）分別買下了渦輪機公司 MTU、研究太空飛行公司 Dornier、電器公司 AEG……

午後的臺北，晴朗又美麗，愉快的交談，不知不覺地已近四點鐘了。妙天禪師的深色大轎車等在俱樂部正門口。

「要我送你一程嗎，黃先生？」

「不了，不了。」我雙手合十，目送禪師上了車。禪師轉頭向我笑了笑，在離開前，我說了一句「十方來的，十方去。禪師再見！」禪師精整衣裝，折腰微笑，揮了揮手。

後來我跟一位頗懂修行的朋友談起禪師的弟子流鼻血這段故事，那朋友很嚴肅的說，妙天禪師是有「神通力」的。也許是對話的內容，讓禪師開啟了他思想的飛翔，不知不覺地，氣場上下變化得劇烈，弟子的身體受到氣場的衝擊，血就流了出來。

「那，為什麼流個不停呢？」朋友回答我：「大概禪師那時候因為思緒飛揚，強大的氣場一直籠罩著那個地方……」我不懂這個，但對於宗教團體的主持人跟我對話的這一個下午，覺得饒富趣味，互有薰陶。

我們是「有琮氏」

我們西華黃氏除了虔誠供奉觀世音菩薩和佛祖之外，還很謹慎的尊敬、收藏、供養良渚的玉琮，因為那是五千年前，良渚人跟神溝通的唯一媒介，大部分藏家都視玉琮為古美術品，而我們西華黃氏則是將上古玉琮，視為和神佛一樣具有無比崇高的地位。

佛祖的起源大約於西元前第一個千年的中期，而現在已申請世界文化遺產成功的良渚文化，則在 5000 到 4000 年前（這部份在後續第十三章之中，有更詳細說明和記載）。經過我們這些年的研究，我認為良渚文化是中國歷史上立國最久，而且是擁有高度發展文明的一個國家，他們立國的跨度大約在 1200 到 1300 年之久，良渚人始終崇拜單一個神，而玉琮則是他們跟神溝通的唯一媒介。我們認為當時的良渚人除了崇拜太陽神以外，還崇拜鳥，

或許他們認為鳥可以承載著人類的願望飛向太陽，所以將鳥視為人類與太陽神之間的載體。

於是，我們將這個以良渚文明稱呼的國度，稱為「太陽神鳥國」。

所以我們除了信奉長年庇護我們的神佛之外，我們也收藏、崇敬、研究、保護，更早於釋迦牟尼佛的上古玉琮，讓信仰的力量，與藏品共存，所以我才會說，五千多年前遠古有個「有巢氏」，我們西華黃氏則是現代的「有琮氏」。

回到信仰，我一直相信，人要成功除了要有機會和運勢之外，還要有足夠的專業知識和資本，以及要好的益友，再加上種種的努力和毅力，成功只是早晚的問題。但在成功之後，就要開始思考如何傳承，以延續成功的果實。但是自始至終，都需要神的眷顧。

這並不是迷信，是信仰能夠帶給你勇氣，淨化你的心靈，讓你做出正確的判斷，以及提升你的修為，假如一個人能夠擁有虔誠的信仰，我相信，他一定能在其中找到屬於自己內心深處的，那份本來就具足的力量。

這力量，讓人生的坎坷，讓風霜的無情，讓忽然得到的名韁利鎖，都困縛不住自己那顆追求真善美的心。信仰，是力量。

第十一章————————
生死一戰，啟動飛狼

英雄一生，只死一次

當歲月靜好，歌舞昇平時，人們不會警覺危險正一步步逼近。可怕的是，當你警覺到時，恐怕已經無力回天了！

熟悉西方歷史的人都知道凱撒大帝（Gaius Julius Caesar）。西元前 44 年凱撒大帝被殺，羅馬走向滅亡。（同時期是我漢朝元帝初元五年，那年匈奴郅支單于殺漢使谷吉等，西走康居，並借兵擊烏孫，深入谷城，劫掠百姓而去。）

西元前 44 年 3 月 15 日，這一天是個歡慶的大節日，羅馬百姓都外出慶祝，全城洋溢著一片歡愉的氣氛，也就是我說的「歲月靜好，歌舞昇平」時。

陰謀刺殺大帝的人們把武器藏在公文箱裡，計劃在凱撒到元老院開會時趁機行刺，但那天凱撒突然因身體不適，表示不想出席會議並且發表演說（老天總是慈悲的給人們一個活命的機會）。大家商量了一會兒，推派凱撒最為信賴的朋友布魯圖斯去遊說凱撒。在平時表現得忠貞不二的好友布魯圖斯的勸說下，凱撒勉為

其難地同意前往元老院做演講。(請留意「忠貞不二」四個字)

這時，有一位教凱撒希臘語的老師阿特米多拉斯，在眾人簇擁著凱撒動身的情況下，曾偷偷地遞給凱撒一張字條，想要提醒他必須提防有人要謀害他（老天總是慈悲的給人們，最後一次活命的機會）。

但令人長歎的是，凱撒以為這只是張普通的陳情字條，故而沒有閱讀其中的內容。到了元老院，凱撒才剛剛入座，團團圍住的人便拔出刀斧，一擁而上。片刻不到，凱撒就已經身中二十三刀，倒在血泊中斷氣身亡。

根據史學家尤特羅匹斯（Eutropius）的說法，當時有六十多人參與這場謀殺，其中最為關鍵的是凱撒大帝的好友馬可斯‧布魯圖斯（Marcus Junius Brutus Caepio）也參與了刺殺大帝的行動。所以，當凱撒看到布魯圖斯也手持利刃撲向他時，便放棄了抵抗，臨死前，對著他最為信賴的布魯圖斯驚呼出生命結束前最為悲涼的一句話：「我的孩子，你也在內嗎？」

凱撒的悲劇在莎士比亞第二幕第二場演繹得更有氣概，就像楚霸王項羽在烏江邊面對死亡時一樣，毫不畏懼！凱撒說：

Cowards die many times before their deaths;

The valiant never taste of death but once.

Of all the wonders that I yet have heard.

It seems to me most strange that men should fear;

Seeing that death, a necessary end,

Will come when it will come.

儒夫在未死以前，就已經死過好多次；

英雄一生，只死一次。

在我所聽到過的一切怪事之中，

人們貪生怕死，才是件最奇怪的事情。

因為死亡本來就是每個人逃不掉的結局，

它該來的時候，總會來的。

　　這是莎翁名劇對這個歷史悲劇的演繹，偉大的英雄問了最後一句話就倒下，就像自刎於烏江邊的楚霸王，同樣是多麼令人感到惋惜不已。面對大勢已去的項羽被漢軍圍困垓下，兵少糧盡，四面楚歌，英雄走到了末路，看著虞姬，項羽在帳中作出了最後的悲歌：「力拔山兮氣蓋世，時不利兮騅不逝，騅不逝兮可奈何，虞兮虞兮奈若何？」故事與凱撒同樣悲壯淒涼。

　　唉，有鑑於此我們應當記得：**不是所有的溫馨微笑與熾熱的掌聲都是鼓勵，有時是為了佈置一個讓你一刀斃命的死局。**更加白話的說，坑害你的往往是你最熟悉的朋友。

　　我因為「歲月靜好，歌舞昇平」，竟然忘了這個道理。2011年10月，我西華集團的事業，遭受到前所未有的危機，幾乎就要面臨覆滅的命運。故事橫跨十九年，且聽我慢慢說來。

飛狼升空，所向無敵

不知道還有多少人記得有一部電視影集，叫做《飛狼》？《飛狼》（Airwolf）是 1980 年代在美國製作播出的電視影集。一直到了 1985 年才在臺灣播出。我記得好像是在 1985 年元旦前後開始看到這部影集《飛狼》。

對我，它可不是僅僅一部電視影集那麼簡單。因為它，影響了我的思維，也因為它，我在 2011 年底的那三個月，領導著整個西華集團，與實力強大的惡魔展開了近百日的殊死決戰，最終，保住了我的江山。

我先從影集《飛狼》說起。

當年一開始看到它時，大場景是看到在雪山裡夢幻湖畔小木屋，那個帶著悲戚眼神的男主角，面對著湖水拉著大提琴，低沉的琴聲，伴隨著天空孤獨飛翔的老鷹。這畫面打動了我，不，更確切的說，我是被《飛狼》男主角悲戚的眼神所吸引。

男主角霍克（Stringfellow Hawke）是個看起來歷經滄桑的人，但實際上他卻是身懷絕技的戰鬥機飛行員。霍克小時候父母因船難過世，在軍中服役時女友車禍身亡，後來哥哥在東亞某國失蹤，所以他的狀態很孤獨，彷彿世間只剩下一位像叔叔年紀一般大的朋友沈大佬（Dominic Santini），還有藏在內華達沙漠「天神谷」（Valley of the Gods）中連美國中情局都找不到的武裝直昇機，《飛狼》。

黑色的《飛狼》擁有渦輪發動機與進氣口、隱藏在機身兩

側輪艙前方的鏈炮（Chain Gun）、機腹還有可以收縮的全向火箭發射器（ADF Pod）配備先進武器包括空對空的 AIM-9 響尾蛇飛彈、空對地的地獄火與 AGM-65 小牛飛彈等，飛狼那光滑的機腹可是潛藏著危險，機體下方眾多的隱藏式閘門底下，有著飛彈、鏈砲、與加農砲隨時等著兇猛地向敵人開火。換句話說，外表如黑夜般神秘的飛狼，幾乎可說是一座空中移動軍火庫：包含裝載 2 挺 30 釐米加農砲；4 挺可以每秒發射 40 發 50 口徑白朗寧機槍彈的機砲；2 發 AGM-12 犢牛犬飛彈；12 發響尾蛇飛彈；4 發空對空 AIM-95 Agile 飛彈；還有 AGM-45 百舌鳥反輻射飛彈；FIM-43 紅眼防空飛彈；AGM-65 小牛飛彈；AGM-114 地獄火飛彈等等……

更棒的是，它具有高超「潛航」（靜音飛行）能力，可以無聲無息地接近敵人的心臟，予以致命的摧毀！

尤其讓人難忘的就是每當 Stringfellow Hawke 進入機艙，戴上頭盔，啟動飛狼時，便會響起充滿動感的音樂「飛狼出動！」（Gold Rush Studio Orchestra 管弦樂團的傑作），搭配著飛狼螺旋槳的轉動加速，升空，飛向敵人的巢穴，生死對決，給予火炮四射的招待，無論對手是誰都「沒在怕的！」每每我聽著這飛狼出動的音樂，會讓人直接連結到直升機引擎發動時旋翼的聲音，就叫人整個熱血沸騰，情緒激動，幾十年改不掉！

觀看飛狼影集時，我還沒有出國留學。但是我幻想著，如果有一天我若能領導一個公司，一定要像飛狼一樣，在商戰中潛藏一支能征慣戰，行事低調但是紀律嚴密的部隊，一旦出動，

便摧枯拉朽，所向無敵！

植樹節，植下了一顆魔樹

故事從還在臺灣的時期說起。1992 年 1 月 30 日，眼看著要過農曆年了，我接受了一個投資性雜誌的專訪。過了年不久，也就是 1992 年 3 月 12 日（植樹節）那天，以芙蓉國際顧問總經理的名義，我的一篇文章〈從國際合資策略剖析台翔麥道案〉在工商時報第 23 版以大版面刊出。

有意思的是當天下午，來了個外國公司的 CEO，叫 John Pengilley。他說他們是義大利公司 Rainier Baxter（皆為化名，藍尼巴斯特公司，以下我們就稱之為 Rainier Baxter 公司吧），正在拓展他公司在美國地區的生意。希望我們協助他們，成為遠東地區的供應商總代理。那天，台北初春，農曆才二月初九，天氣還挺寒冷，有感於這個老外剛過完中國年就往臺灣跑的這份熱忱，就由當時我們西華公司的總經理洪明雅去瞭解他的詳細計畫。

（備註說明一下，洪明雅當時是芙蓉國際的董事，芙蓉顧問後來成為資本額一千五百萬的中大型顧問公司，於此同時我們另外成立的西華公司是經營國際貿易的小型公司。營運上，名聲上，芙蓉國際顧問才是焦點。）

洪總經理跟這位義大利人 John Pengilley 談了很久，覺得這個人很誠懇，也沒有讓人覺得不妥之處，就來向我說明他們的會

談結果。我聽了聽,說聲好啊,以後這個客戶就交給你負責了。也許那天我的心情也不錯,起身去歡迎這位新朋友,我對他說,今天是中國人的植樹節,我們今天認識,就像是在臺灣這片土地埋下了一顆小樹苗,將來必定長成大樹。

老外一聽,連忙握著我的手說:「Indeed,indeed!」我看他塊頭很大,「要不然,我們以後不叫你 Mr. Pengilley 了,都叫你 Big John(大約翰)吧!」大約翰高興的說:「Lovely!」

從當天起,我們便跟這個大約翰一直有商業上的往來。

之後,我當然繼續忙碌著我芙蓉國際顧問的業務,而且當時臺灣的氛圍就是摸索著朝向國際化的路程。1992 年 4 月 17 日,我的一篇〈海外投資停看聽〉在工商時報第 21 版刊出。兩天後,我的另一篇〈成功的市場經濟實驗室〉在工商時報第 18 版刊出。現在回想起來,那時,已經有一些企業開始把觸角伸向中國大陸了。

從 1993 年開始,Rainier Baxter 公司的大約翰也頻頻跟我們討論,將生產供應鏈從臺灣移往中國大陸南方的可能性。可是我們當時業務十分繁忙,也沒有太多時間去關注大約翰的看法,所以跟他之間的生意,還都是以臺灣為主體供應給 Rainier Baxter 公司在美國的客戶。

前面提到,Rainier Baxter 是一家義大利公司,但是他們很積極的進軍美國市場。其實,他們當時的想法很簡單,就是在遠東找個夥伴,利用遠東地區強大的生產供應能力,幫助他們奪取美國市場。這時,所謂的「遠東」,其實指的是臺灣,至於中國大

陸部分，他們當時還沒有能力顧及。

　　1993 年 5 月 2 號下午三點，我來到了台北中山北路三段 62 號這個地方，接受台北電臺的訪問。訪問內容我記不起來了，想必是有關國際上投資、購併、策略聯盟相關的領域吧。值得一提的是，主持人是周慧婷小姐。

　　我對周慧婷的印象很好。這位小姐是美國德州大學奧斯丁分校廣電研究所畢業的高材生，對人十分友好親切，我記得我們會面好多次，比如說同年 7 月 13 日，也在台北電台遇過等等。後來她先後擔任中國電視公司、超級電視台及三立新聞台的主播，最後，我聽說她成為國民黨秘書長金溥聰的妻子，心裡也為她感到高興。

　　由於主導的 G3 法拉利策略聯盟案在臺灣博得了好名聲，企業管理顧問協會的秘書長準備提名我角逐「中華民國最傑出顧問」的榮譽，1993 年 8 月 12 日當天晚上，由企業管理顧問協會的秘書長做東，台育顧問總經理作陪，在台北西華飯店一樓，邊吃飯邊討論此事。當時，台育顧問的總經理已經不是邱創盛了，我記得他那天晚上還得趕到台中，所以提前離開晚餐會了。至於一頓飯後，為什麼我決定退出角逐「中華民國最傑出顧問」的榮譽呢？內容有點暗黑，我只能告訴我的兒子了。

　　由於義大利 Rainier Baxter 公司的大約翰不停地要我們對大陸

進行瞭解,幾天後,也就是 8 月 6 日,我去了一趟山東,開始考察中國大陸的發展潛力,尤其是接近韓國與俄羅斯的北方大陸。1993 年 8 月 21 日,我到訪山東的事,竟然在山東地區的電視台中有新聞播出。這件事讓我覺得詫異。

還有一件有趣的事,就是那年(1993)年底的 12 月 27 日,我跟當時仍是中時晚報的記者,也就是現在鼎鼎大名的劉寶傑有約,他留了許多聯繫方法給我,比如說 Beeper 號是 070162396,還留了電話、傳真,以及萬一他沒能及時回覆,我可以留話給一位琴富先生。這麼多年過去了,我始終想不起來我為什沒有去與劉寶傑會面?以我一生好結交豪傑的個性來看,這確實是個我想不起來的謎。

1994 年 4 月 10 日,東海大學由陳麗美女士及許恩德先生出面,邀請我去作一場名為「國際企業的經營實例」專題演講,這個演講分上下兩場,總共六個小時。中場是他們準備的午宴,有企管系所多位教授參加,我不記得是誰,把幾瓶珍藏多年的好酒給拿出來分享了,中飯一過,我已醉了,搖搖晃晃的強打起精神進行下半場演講。沒料到卻越講越高興,聽講的人群提問也多,後來怎麼結尾的,已不復記憶,但是全體起立熱烈鼓掌卻讓我受寵若驚,許多人依依不捨地送我到停車場,看著剛剛酒醒的我開著心愛的白色賓士,從東海大學那美麗無比的校園消失。這是我一生中,唯一一次喝醉了的演講,想想就又醉了!

同年 6 月 15 日,筆記本上記錄了我到中華航空公司去演講,但是,演講的主題我卻沒記錄清楚,可以想見當時我已經處於非

常忙碌的狀態。不過，在此之前，長榮航空的聶國維先生曾經於
5 月 3 日下午兩點多打了個電話給我，邀請我於 5 月 5 日去參觀
長榮航空的機務本部。我對於聶國維為人的幹練及優雅的談吐留
下了很深的印象。

　　1994 年 7 月 6 日，應 Rainier Baxter 公司之邀，西華總經理
洪明雅飛赴美國參加他們公司舉辦的會議。會議中，與 Rainier
Baxter 一位最重要的美國客戶見面，這客戶是美國大連鎖百貨業
的巨頭，大家一起討論開發更有利潤的專案。當大約翰向他的美
國客戶介紹洪明雅時，說的是：「她的名字叫做 Kate，她是我們
Rainier Baxter 在遠東地區的代表，我們 Rainier Baxter 在臺灣投
資了一個公司，叫做西華，Kate 是我們聘任的總經理……」

　　這分明是明目張膽的謊言！可是洪明雅畢竟是「溫良恭儉
讓」時代所培養出來的人，沒有當場拆穿 Big John ！

　　根據洪總的回憶，她在這個會議一結束時，就對大約翰說了
這段話：「It hasn't been easy to live with your lies at a meeting like
this……（在會議中要忍受你這種謊話連篇，真是非常不容易）」

　　大約翰不等洪總說完，就好聲好氣的解釋道：「I know, I
know, I'm sorry. But, this customer is really a big fish! ...You do a
favor for me and I will do a favor for you, the business, a ballpark
figure is 25 millions...」大致的意思是說，這是因為客戶很大咖，

訂單很大，約兩千五百萬美元，我們是一條船上的，你得幫我，我才能幫你……。

總之，那次會議，洪總回到台北跟我提起這些事時，我們都覺得大約翰不是我們認為那麼正派的人。對於 Rainier Baxter 公司，我們得多留神。

時間繼續流轉，1994 年 9 月 13 日，或許小小美名擴散效應，又有一家比 Goodwin, Procter & Hoar 規模小不了多少的外國機構 W.A.Ramsperger 的老闆 Peter Henwood 親自來和芙蓉國際簽約合作。（但是事關我公司的機密，就用化名吧）有了這些大公司做後盾，芙蓉國際顧問漸漸地也變得更是有點金字招牌的味道。

我順帶的提一下，我的性格喜歡圓滿，以前離開日本公司去美國讀書前後，都沒有跟老東家有什麼不愉快的事，前文也提到過，不但沒有不愉快，而且日本商社老東家在多年後，還幫我背書，使得我的公司輕易地能進軍日本市場，得到日本客戶的信任。

同樣的，我從美國學習回台後，進入第一個公司就是台育，等到我離開台育後自行創業，仍然與台育保持著非常好的關係。有幾次，台育想要爭取國際案子，老東家總經理邱創盛就會打電話給我，讓我混在他們顧問師團隊中，一起參加會議，爭取到客戶的大訂單。還有，台育自己新成立了其他的公司，我也會掏錢投資，這般和諧的做法，我認為與今天常見到一種「吃誰家飯就砸誰家鍋」的怪現象，很值得比較和玩味。

1995 到 1996 年是兩個精彩的年，我這裡就不再多說了。這

期間，我們與義大利 Rainier Baxter 公司陸陸續續也做了些生意，雖然大約翰總是畫大餅，結果常常比預期的縮小許多，但是因為我們的主體永遠放在芙蓉國際顧問上，所以也沒放在心上。

不幸的是，我們雖然沒把 Rainier Baxter 這家公司太放在心上，他們卻很有心機的利用我們，當作他們稱霸版圖一個最重要的跳板。這個，我們慢慢講。

前文提到，我因為受到羅斯柴爾德的啟發，在訪問瑞士後，就悄悄地等待國際經濟漸漸好轉的時機，把運作的重心從台北移到上海。1999 年，我們正式把這個計畫付諸行動，遷到了上海。Rainier Baxter 公司真是高興極了，因為，以他們在義大利的實力，前進到美國，建立客戶、建立倉儲、建立售後服務等等，已經感到吃力，所以，他們雖然對逐步開放的中國抱持著高度的興趣，但是，沒有從零摸索的本錢。現在，看到我們芙蓉（西華）把總部設在上海，利用我們去摸索這條路，最是妥當。

我們搬進上海宜山路新銀大廈時，大約翰是第一個蹦過來的外國客戶。他在我們「回」字形的辦公室來回的看，來回拍照，表現得真像是我的兄弟，為我們成功立足上海而興奮到爆炸。對於在上海的一切，問得很仔細，我們當時因為他大老遠從西方過來看我們的新「總部」，也覺得十分感動。

現在回想起來，他那時心裡就有了一個非常偉大的計畫！這

裡所謂的偉大，是以他的立場而言。其實，是一個對我公司非常邪惡的計畫。

他要先利用我們在這塊陌生又廣大的領土上，建立一個很好的生產基地以及配套的供應鏈，再利用我們西華對他的信任，去幫他在美國打敗勁敵，得到更多美國市場的份額；接著，再以握有強大的美國市場訂單，回頭扶持自己在中國建立總部，最後再藉由蠶食西華的供應鏈，建立屬於 Rainier Baxter 公司的中國生產基地，以及完整配套的供應廠商體系。Brilliant idea! 一環扣一環。

如此，他建立橫跨歐、美、亞企業王國的野心，必然成功！

我們一直都不知道，那個當年到我台北公司，誠懇地要求合作的 John Pengilley，竟是這麼樣老謀深算的人。

先別講遠，回到 1999 年，作為老朋友大約翰的他，來慶祝我們立足上海成功後，回到美國，他把客戶都找來，在會議室裡辦了個非常盛大的派對，用幻燈片一張一張介紹他在我們上海拍攝的照片，告訴他美國的客戶們，說：我們義大利 Rainier Baxter 公司在中國的總部，成—立—了—！！We made it！

然後，他們找來公關公司，把他們在美國的宣傳資料都加上了我們西華，只不過「西華」變成了 Rainier Baxter（China）！這個，當然違法，但是如果我們不知道，沒人會主動告訴我們。就這樣，他利用了人們對他們宣稱的「產與銷一體化」所迷惑，客戶一有訂單，就找他們來報價。他一拿到這個機會，就轉給我們西華，要求仔細研究生產及報價的可能性。

　　由於，前面說到過，到了上海的我們，已經失去了芙蓉國際顧問的光環（因為沒有發展的客觀條件），又因為日本也有個芙蓉集團，為了不讓日本芙蓉為難，我們很痛苦地在台北註銷了這個經營了十年，資本額一千五百萬又享有卓越名聲的顧問公司，改以「西華」開始了新生活。

　　熟悉芙蓉顧問這種以服務業為主的我們，不同於其他本來在臺灣就是製造業的台商，在當時法律規定的上海，視同外商投資，不得從事貿易，必須設廠，而且因為稅制的不同，自己的廠生產的產品必須百分之百出口。可想而知，只精通服務業的我們，必須在這個人生地不熟的地方，找地，設廠！這可真難倒了我們。千辛萬苦的，我們沒被打倒，有規模、有管理的廠也設立了，貨也製造了，也正常出口了。立足成功！

　　大約翰又來拜訪，這下子有勁了。他一見到了我們，就說：「Amazing! The whole thing of what you do in China is really mind blowing. Shanghai is a never-never land, a place existing only in dreams. With your help, all our good planning will become reality.」大致就是灌我們迷湯，說我們多麼了不起，團結起來，就能征服世界之類的話。

　　當然，我們也不是三歲小孩，跟著瞎樂呵。不過，我們沒有特別去提防這個是客戶，卻也裝扮成是朋友的人，註定了我們日後走入險境的命運。

　　我們領著大約翰去我們上海的廠，裡裡外外的介紹給他聽。他注意到我們廠裡有一批生產的貨，紙箱上印著清晰的嘜頭「McGregor」。大約翰問，這是哪一家的貨呢？我們回答，是美國一家公司的貨，但是他們是透過新加坡的公司，下給我們的訂單。「哦⋯⋯」大約翰沉吟了片刻。這事就這麼被我們忽略了。

　　2001 年間，大約翰到我們西華上海來開會，會議中討論到一個全新的構想，但是這構想有一個設計上的瓶頸，在大約翰的公司 Rainier Baxter 裡，無論是義大利或是美國的工程師，都沒有辦法解決。

　　我現在要說一件我們西華集團一生最後悔的事了！當時，總裁洪明雅心裡有個沒有人想出來的構思，說實務上可以解決問題，並滿足他們的要求。大約翰很驚訝，問了聲：「How？」

　　洪總就在紙上，把她自己的構想給畫了出來，邊畫還邊寫上英文說明！「哇！」的一聲，大約翰驚呼「You actually oops a daisy！」誇讚洪總的聰明後，緊接著就說，把這張圖給我吧，我晚上回到酒店好好的想一想。洪總說，這圖畫的太潦草了，我讓工程師照著它畫一個正式一點的給你。大約翰趕忙說：「沒關係，草圖我也要，你隨後讓工程師畫張正式的圖，也給我吧。」

　　錯就錯在這裡！

　　Rainier Baxter 這麼大公司的總座，竟然拿著這些圖在歐美地

區申請了設計專利。是什麼產品，在書裡我們就不說了，在許多美國的電影裡，我們都看到我們集團總裁親手設計出來的產品，但卻變成別人的專利，是不是沒有形容詞可以用呢？

～⁓❦⁓～

還沒完，三年後，也就是大約 2004 年，前面提到過的 "McGregor"，在美國看到了這新設計出的產品，根據包裝的資訊，再托人尋找它的「製造商」，找著找著就找到西華了。它原來是一家很有格調的美國公司，叫做 McGregor Inc. 老闆就是創辦人 Tom McGregor，年紀已經快七十的人了，但是精神奕奕，為人很直爽，有禮貌，高素質。

我們感謝他那麼老遠來拜訪西華，也把我們從 1989 年在台北創立的歷史說給這位貴客聽。很明顯的，他是一位商人，同時也是一位可敬的紳士。我們告訴他，這產品雖然原始是我們設計的，但是申請得到專利許可的，卻是大約翰的 Rainier Baxter 公司。如果，McGregor Inc. 很喜歡我們的這款產品，他須去跟大約翰談一個權利金的問題，其餘的就會是我們西華製造給他的 McGregor Inc. 公司。

老先生很喜歡我們，也知道我們在中國得到了政府頒證「全國外商投資雙優企業」的稱號，知道我們是正派的公司。不久後，他果真在美國去拜訪了大約翰的 Rainier Baxter 公司。大約翰不知道老先生已經到上海來見過我們的事，一股腦的向這位正派的老

先生吹噓，說在中國有個 Rainier Baxter（China），指的其實就是在上海的我們。事後，老先生還是因為喜歡那個有專利的產品，所以下訂單給大約翰的美國公司。同時，他把大約翰在美國到處宣稱西華就是他在上海公司的事，告訴了我們，語氣上，看得出來，老先生很不齒大約翰的行徑。

幸運的是，老先生的 McGregor Inc. 公司從那年開始，凡是有新產品、新構想都交給我們西華集團。老先生 McGregor Inc. 公司的營業額在後來的幾年，發展成為我們最大的客戶。（這主要是因為 2008 年，我們的日本客戶突然周轉失靈，影響了整個營業額的緣故。）

大約翰利用我們西華，摸熟了中國大陸的環境。他們就在 2005 年開始，也悄悄地在廣州設了個自己的據點，一個小的採購辦事處。在美國，還是厚顏無恥地把我們西華集團宣稱是他們的，藉此，他們在美國確實打擊了許多同類型的競爭對手，生意的規模也越做越大了。我們曾經抗議過他在美國的謊言，但是大約翰都不承認，反問我們，這種謠言是聽誰說的？

已經來往了十幾年的客戶，我們在提不出證據的情況下，這種事情也只得不了了之。

自從大約翰在廣州設立了他們自己的小團隊後，凡是新的專案、須要詳細設計的生意，他們就交給西華；凡是簡單的，或者西華在技術上已經突破的，他們就攬在自己的團隊裡運作。所以，原來西華在貿易製造上的營業額，大約翰占了大約 28%，自從 2005 年開始，逐年營業額都快速下降，其中，毛利率更是減少得

厲害。至此，大約翰稱霸的計畫已成功過半。

可能是自己覺得要稱王了，大約翰越來越不願意隱藏自己的狂妄！

2005 年 7 月 5 日，西華總裁洪明雅在美國和大約翰開會時，討論到一個客戶要求的新構想，洪總在筆記本上描繪出能解決問題的設計，這時大約翰老毛病又犯了，指著洪總的筆記本說，把草圖給他看看，他拿過了筆記本，竟然在草圖上簽下了自己的名字 John Pengilley。這下子，洪總就火大了，問他：「Excuse me, what are you doing？」大約翰無恥的回答：「這是我們一起討論的，我當然要在你的草圖上簽上我的名字！有什麼不對嗎？」

兩人在 Rainier Baxter 美國的辦公室裡大吵起來！大概是自大症能使人瘋狂，看著據理力爭一副死不讓步的洪總，身為大公司 CEO 的大約翰，竟然指著洪總的鼻子說：「Believe or not, I can shut down your operations before you can say Jack Robinson！」意思就是我可以很容易就讓你的公司關門！

洪總怒不可遏，就回了一句：「Go ahead, you do that！」提了包包就走人。第二天，搭乘早班飛機離開了。

同一時期，老先生的 McGregor Inc. 公司與西華集團的生意卻不斷地攀高，這對大約翰而言，是件壞事情。

可能是大約翰覺得自己羽翼未豐，沒有西華集團，自己在中

國還玩不起來，冷靜下來後，趕緊想法子補救。不到兩個禮拜，他就飛到上海西華在宜山路的總部道歉來了。還帶著他的大兒子馬克 Mark Pengilley。說他最近老了，身體也不行，無端就容易生氣，以後許多事就讓馬克代為處理，還特別當著我們的面告訴馬克，「兒子，你要尊敬他們，他們可是了不得的人物，你以後有什麼不懂的，都可以向他們請教……」

吧啦吧啦說了一大堆，當著他兒子的面，我們沒有繼續心中的怒火……。這事，就這麼給拖了過去。但是，我們心裡清楚得很，跟他們分手是遲早的事。我們做人做事有個限度，在這種情況下，我們想到的最多就是 Bye Bye，再見，不做生意了。

可是，我們萬萬沒有想到，大約翰和他的兒子馬克，可不是省油的燈，他們正盤算著的，可不是 Bye Bye 這麼簡單的事，他們是想著要如何收割我們西華在美國，以及在中國所有的生意。這是我們後來回想才得出來的結論。

2008 年、2009 年，誰都不好過，美國發生的金融危機，導致世界經濟一片萎靡不振。還好，我們還過得去。這時候，許多公司開始倒閉，但是奇怪的是，在哀鴻遍野的情況下，許多辦公大樓竟然開始猛漲租金，我們在宜山路的新銀大廈也面臨到同樣的情況。物業的主人，一會兒說要漲 20%，一會兒又說 30%，一會兒又說還在開會，沒商量好……。

我們立刻做了研判，是不是該撤回台北？或是遷到越南？還是……？結果，讓大家都跌破了眼鏡的是，我索性在上海買下一棟獨立的辦公樓。花了一年裝潢，一年後正式進駐，從此以後，

西華集團在上海的總部就是這裡了，它叫「西華大樓」。

大約翰和他的兒子馬克對我們這樣的決定大吃一驚！

2010 年 10 月間，大約翰派他的兒子馬克來看看西華的總部是個什麼樣子？大約翰自己繼續假裝身體不好，改在幕後當藏鏡人。雖然如此，馬克帶上妻女進到了西華大樓，著實驚呆了！馬克故意撥通電話給他的父親大約翰，說我們的新辦公大樓是如何如何的氣派等等。薑，果然是老的辣！在電話那頭的大約翰，立刻就讓他兒子問我們這棟樓花了多少錢，之後，又問有多少貸款？我們沒告訴他這棟樓花掉多少錢，但是，在上海，還是可以從公開的資料中估算出它大概的金額。我們只回答，沒有貸款。

當他知道我們完全沒貸款的買下這棟嶄新的辦公大樓後，口頭上當然是誇讚我們的雄厚實力，但是我後來回想起來，馬克那精明的父親正是在估摸著，西華集團還能剩下有多少現金？

如果風平浪靜的，企業不會需要過多的現金。若是，有個致命的危機發生時，很多的現金便是支持企業渡過危機的最大助力。更何況，相處了十幾年，他們都知道一件事：我們一旦賺了錢，多數都換成了藝術品。這回，在上海這個世界性的大城市，買了整棟辦公樓，又不用貸款，肯定在現金上有所空虛。

幹掉西華的時機接近了，就等一個「東風」！！！

前面提到過，老先生 Tom 的 McGregor Inc. 公司與西華集團

的生意不斷地攀高，到這個時期，大約占西華集團在國際生產及貿易這個部分約 30% 的比例。主要就是老先生 Tom McGregor 信賴我們。但是，各位不要忘了，雖然 Tom 老先生不喜歡大約翰和他的兒子馬克，但是由於有那個專利產品的關係，McGregor Inc. 公司還是下了不少訂單給大約翰的 Rainier Baxter 公司，算是大約翰的一個重要客戶。所以，大約翰手下有一位叫 Gemma Charveriat 的，是近幾年新加入的菁英，負責全美國重要客戶的公共關係，維持客戶的滿意度。

Gemma Charveriat 這個女人非常老練，不斷地來回穿梭在所有大客戶的辦公室以及售後服務部門之間。她來過西華一次，容貌端莊高雅，談吐溫和，但目光犀利。我們因為她的名字 Gemma 唸起來在中文裡有點像在罵人，不雅，所以就稱她的姓 Charveriat，但是又因為她的姓氏不好發音，總唸起來像美國車雪佛蘭（Chevrolet），所以背後，我們都稱她為「雪佛蘭小姐」，或是「美女雪佛蘭」。

老先生 Tom 雖然不欣賞大約翰父子，但是卻對美女雪佛蘭稱讚有加，所以他們兩家公司之間，一時間又發展了許多生意。這，就是老先生的 McGregor Inc. 公司、大約翰父子的 Rainier Baxter 公司，與我們西華的三角關係。一種「誰對誰都重要」的關係。

嚴格說起來，在生意上，他們這兩家公司，都是我們的客戶，也都是我們的朋友，我們都挺信賴他們，除了我們比較提防著大約翰。

西華搬進了自己的總部大樓，照以往的交情來說，老先生

Tom McGregor 一定會來走走看看，但是卻一直沒有出現。

我們跟他聯繫，他總是說正在忙別的事，一時走不開，但是一定會帶著賀禮來，請我們作為老朋友務必擔待他的無禮。事後，我們知道，他是因為身體不太好，醫生囑咐他不再適合做長途旅行，他因為倔強的個性，怕我們擔心，就沒有告訴我們實情。

也是我們不夠好，剛搬入新樓，加上打拼別的生意，就忽略了去美國逐一拜訪客戶這個每年都例行的事。而且，我們沒有見到 McGregor Inc. 公司給我們的生意，有任何異常的狀態，所以警覺不到可能有危機的逼近。

相反的，由於美女雪佛蘭常跑 McGregor Inc. 公司，當然知道大老闆 Tom McGregor 身體日漸衰弱的情況，她把這個重要軍情報告了她的老闆大約翰，大約翰就要求她更勤快地去拜訪 McGregor Inc. 公司，並收集一切情報。

她果然不負使命，把 McGregor Inc. 公司上上下下都搞得很熟悉，業務部門的大頭目 Frank Forster（我公司內部都稱他為「府福」，FF 的意思）也經常跟她一起打高爾夫球，這個手腕很高明的美女，一個月有七、八天出差，就待在 McGregor Inc. 公司附近的旅店住著。

這個上下都搞得很熟悉的交情，為大約翰父子很容易的就擬定一個天衣無縫的計畫，奠定了最後、最關鍵的基礎。

為了這個計畫，大約翰父子開始招兵買馬，先是把美女雪佛蘭升任美國 Rainier Baxter 公司副總裁，又讓她擔任義大利 Rainier Baxter 總公司董事，給她增加了手下，分擔她周遊於美國

其他客戶的重責大任。接著大約翰父子在他們 Rainier Baxter 公司
廣州事務所，增聘了許多曾經在英國或美國留過學的華人⋯⋯。

一切的一切，都劍指西華！

為了不露出痕跡，大約翰常常打電話給西華洪總，哈拉一些
總總的往事，又說他現在搬到較為溫暖的佛羅里達州去了，怕冷、
身體不好等等一些生活上的瑣碎小事。馬克則越來越多時間待在
廣州了，說是在「整頓」他們內部的業務。其實，他們已經把人
馬都找好，一切幾乎是準備就緒。

也怪自己，沒有察覺到某些細微的變化。

其實，McGregor Inc. 公司老掌門自己覺得身體越來越差
了，早先在年初就召喚他那位在荷蘭開連鎖餐廳的兒子 Henry
McGregor，回美國接班。為了結束荷蘭的生意，花了 Henry 好幾
個月的時間。2011 年 6 月，亨利回到美國，一時片刻對老父親那
麼龐大的生意當然是摸不清楚。老先生要求他的兒子快點認識最
重要的商業夥伴們，所以他決定趁著身體還可以支撐的情況下，
逐一舉辦幾個重量級的會議，親自把業務託付給這些重要夥伴。

要求西華與會的日期定在 6 月 29 日，但是老先生的祕書並
沒有告訴我們她老闆的病情，只說要去開會。那場會議，也要求
大約翰參加。看來，老先生的本意是想見了面，當場將大約翰
Rainier Baxter 公司，與我們西華相關的業務及人脈，同時交給他

那剛從荷蘭回美接班的兒子亨利。

我們回覆老先生的祕書說，會準時參加會議。

剛剛回美國接班的亨利，面對那麼複雜的生意以及人脈，肯定是很難馬上入手。這時候，Rainier Baxter 公司大約翰親手提拔的美女雪佛蘭就發揮大作用了。

她常常來回奔波於 McGregor Inc. 公司的辦公室，以及老先生 Tom 的醫院之間，因此，她很快的贏得了小老闆 Henry 的好感與信賴。由於亨利看到老爸對美女雪佛蘭也特別親切，也就自然相信她所代表的 Rainier Baxter 必定是個好公司。

很快地，美女雪佛蘭告訴亨利，西華只是 Rainier Baxter 公司的中國公司，洪總 Kate 只是他們在中國地區的主要角色，直接聽命於馬克的命令。她很耐心的建議亨利，自己去業務部門調閱 McGregor Inc. 公司下給 Rainier Baxter 公司的訂單，以及下給西華的訂單，就明白了。亨利確實也這麼做了，他發現自己（老爸的）公司確實下了許多訂單給美女雪佛蘭的公司，但下了更多的訂單給西華，但是西華公司顯現的名稱是 W. Wittlich 公司，不是 Rainier Baxter China 呀，這又是怎麼一回事？

美女回答，這是為了稅務關係，分開不同的公司名，可以避開 IRS 的注意。（IRS，即是 Internal Revenue Service 的縮寫，是美國國家稅務局，隸屬於財政部。

美國人有句諺語：「這個世界上只有死亡與交稅是永恆的。」IRS 更是無孔不入，被譽為「美國最令人聞風喪膽的政府部門」，威力超過國防部、中情局。）

美女雪佛蘭補上了更讓亨利信服的一句話：「不信，你可以問一問貴公司業務部門的 Frank Forster！」

剛從荷蘭回來不久的亨利，也不是個懶人，他去問了我們私下稱為「府福」的 Frank Forster。果然，「府福」因為長期跟美女雪佛蘭交好，說：「好像是這樣的。因為牽涉到了稅務關係，大老闆 Tom McGregor 當然不會告訴我，不過，我看是不會錯的。」

雪佛蘭的騙術，淡而彌永，樸而愈厚，亨利信了！

雪佛蘭獻殷勤的又對亨利說：「既然明白西華只是聽命於我公司少老闆馬克的角色，雖然在遠東地區的生產上有點重要，但是您父親身體那麼差，就沒有必要把次一級的人找來開會了吧。這樣，對您，以及對您父親 Tom McGregor 只有好處，您看是不是呢？如果您想知道更詳細的資訊，我公司 Rainier Baxter 大老闆也極為願意出席 6 月 29 日的會議，少老闆馬克（也就是 Kate 的上司），也可以從廣州飛回來開會的呀。」

「何況」，她接著說：「作為只是為我們守住在中國崗哨的角色，Kate 有個大毛病，她一開會，總是滔滔不絕的說個沒完……」。美女雪佛蘭看著亨利快要被說服了，再補上一槍！「The hand of bureaucracy will slow our progress. Besides, Kate has no voice in big decisions.」意思就是這時刻不是考慮論資排輩的時候了，在重大議題上把沒有什麼發言權的 Kate 找來，不具很大的意義。

亨利被說服了。他走向老老闆的祕書，交代了一句，發個電郵給 Kate，禮貌的告訴她 6 月 29 日的會議，不需要出席了。

　　到此，雪佛蘭為 Rainier Baxter 公司立了大功！大老闆 John Pengilley 立刻部署最後的狠招。他要藉著這個機會，把 McGregor Inc. 公司給西華集團的生意全部奪過來，一個不剩！

　　因為美女雪佛蘭的聰明，迷惑了 McGregor Inc. 公司的新老闆，等於是快要把西華的大客戶給敲掉了。接下來，最重要的，就是撬開西華集團的供應鏈了。

　　這麼多年的摸底，大約翰很清楚如果要完全接收 McGregor Inc. 公司給西華集團的生意，有四家最最主要的供應商也必須拿下。其中兩家若搞定了，就等於是搞定了四家，這兩家分別是在浙江的廣衡，和在臺灣的源亨。（皆為化名）

　　老謀深算的大約翰，繼續裝做在佛羅里達過著與世無爭的老年慢生活，沒事打電話給 Kate（西華洪總裁）哈拉，故意又在六月初派他的兒子馬克帶著他們在廣州辦事處的「潘總經理」及一位「劉總工程師」來到西華總部大樓，說是這兩位剛剛上任不久，特別帶來讓他們熟悉西華的領導人，以及西華的配套廠商。洪總不疑有他，除了在西華總部開了會，介紹了部份的業務以外，也帶著他們去西華自己的廠裡兜了一圈。

　　然後，小狐狸馬克就說，哦，對了，他想帶著這兩個辦事處的新人，也去熟悉一下上海附近的配套供應廠，其中包括在浙江的廣衡。當然，洪總派了人、派了車帶了他們一行人去了趟廣衡。

廣衡的錢老闆一看是西華集團領著貴賓來，當然熱忱接待，自不在話下。不久，他們就都混熟了，這在以往，也沒什麼，因為西華集團可是個不小的公司，每年給廣衡不少生意，而且，因為西華管理非常嚴格，每下一張訂單都加上一份詳細規範的「防腐」條款。「防腐」就是防止供應商利用各種規範中列明的手段，進行腐化西華人員的行為。

不用說，大家都能猜到，6 月 29 日在美國舉行的會議，雪佛蘭兩天前就到達 McGregor Inc. 公司，這時老老闆 Tom 的情況更糟了，大家商量的結果就是儘量縮短會議的時間，讓病人能多點時間休息。6 月 29 日當天，McGregor Inc. 公司的創辦人畢竟是條硬漢，穿戴整齊的在許多人的陪伴下，到了自己公司的大會議室。在此之前，雪佛蘭就領著大約翰這頭老狐狸去見了亨利這位馬上要登基的新王，多虧了這美女的三寸不爛之舌，偽裝成忠實又不善言語的老狐狸，竟然讓亨利上了當，覺得他這個年長的人很親切。旁邊陪著的當然就是馬克這個狐狸兒子。開會了，老當家 Tom McGregor 環顧了所有出席的人，問了聲：「Where is Kate ？」

老人家在此刻，來回找尋他多年信賴的西華總裁洪明雅。

這一問把大家嚇了一大跳！大家面面相覷……

「She is busy at the moment, but she'll look you up the next time she is in town. Hopefully next month.」亨利趕緊跟他父親解釋，大致的意思是 Kate 正忙著安排出貨的事，但是下個月就會親自來看您。

Tom McGregor 聽了不發一聲，只是微微的點了點頭。

會議進行了大約不到一個小時，老先生有點支撐不住了。Rainier Baxter 公司狐狸父子加上那位美女，趕忙圍上去握住老先生的手，說您好好休息，我們會跟您的兒子好好地合作，您老就放心吧！父子倆說話時流露出的「真情」，令人動容。

眾人都送到公司的大停車場，當亨利攙扶他父親上車時，父親拉了拉兒子的手，輕聲地對這個願意放棄自己多年在荷蘭餐館生意，回國接受自己安排的寶貝兒子，說了一句話：「Remember this, my son, Kate is the meat and potatoes of our business.」亨利回答，是的，父親，我明白。

會議結束後，知道 Tom McGregor 已經到了尾聲，新主人亨利也相信他們編織的謊話，接收大筆生意的計劃已是眼前的事。這時候整個 Rainier Baxter 公司像打了興奮劑的鱷魚群，開始準備撕裂西華集團的後援，也就是西華最堅固的幾個供應廠商。

雖然稱大約翰是老狐狸，但是不得不承認他 John Pengilley 畢竟是有雄才的商人，對於排兵佈陣，確實高明！

John Pengilley 認為，得到新掌門亨利的信任，等於是敲掉西華集團在 McGregor Inc. 公司花了七年才辛苦建立的地位。把源頭掌握了，再把西華的後盾給撬開，西華無論怎麼能征慣戰，都回天乏術了。自己橫跨歐、美、亞洲的霸業，眼看就大功告成了。

2011 年 7 月，John Pengilley 親自坐鎮指揮，他的兒子馬克帶著新招募的華人精英，開始包圍西華的衛星供應鏈。小的供應商弄不清楚狀況，一看洋人馬克帶著一群看起來像是「銀行理專」形象的年輕人來談合作，紛紛表態支持。現在，只剩下最後的兩個，也就是前面提過的浙江廣衡，和臺灣源亨。

因為六月初馬克帶著手下「潘總經理」等人，曾經在西華人的帶領下，已經初步的認識了浙江廣衡的錢老闆。這次，2011 年 7 月 6 日，馬克又帶著這幾位見過面的手下，繞開西華，悄悄地去拜訪這位看起來有點草莽的溫州老闆。溫州老闆一看這情況，「西華集團的外國客戶」登門來了，就知道是怎麼回事了。

不過，凡是商人都知道，繞開自己的客戶，跟客戶的客戶直接做生意，不但是兵家大忌，而且對自己也可能有風險，因為一旦「反水」失敗，便回不去了。所以，超過小狐狸的預估，經過了兩天的威逼利誘，都沒能把錢老闆拿下。

小狐狸急了，打電話請示狐狸王。John Pengilley 畢竟是老江湖了，在亞洲打滾了一輩子，認為他們因為看錢老闆只是個草莽的溫州人，便以為好忽悠，這是失敗的原因。得改變作戰方式。他提了幾個建議給他的狐狸兒子。

2011 年 7 月 8 日，星期五，一大早，馬克由手下潘總陪同，到了廣衡廠。錢老闆照例出迎，馬克轉頭對潘說，你回去吧，我有話對錢老闆說。錢老闆一看，覺得今天的談判不太一樣，洋人單刀赴會來了，便提高警惕以面對眼前迷離之境。

馬克讓錢老闆找來了機要祕書作翻譯。他拿出了許多陳舊的

宣傳手冊，一份一份的翻開給錢老闆說明。「你看這照片，這是當年西華還在台北的時候……那時候，我們就投資西華了。你再看看，這個人就是我爸爸，他叫 John Pengilley，站在他身邊的就是當年在台北公司的人……」，「你再看看這些，那是我們投資西華剛剛搬到上海的情形，你看，那辦公室多好。對了，你看看這照片，他們歡迎我爸爸John Pengilley，還叫他大老闆時的合照，看看大家笑得多開心！……你看了這些介紹就知道，我們是歐洲的大公司，在美國也很大，在亞洲我們有兩種投資，一個是我們自己在廣州的，那是我們 100% 獨資的事業，另一個叫做西華，我們有 85% 的股權，現在，我們準備結束跟西華洪小姐他們的合作，買下他最後 15% 的股權。你不要被利用了，因為我們隨時可以根據股權的優勢，把洪小姐他們給解除職務，然後再慢慢把剩下的股權買下來……。」

「你如果站錯了邊，只會傻傻的成為他們跟我們談判股權價值的籌碼。等塵埃落定後，你就不是我們的供應商了……。你是聰明的大老闆，你自己想一想，我住在香格里拉酒店，只等你一天。如果明天中午前沒見到你，那麼，我們就不再是朋友了。相反的，如果你跟我們合作，我們會給你多一倍的訂單。你好好想想吧。」單刀赴會，果然厲害，說得廣衡毫無騰閃之力。

錢老闆讓司機把馬克送回酒店後，心裡七上八下的，但是，這麼大的公司，提出了這麼陳年的圖冊，應該是真的吧。第二天一大早，七點半，錢老闆領著幾個屬下來到了香格里拉酒店，笑咪咪地說來跟馬克作「早餐彙報」。馬克也高興他的出現，熱烈

的歡迎他共進早餐。

　　錢老闆其實也是老江湖了，為了自己「反水」西華，留了個後手，特別提出要求馬克以 Rainier Baxter 的名義，給廣衡公司寫下一份文件，載明接手西華的管理後，原有的訂單不得減少，而且還能夠在一年後增加一倍。另外，還得載明，如果西華跟廣衡索要生產模具的話，Rainier Baxter 公司必須出面解決。

　　馬克很快的在香格里拉的商務中心把文件完成，簽了名，交給了錢老闆。愉悅的兩個人，於美麗的星期六早上，在溫州豪華的酒店裡握手成交，形成了聯盟。這下，西華的鐵杆衛星廠廣衡，算是圓滿的拿下了。接下來，只剩下最後一個目標：臺灣源亨！

　　2011 年 7 月 18 日，馬克領著更多的手下來到了臺灣源亨，這是他第一次見到源亨的趙老闆。表明來意之後，馬克就把在溫州廣衡的老把戲再一次拿出來耍。

　　他先讓那批看起來像銀行理專的華人手下對趙老闆做了「召降」的說明，然後故作神祕的摒退左右，開始了他的魔術表演。他從手提箱裡拿出了許多陳舊的宣傳手冊，一份一份的翻開給趙老闆看。「你看這照片，這是當年西華還在臺北的時候……那時候，我們就投資西華了。你再看看，這個人就是我爸爸，他叫 John Pengilley，站在他身邊的就是當年在台北公司的人……」，「你再看看這些，那是我們投資西華剛剛搬到上海的情形，你

看，那辦公室多好。對了，你看看這照片，他們歡迎我爸爸 John Pengilley，還叫他大老闆時的合照，看看大家笑得多開心！……你看到這些介紹就知道，我們是歐洲的大公司，在美國也很大，在亞洲我們有兩種投資，一個是我們自己在廣州的，那是我們 100% 的獨資，另一個叫做西華，我們有 85% 的股權……」

趙老闆聽到這裡，心想，這真是胡說八道！趙老闆可是清楚的知道，西華集團是以芙蓉國際顧問起家的。早在 1995 到 1996 年就名震一時了！John Pengilley 來投資？可笑至極！但是他不做聲，繼續觀看這洋人的精彩魔術，最後是能變出什麼？

馬克一看趙老闆聽得很認真，就接著說：「現在，我們準備結束跟西華洪小姐他們的合作，買下他們最後 15% 的股權。我勸你千萬不要被利用了，因為我們隨時可以根據股權的優勢，把洪小姐他們給解除職務，然後再慢慢把剩下的股權買下來。你如果站錯了邊，只會傻傻的成為他們跟我們談判股權價值的籌碼。等塵埃落定後，你就不是我們的供應商了……。你是聰明的大老闆，你自己想一想，我住在福華大飯店，只等你一天。如果明天中午前沒見到你，那麼，我們就不再是朋友了。相反的，如果你跟我們合作，我們會給你多一倍的訂單。你好好想想吧。」

說到這裡，看到趙老闆一言不發，馬克補充了一句：「告訴你個消息，你知道 Kate 在溫州有個最重要的朋友，廣衡公司的錢老闆吧？他們已經跟我們簽約合作啦！」

送走了馬克和一大群黑西服穿著打扮的人，趙老闆獨自一人想了二十幾分鐘，想了自己，想了西華，想起跟西華合作二十幾

年的種種愉快的時光，趙老闆撥通了給洪明雅總裁的電話。

這通電話把我們西華給震呆了。立刻，洪總裁做出了反應，先撥電話給從 1992 年就開始合作的 John Pengilley。他不接電話。又接著撥打電話給老先生 Tom McGregor，但是他也沒有接電話（後來知道是病危的關係），又撥電話給廣衡的錢老闆，他祕書接的電話，說他在開會，等會兒再回電話，但是等了很久，也沒有等到錢老闆的電話。

西華裡有個業務經理，跟廣衡的財務部經理挺熟悉，因為那財務部每次都打電話給她，請她看看貨款是不是準時撥付。這時候，洪總讓這名業務經理打電話給她熟悉的人，探一探軍情。平時素有往來果然有點用，那人回答說：「前不久，錢老闆召開了一個內部會議，參加的人全是經理級別的人，主要就是幾點，一是，立刻清點西華公司所屬的模具，把部份重要模具轉移到他處；二是做好資金的調度，準備迎接更大的生產訂單；三是對西華公司封鎖消息，儘量注意禮貌，但不具體回答任何電話、電郵……。」

那個晚上，我們自己緊急的開了一個會，把自己的處境作了分析。算了一下，這兩年 Rainier Baxter 公司給我們的訂單大約占集團國際貿易總營業額的 18%，如果只是少掉這個客戶，我們不至於有什麼問題。但是，可怕的是，如果沒有了老先生公司 McGregor Inc. 的訂單，那麼整個國際貿易事業就撐不住了，因為 McGregor Inc. 的訂單就占了這個事業有幾乎 35% 的營業額，有 40% 的利潤都來自這家公司。與其去說服老狐狸父子，不要這麼

缺德，還不如在 McGregor Inc. 再做努力。

看看時差，正好可以再試試通個電話。接著，洪總再一次撥打電話給老朋友 Tom McGregor，但是他也沒有接電話，試了三次，他的老祕書 Claire 接了電話。

老祕書跟洪總有些交情，是因為有一年洪總去他們公司開會，由於早到了，所以等在會議室裡。這時候，老祕書就跟洪總聊起了孩子。兩個女人聊孩子，特別有趣，一時之間距離拉近許多。老祕書注意到洪總戴了一副很不平凡的耳環，是清代老瑪瑙珠請人特製銀纏絲包邊的，就誇讚這副耳環。臨要開會了，洪總就把這副耳環摘了下來，送給了 Claire。起先她不肯收，但是洪總說，你兒子馬上要娶媳婦了，我們在臺灣有個習俗，就是當婆婆的看滿意一個未來媳婦時，就會把自己貼身的一件首飾送給這媳婦。Claire 收下了，從此也變成了朋友。她總是親切地稱呼洪總為 Katie。

老祕書把自己知道的情況給洪總說了一遍。

掛上電話，黃氏一族知道自己是完蛋了。身為最高領導人的我明白此時大勢已去，但是不能連累無辜的朋友，所以立刻要洪總打個電話給源亨趙老闆，勸他明天去向 Rainier Baxter 公司輸誠，不要為了義氣，把自己的事業也給搭進去。

接下來的日子，可想而知。我們拼命想突圍，但是實在無計可施。經歷過幾十年商戰的我，告訴自己，即便心底揉雜著痛楚，還得要每天衣著光鮮，不能顯出即將敗亡的落魄模樣。

　2011 年 8 月，是個恐怖的月份，厄運籠罩這世界，也籠罩著西華。

　8 月 5 日，星期五，是美國財政史上最為悲慘的一天。那天，信用評級機構標準普爾將美國的信用評級從 AAA 下調為 AA+。美國在週五晚間失去了 3A 信用評級，結束了全球股市又一個瘋狂又災難性的一天。評級機構標準普爾（Standard&Poor）下調美國債務評級的決定，在週一股市再次開盤時引發更多恐慌性拋售。這是標普自 1860 年開始給鐵路債券的信用評級以來，首次對美國政府發佈負面展望。

　世界最大經濟體財富的急劇逆轉意味著，一度被視為全球最安全投資的美國國債，如今的評級竟然低於英國、德國或法國等國家發行的債券。英國股市也遭遇了一次大規模拋售，結束了自 2008 年雷曼兄弟（Lehman Brothers）破產以來最糟糕的一週，英國 100 強公司的市值損失了近 1500 億英鎊。這是自 2008 年雷曼兄弟（Lehman Brothers）破產以來最糟糕的消息。

　雪上加霜，這個壞消息，也打擊了我們西華集團在美國的其他客戶。大家都開始緊縮開支、緊縮訂單。

　我沒想到，也有走到這一天的時候。每天看著助理快快樂樂的遞上咖啡：「黃先生，您的 Good Morning 咖啡來囉。」我就有淒涼的感覺。真的，沒有走到過末路的人，是不會體會這種看著生命之火，即將變成餘燼的煎熬與痛苦。

　　整個八月，我常常想起書中的歷史人物，想起被一貶再貶的蘇東坡，想起他在黃州的日子：

　　　　自我來黃州，已過三寒食。
　　　　年年欲惜春，春去不容惜。
　　　　今年又苦雨，兩月秋蕭瑟。
　　　　臥聞海棠花，泥汙燕支雪。
　　　　闇中偷負去，夜半真有力，
　　　　何殊病少年，病起頭已白。
　　　　春江欲入戶，雨勢來不已。
　　　　小屋如漁舟，濛濛水雲裡。
　　　　空庖煮寒菜，破灶燒濕葦。
　　　　那知是寒食，但見烏銜紙。
　　　　君門深九重，墳墓在萬里。
　　　　也擬哭途窮，死灰吹不起。

　　我還常常想起楚霸王的末路：垓下之圍，四面楚歌八面埋伏，這是楚霸王項羽戎馬疆場以來，從未想過的絕境。

　　我把自己過去二十年的一切，想了一遍。曾幾何時叱吒風雲，楚霸王項羽有感而吟的那首詩，也成為現今自己的寫照：

　　「力拔山兮氣蓋世，時不利兮騅不逝，騅不逝兮可奈何，虞兮虞兮奈若何。」

　　據說，楚霸王吟罷此歌，便率八百騎兵突圍，兵卒盡皆戰死，

奔至烏江岸邊時，只剩二十八騎……。

很快，我身邊只能也剩下二十八騎了。

根據 McGregor Inc. 公司老秘書 Claire 給我們的透露，病危的老闆要他的兒子快點到遠東來走一趟，不然光從紙上作業，無法接手那麼龐大的事業。亨利是個孝順的人，於是定於十一月上旬從中國大陸開始走訪，然後是其他國家、地區。為什麼是十一月呢？那是因為 Rainier Baxter 公司的建議，說是十月中國有長假，所以長假結束的十一月旅行中國最為適合。洪總多次請 Claire 幫幫忙，能不能跟那位沒見過面的 Henry 通個電話，或是去拜訪他，這是西華最後的希望。

Claire 轉達了，但是 Henry McGregor 都拒絕了。顯然，他深深相信了老狐狸父子的謊言。

一切都沒救了，都太遲了，就算是想率八百騎兵突圍，也一定通通戰死！

等死的感覺真是淒涼。除非出現奇蹟，不然怕是絕對逃不過這一劫。有神蹟出現嗎？洪總特地跑回臺灣，去了趟屏東，聽說那裡有個廟很靈驗，她去到車城福安宮，求了個簽，上面寫著：

> 聖意：訟有憂。病未瘳。財祿散。忌遠謀。行人動。
> 婚莫求。防口舌。免悶愁

看來是不得天助了。

2011 年 9 月 21 日，我終生難忘！

源亨的老闆從臺灣寄來西華總部大樓一個快遞。打開快遞，是一封信，不是寄給洪總，而是寄給我的。拆開來看，一張信紙和一張照片。下意識地，我先看了那張照片。那是我和趙總在 1994 年的合照，相片裡的我們都那麼年輕，那麼充滿自信。

我看了看照片，又展開那封信。信折了又折，等到展開時，裡面只有六個字：

逗陣欸，我挺你

我忍了又忍，咬緊了牙關，就像姜育恆唱的那樣：「我還有夢，不讓眼淚流出。」但是，熱淚還是像決了堤的水，不聽使喚的流出。

那個黃昏，我沒有回家吃飯，開了車到佘山艾美酒店。在大堂裡點了份牛肉麵，看著窗外的夕陽西沉。我想了很多，我既不願意束手就擒，也不願意像項羽自刎而死。我離開了餐廳，沿著酒店後方的小湖一路走去……。不知不覺地走到黑夜深處，那裡有個點著燈透著溫暖光明的一座小教堂。

站在小教堂前，突然間，我想起了一個人！

記得我曾經提過的一個朋友嗎？就是以前有個美國客戶伯恩公司（Burns）那位叫馬丁（Martin）的人。我說過，最後他接受

那位擁有雙博士學位女友的鼓勵，跳槽到了一個具有一百多年歷史的德國公司 Giddy, Schuurman & Co. 擔任了國際部高級副總裁（Global Operation Sr. VP）。我突然想起了他！

我坐在教堂前的階梯上，拿出手機，試著翻閱通訊錄。啊，找到了。我撥通了電話，剛剛開始講一句話，電話那頭驚呼：「Chris, is that you？ What a surprise to hear from you again！」

我站起身來，圍著教堂前的空地來回不安的走著，在電話中把處境跟他說了一遍。馬丁冷靜的聽著，等我說完，他對我說：「交給我吧，我有辦法！」我問他什麼辦法，他說：「以其人之道還治其身！」他怕我擔心，就把他的計畫詳詳細細的說給我聽了一遍。

掛上電話，我彷彿絕處重生。我想起了飛狼，原來我的朋友馬丁，就是那藏在內華達沙漠「天神谷」（Valley of the Gods）讓任何人都找不到的「飛狼」！

啟動了，我西華集團的飛狼！

接下來，你不要笑！百感交集的我，在深夜裡對著教堂前的湖水，大叫了一句：「無敵鐵金鋼，指揮艇，組合！」然後高聲唱起了歌！

> 我～們～是正義的一方，
> 要～和～惡勢力來對抗
> 有智慧，有膽量，越戰越堅強
> ……

打敗雙面人，怪獸都殺光，大家都稱讚

無敵鐵金鋼！鐵金鋼，鐵金鋼，無敵鐵金鋼！

很可笑是吧？但是，真實就是這樣的歌，這樣的情緒！我邊唱，邊笑，邊哭。我們的飛狼，載滿了厲害的火炮，開始匿蹤飛行了！

還擊的開始

第二天一大早，我們部署了配合馬丁的作戰方案。距離發動總反攻的日子，大約還有一個多月左右。

馬丁在掛上電話後，立刻進行他的部署。首先，他親自撥了通電話給他們 Giddy, Schuurman & Co. 公司在遠東出差的馬庫斯 Markus，叫醒正在熟睡的他，問他現在在哪裡，明天是什麼任務？然後，要他把眼前不算緊急的任務放一放，趕到浙江一個廠去做拜訪，然後把細節仔細的交代給這位德國青年工程師，並要求他複述任務。

德國時間天亮後，馬丁又派出一個高級經理 Jürgen 約爾根趕往遠東，不是到其他地方，而是住進香港最好的飯店 Inter Continental，這個待會兒再提。

馬庫斯 Markus 果然於 9 月 22 日下午兩點鐘，出現在浙江廣衡廠。門房通報有個外國人在廠房門口，廣衡頗感意外，業務部李經理出來瞭解情況。業務經理的英文不算好，兩人一番折騰，領進了會議室，馬庫斯 Markus 從行李拿出了一個工業零件的樣

品，問「你們公司能不能生產這種零件？」李經理看了看，覺得有些困難，但是應該還是可以做得出來。然後問了問，「你們是哪家公司呢？」馬庫斯 Markus 假裝很冒失地道了歉，拿出了名片，哪，我們是家德國公司。

李經理正愁今年業務目標沒達成，現在來了個老外，自己送上了門。他讓馬庫斯 Markus 在大會議室等著，讓人端去了飲料，自己回到了業務部，拿起馬庫斯 Markus 給的名片，上網去查查。當他打入「Giddy, Schuurman & Co.」幾個字後，馬上跳出非常多的資訊，哇！一百多年的德國大公司！天哪，老天爺掉餡餅了！由於網上的資訊太多，也都是英文的，李經理來不及仔細看完，就把電腦快快關閉，小跑步回到大會議室。

進到會議室，一看，除了馬庫斯 Markus 以外，沒有別人！李經理鬆了一口氣，把這老外領到一間較小、較偏僻的會議室。趕忙問：「馬庫斯 Markus，你是怎麼找上我們公司的呢？」李經理問的很急，馬庫斯 Markus 有板有眼的慢慢回答，德國人嘛，很認真的說了一大串，總之，李經理聽到了關鍵字，是一個叫 Kroon 的公司或是叫 Kroon 的一個人介紹的，他連忙打住馬庫斯 Markus 的話，說：「我跟你打個商量，如果我們公司其他人問起來，你就說你是我找來的，可以嗎？」

馬庫斯 Markus 故意露出不解的表情，問「不能說是 Kroon 介紹的嗎？」李經理著急了，說「Please，please 要說是我 Peter Lee 介紹的，好嗎？」馬庫斯 Markus 點點頭，故意說，如果你們可以製造這個零件，一定要給我很具競爭力的好價錢哦。李經理

看到老外終於答應了，高興的說：「那是一定，那是一定！」然後，這時候，已經是下午三點鐘了，錢老闆快下班了。

可以想像吧，把馬庫斯 Markus 帶回到大會議室後，李經理三步併作兩步的奔向廣衡廠董事長室。一看錢老闆還在，李經理向大老闆邀功來了。「董事長，我經營好久的一個德國生意，今天有點眉目了，您有時間聽聽看嗎？」

錢老闆當然立刻見了馬庫斯 Markus，在瞭解到他帶來的樣品後，問了問訂單數量。馬庫斯 Markus 說：「公司派我來先是要弄清楚情況，第一步是確定你們公司能不能根據要求，生產出這個產品，然後才談其他的……」。錢老闆說：「可以的，但是我想要知道訂單的大小，自己心裡有一個概念。」

馬庫斯 Markus 假裝猶豫了一下，就說「大約六百萬套吧，半年。」錢老闆睜大了眼睛：「半年，六百萬套？」馬庫斯 Markus 故意朝反方向解釋，接著說：「我知道，半年，六百萬套是不多，但是我公司有規定，一開始合作的廠，無論大小，都只能從小訂單做起。」

「哦，這個我明白。請你稍等一會兒，我們商量一下。」錢老闆故作鎮定的說。然後拉了李經理出了會議室，來到走廊盡頭，他問：「小李，這麼大的客戶，你從哪裡找來的？」小李說：「一言難盡，總之是花了很長的時間才開始有點眉目的。我可以補一份書面報告給董事長您。現在的問題是，怎麼處理？」

「這樣，我假裝說還有其他事情，所以要先走，讓這老外覺得我不是太看重他們的生意。你代表我，今晚請他去吃飯，完了

該帶去哪裡就去哪裡。放機靈點，搞清楚他們還有什麼大生意？
我在家裡，隨時等你的報告，記住，每一步都報告給我……」

錢老闆交代完畢，兩人回到了大會議室，錢老闆向馬庫斯
Markus 很禮貌的打了聲招呼，就先走了。

當晚，「老練」的李經理帶著「略顯青澀」的馬庫斯 Markus
又是大餐，又是燈紅酒綠的，「套」出來很多情報，他也陸陸續
續的同步報告給董事長。問題來了，李經理探知，馬庫斯 Markus
管的只是像「半年六百萬套」這樣的「小訂單」，他上面還有大
咖的主管，管的是真正大咖的訂單。這是 9 月 22 日晚上發生的事。

聽了「小李子」昨晚從老外口裡套出的情報，錢老闆決定不
能再玩虛的了，一定要傾全力把這家德國大公司給拿下。於是，
一大早，錢老闆就帶著李經理來跟馬庫斯 Markus 一起早餐。

錢老闆一反昨天故作輕鬆的態度，很誠懇的向馬庫斯 Markus
請教，要如何拿到更大的訂單？馬庫斯 Markus 也很客氣的回答，
像廣衡這樣的廠，先是要通過 Giddy, Schuurman & Co. 總公司派
人來驗廠，做個「Factory Audit」，通過後，成為「Tier Two」也
就是所謂的二級供應商。之後，表現得很好，就可以升成「Tier
One」一級供應商。「在德國和歐洲，好多我們的一級供應商，
結果都變成了上市公司……。」

錢老闆很欣賞眼前這個德國年輕人，有板有眼的，回答問題

很明確，邏輯很有條理！就開門見山的說，我知道這些規矩，我們廣衡也一直跟美國的大公司合作，但是，有沒有更快成為一級供應商的方法？

馬庫斯 Markus 就回答：「如果你們原來就跟國際間比較知名的公司有實質的合作，就有可能直接變成一級供應商。但是，這種情況比較少發生。你們都跟哪些大公司合作呢？」

錢老闆說了一些公司名，馬庫斯 Markus 就說：「嗯，這個嘛，我沒有許可權告訴你可不可以……」。錢老闆有點著急了，就請教他：「馬庫斯 Markus 先生，我們很投緣，我很喜歡你。其實，我的廠很大很好，只是一直沒有碰到超級大客戶，所以，我真的懇求你，能不能幫我想想辦法，縮短這個流程，我是一定不會忘了你的大恩大德！」

李經理，一面幫他翻譯，一面感到驚訝，從來沒見到董事長這麼求人的。

馬庫斯 Markus 說，「這樣，我打個電話，問問我的上級。」於是，他起身，離開餐廳去打電話。錢老闆和李經理坐在餐廳裡，透過大落地玻璃可以看見馬庫斯 Markus 在打電話的背影。馬庫斯 Markus 其實是打電話給總公司副總大統領馬丁派來香港的高級經理 Jürgen。他們倆很快的把彼此的任務交換了一下意見，然後把後續的計畫再溝通了一遍。錢老闆看到馬庫斯 Markus 很努力的講了很久的電話，很是高興，也帶著一些感動。

不是感動馬庫斯 Markus，而是感動自己怎麼這樣招老外喜愛，先是 Rainier Baxter 公司老闆自己找上門，要他反水西華集團，

現在又來了德國百年超級大公司……。

打了很久電話的馬庫斯 Markus，回到早餐的座位。錢老闆自己很小聲的問了一聲「OK 嗎？」

馬庫斯 Markus 說：「Maybe OK，但是，我的上司現在剛好在香港，他很忙的」，「是的，是的，我明白，我可以負擔費用，請你的上司來我們廠……」，「不，不，你們誤會了，不是錢的問題，是時間的問題。如果你有什麼要求，你可以當面跟他說，他叫做 Jürgen 約爾根。」

多的我就不贅述了，撿重點說，他說這話時，是 2011 年 9 月 23 日上午，這是個星期五早上。馬庫斯 Markus 告訴錢老闆，Jürgen 約爾根在香港只待到星期六的晚上，然後就要飛澳洲，接著要到巴西。

錢老闆是個勤奮的溫州老闆，有生意，比什麼都重要。

當天就決定搭黃昏的飛機前往香港。錢老闆跟馬庫斯 Markus 說，飛香港的所有費用他全包了，請他一定要在上司面前多多幫襯，多多美言。馬庫斯 Markus 回答說，Giddy, Schuurman & Co. 總公司有嚴格的規定，不能讓供應商支付這樣的費用，如果被發現，供應商的資格不是被取消，就是被降級。

錢老闆對這樣的規定，感到由衷的佩服。

2011 年 9 月 24 日上午馬庫斯 Markus 領著錢老闆、李經理

來到香港 Inter Continental 的酒店大堂，等了約二十分鐘。Jürgen
打了馬庫斯 Markus 手機，馬庫斯就帶他們上樓了。Jürgen 的房
間有個可飽覽維多利亞海港景緻的大陽臺，客房中的華麗絲綢裝
飾，以及亞洲藝術風格的精美傢俱，讓人同時對未來產生豪華、
壯觀的情緒。「啊，真氣派！」錢老闆心中讚嘆。

　　Jürgen 雖然比馬庫斯 Markus 威嚴，但是語氣也顯得溫和。
談話的過程花掉一些時間，但結論是 Jürgen 同意考慮錢老闆的請
求。不過他也說，「Factory Audit」得做，而且得通過才行。在
馬庫斯 Markus 居中幫忙下，幾個人敲定 27、28 號派人來驗廠。
因為是想要申請成為一級供應商，所以可能得二到三天完成驗廠
的程序。為什那麼急呢，因為錢老闆知道十月一日到八日之間，
整個國家都在過「十一長假」，所以這個期間，沒辦法進行驗廠
的工作。

　　另外一個重要的原因是，根據 Rainier Baxter 公司給自己的要
求，大約在長假結束後幾個禮拜，Rainier Baxter 公司大老闆 John
Pengilley、小老闆 Mark Pengilley 會帶著大客戶 McGregor Inc. 公
司新接班的少東家 Henry McGregor 來訪。這，可是大生意。

　　所以在此之前，小老闆 Mark Pengilley 肯定還會派人來廠裡
來回要求，得把時間空出來，都是大生意，不能馬虎！

　　驗廠的事，花了三整天，錢老闆忙前忙後的，總算通過了。
經過了那麼多天的相處，馬庫斯 Markus 已經變成廣衡錢老闆的
「好朋友」了。驗廠成功，一個小小的慶功晚宴，「喝得有點醉」
的馬庫斯 Markus 說：「告訴你一個小秘密，如果你們變成了一

級供應商，最快發財的方法就是拿到 FX8853 這個專案項目。這個案子，每年至少有七千萬歐元的訂單……。啊，我說多了，不算，不算，undo，undo。」

「喔天！一個項目就有每年七千萬歐元的大單。」錢老闆聽得真真地，一句話都沒有聽錯！

他心想，得拼！接下來就是錢老闆、李經理、花花世界裡的美麗公關們輪番敬酒，軟磨硬泡的得到一個結論，如果 Jürgen 肯推薦，錢老闆就有可能到 Giddy, Schuurman & Co. 德國總公司見到大統領 Martin ！

（說到這裡，大家都應該恍然大悟了，Martin 不是別人，正是西華集團黃先生幫助過那位，度過最為艱難時刻的好友。）

當然，說到這裡，經過錢老闆「非常、非常努力的爭取」，Giddy, Schuurman & Co. 德國總公司發了封正式邀請函給廣衡公司錢老闆，定於 2011 年 11 月 6 日到達德國，7 日參觀總公司各部門及相關產業，8 日討論升任一級供應商的事項，9 日離開德國，返回遠東。德國公司排的行程，縝密又清楚！

由於是通過驗廠的供應商，受邀訪德的全部費用，由 Giddy, Schuurman & Co. 德國總公司負擔。

錢老闆真是高興壞了！

回到 Rainier Baxter 公司，老狐狸 John Pengilley、小狐狸

Mark Pengilley，成功的說服了 McGregor Inc. 公司新接班的少東家 Henry 走訪遠東重要合作廠商，（跟西華有關的部分）定出的日期是 2011 年 11 月 7 日參觀廣衡，8 日前往臺灣，9 日參觀其他小廠，10 日參觀源亨。

一切安排就緒，老狐狸畢竟是老狐狸，雖然奪了西華的大客戶，又控制了西華在這個生意上最主要的供應廠，但是還覺得不能高枕無憂，讓兒子派人打探西華集團有什麼動靜。

前面說到過，跟馬丁談好後，配合他的計謀，我親自擬定配套計畫。計畫很雜、很細，但是都圍繞一前一後兩個方面，進行欺敵：「困獸猶鬥」的掙扎，以及「悲觀落敗」的淒涼哀求。

「困獸猶鬥」上，從 2011 年 9 月 21 日啟動飛狼的第二天開始，讓洪總每隔一兩天就打手機和發電子郵件給宣稱「在佛羅里達半養老」的老狐狸 John Pengilley，不斷地向他陳情，不斷地要求他看在昔日並肩作戰的情份上，給西華留點後路，留口飯給西華吃。頗有「斷腸，仍在天涯奔走」的不堪。

老狐狸當然也在手機那頭裝傻，一會兒說不知道啊、不會這樣吧等等；一會兒義正詞嚴地板起臉來，要西華自己反省，所謂優勝劣汰，就是宇宙的真理……。最後一次，也是最經典的，在 2011 年 11 月 2 日，他回覆給 Kate 的電子郵件上寫著，說西華現在的情況，就像那蒼白無力的獨唱表演：「a pale rendition of the aria……」；「There is no way for getting your 2W out of that jam by now……」你們西華，鐵定沒有法子可以脫困了。

另外，當然洪總也發電子郵件去哀求小狐狸，希望他能看在

多年的情誼上，一定要顧慮到西華的生存什麼的……。小狐狸，一貫地已讀不回。年輕嘛，懶得跟獵物周旋。

　　到了接近十一長假前，小狐狸 Mark Pengilley 還親自向廣衡和源亨一一確認會面的計畫，得到的答案都是：「沒問題，我們準備好了。」可以想見，整個 Rainier Baxter 公司，包括他們招聘來的由「潘總經理」領導的那群穿著像大銀行理專的男男女女，都洋溢著一種即將「大塊吃肉、大碗喝酒」的狂喜情緒。值得一提的事，彼此從來沒有瓜葛的，也就在 11 月 2 日，那「潘總經理」發了一封電子郵件給我本人，不是問候長假，電子郵件只有幾個用 25 號字體的大字：「呵呵，就要完蛋了！」

　　決戰的日子接近了。這讓洪總有些忐忑不安，自從創業以來，沒有碰過比這回更兇險的情況了，不可逆轉地，昔日戰友要彼此割喉廝殺到這種地步了。戰場上，血腥被迫成為一種美學。

　　因為小狐狸的交代，那些像理專的爪牙們來回出入在「詐降的」源亨廠裡，一會兒命令他們整理這個那個，一會兒要求粉刷這裡那裡，狐假虎威，搞的雞飛狗跳。

　　洪總潛回了臺灣，與趙老闆及幾個親信密會，並做了一些特殊的安排。大戰一觸即發！

　　安排好了，洪總又到車城福安宮去尋求庇佑，求得了第三十四籤「蕭何追韓信」。籤詩寫著：

　　春夏饞過秋又冬，紛紛謀慮攬心胸，貴人垂手來
相援，休把私心情意濃。

　　回到 Rainier Baxter 公司，躊躇滿志的義大利老闆 John Pengilley 帶著幹練的兒子 Mark Pengilley，飛往 McGregor Inc. 公司，準備領著新接班的少東家 Henry McGregor 走訪遠東的日子到了。突然間，知道浙江廣衡公司的錢老闆，在 2011 年 11 月 6 日莫明其妙的跑到了德國。大小老闆氣的暴跳如雷。

　　不得已，只好把參觀浙江廣衡公司的行程，改成參觀他們 Rainier Baxter 在廣州的辦事處。這小小的辦事處，給 Henry McGregor 留下了壞印象。他按捺著性子，問他們，為什麼不去上海參觀 2W 西華？父子倆支支吾吾的，找了理由給搪塞過去。依照原定行程，8 日前往臺灣，9 日參觀其他小廠，10 日參觀源亨，這個沒有改變。

　　John Pengilley 不再那麼躊躇滿志了，他生怕源亨也出什麼幺蛾子，所以他們 8 號一到了臺灣，馬上派出兩個像理專的手下，去源亨看看是否正常。趙老闆笑咪咪的出來迎接這兩個手下，帶著他們整個廠看了一圈，一切沒有問題。

　　9 號黃昏，疑神疑鬼的 John Pengilley，又派他們做最後的視察。這次巡弋，沒有事先通知。

　　他們突然到了，讓源亨有點驚愕，因為內部正在依照洪總的要求做一些特殊準備。「特殊準備」的東西，趕忙收到一個小房

間，趙老闆急中生智，讓人在那裡噴灑消毒水。兩個「理專」打扮的人，全廠看了一遍，指著那房間，還沒等他們開口，趙老闆就說，看到有一隻野貓，正在把牠薰走……。就這樣，他們滿意的走了。

～～～✦～～～

2011 年 11 月 10 日，星期四，天氣晴，微風輕輕吹著大地。Rainier Baxter 公司大小老闆，帶上身穿黑色西裝的男女約十個，簇擁著 Henry McGregor，分三輛租來的黑色高級箱型車，就像電影裡 FBI 幹員出任務那樣，浩浩蕩蕩地駛向源亨廠。

遠遠地看到源亨廠時，廠裡安排好的鞭炮漫天響起，煙霧繚繞，三輛車剛停好，車門剛剛打開，鑼鼓隊響起，圍著鞭炮的火藥味和尚未散去的煙霧，幾個外國人都覺得新鮮有趣，都帶著微笑看著敲鑼打鼓的熱烈隊伍。

待煙霧漸漸散開，鼓聲正稀時，看到廣場上飄揚著一面旗幟，上面正是「2W」！Rainier Baxter 公司大小老闆及全體「隨扈」都面面相覷。這時候，源亨的鑼鼓隊以及全體出廠的百名人員，訓練有素地自動分開一條通道，通道那頭迎面走出了個堆滿笑容的女人，那人不是別人，正是西華總裁洪明雅！

伸出歡迎的手，總裁親切的說：「How nice to see you here, Henry ！I am Kate.」

如果是拍電影，就演到這裡了。但這是傳記，我們還有點後

續沒交代。回到 Kate 出現在源亨，Rainier Baxter 公司全員都受到驚嚇，不知所措。亨利在 Kate 的引領下，進了廠區，踏入會議室。至於 John Pengilley，不愧是老江湖，也跟在亨利的後頭。

他的兒子漲紅著臉留在廣場的中央。

進到會議室，洪總介紹了趙老闆給 Henry McGregor。會議室裡整整齊齊的擺放了從 2004 年以來，西華與亨利的父親 Tom McGregor 一起努力過的每一個產品、每一份設計圖、每一個手工樣品、每一個經過 Tom McGregor 親自確認過的出貨樣品，上面有的還留著他父親的簽名……。

這一瞬間，亨利全明白了！他想起為什麼在 6 月 29 那個 Kate 沒出席的會議後，他父親拉著他的手說的那段話是什麼意思了。「Remember this, my son, Kate is the meat and potatoes of our business.」原來父親一直想告訴他，西華才是貨真價實的夥伴。

他向洪總道歉了：「我一定做了很多讓你以及你們公司傷心的事了，請一定原諒我的無知。作為補償，我會把那欺騙我的人手上的訂單，絕大程度的轉給貴公司。願我們能像我父親健在那樣，緊緊的合作！」

不知道什麼時候，那老狐狸早已悄悄退出會議室了。廠區大廣場裡的那三輛車，也早已一溜煙地不知去向。

這是個好日子，在決一死戰後，看見了第二道彩虹。

　　第二天，我們送走亨利搭上回美國的班機後，在源亨我們有個慶祝酒會，此刻，我們不是慶祝將有更多的訂單，我們慶祝的是我們的精誠團結和肝膽相照！我們都活過來了，從今天 2011 年 11 月 11 日起，新西華誕生了！一個曾經差一點死亡的集團，得到朋友的援助，我們成功的活了下來。這段沉鬱的經歷，改變了日後我們的思想。

　　我打了通電話給馬丁，謝謝他隱匿得那麼好，在我最危急的時刻，成為我們的無敵飛狼！在電話那頭，馬丁回答說，不客氣，當年我幫他逃出困境時，他的感覺跟我現在是一模一樣！我問了他錢老闆在德國怎麼樣了，他說，不用擔心，來德國一趟，沒讓他花錢，這就夠了。我們都呵呵笑了。

　　朋友，就是那麼可貴的資產！緊要時，能救命！

──經過了這九死一生的幾個月，對日後經營西華有什麼影響？

　　是的，你說的「九死一生」還不足以形容當時我們對這個情況的畏懼。事實上，若是沒有出現飛狼般能匿蹤飛行，遠水救近火的奇蹟，我的國際貿易事業必然玩完一大半。因此，我的人生觀從此也改變了許多。前言，「**英雄一生，只死一次**」，也就夠了，死過一次後，許多看不開的也看開了，許多放不下的也放下來，許多不甘心的，……也逐漸淡忘了。

　　對交朋友的方面，我更深深的瞭解了什麼叫做「自信的人肯

努力，故不誤；重義的人交天下，故不孤。」的道理，所以我讓我的兒子們要用心結交好的朋友，有一天，他們也會瞭解「朋友是荒野中的甘泉」這個道理。不能仗著自己的一身本領，就輕忽這個我們自己曾經用死生才得以印證的道理。《淮南子・道訓》說：「善游者溺，善騎者墮」就是真理，善游泳的人常會被水所淹，善於騎馬的人也難免會從馬背上掉下來。

另外，我當時就做了個決定：等到我的兒子黃策大學畢業，加入我的公司後，除了努力學習繼承已有的事業以外，我還要拿出資源，讓他自己做一個他喜歡的事業。等到他的弟弟黃治也加入我們的經營後，也會同樣的讓他自己做一個他喜歡的事業。

你如果好奇，我就多說一點。後來黃策果然做了一個他喜歡的事業，做出了一個品牌咖啡：「Wittlich Coffee」。從談配方、學習技巧，到設計品牌形象，到生產、銷售、流通，他全都做的有模有樣。創立了的新品牌咖啡，不久就得到世界葡萄酒大師 Annette Scarfe 的肯定。這一點讓我感到訝異和欣慰。

原來，「世界葡萄酒大師」的頭銜不是個普通的尊稱，「葡萄酒大師」的頭銜起源於 1953 年。那一年，英國葡萄酒與烈性酒協會（Wine and Spirit Association）與名酒酒商公會（Worshipful Company of Vintners）共同決定，有必要制定一些葡萄酒行業的標準（長期以來，倫敦一直是葡萄酒貿易的中心）。英國的 Institute of Masters of Wine（IMW）每年都會舉辦 MW（葡萄酒大師）考試，從種植葡萄、生產製作、行銷策略到品嘗佳釀，總之與葡萄酒有關的一切，都要有全面、充分的認識，方可成為

▲第二代黃策經營的自有咖啡品牌 Wittlich

MW。考試至今已有近六十年歷史，目前全球兩百多個國家，葡萄酒大師僅三百人左右。葡萄酒大師的稱號是葡萄酒行業最高的專業頭銜，也是條件最苛刻的職業資格。

　　我看到黃策與這個堪稱「世界上資格最苛刻」的大師互動，很有層次，進退得當。Annette Scarfe 曾擔任投資銀行家，她於 2012 年 11 月 6 日參加倫敦 Vintners Hall 舉行的歡迎儀式，正式加入葡萄酒大師協會（Institute of Masters of Wine）。目前，Annette 在倫敦、香港和新加坡等地區擔任獨立顧問。她是品鑒小組中的常規成員，並為英國、法國和香港的葡萄酒比賽擔任

評委。

黃策找了這樣一位為葡萄酒比賽擔任評委的人，來品鑒他創造出來的咖啡，這個自我挑戰的主意本身就很大膽。

人人都能想像得到，好的品酒師具備了異於常人的感知，一杯酒經他們端詳，輕聞，入口一嚐，那酒是什麼樣的品種，產地哪裡，好在哪裡，不好在哪裡，立即就能做出評鑒來，更何況，今天品嚐 Wittlich 咖啡的是世界級一流的大師！所以她的肯定，讓集團內所有參與 Wittlich 咖啡的人都很興奮，因為，Wittlich 咖啡，是好咖啡！這個品牌，假以時日，當成大器。「守舊即破壞，創造才能改變。」我這麼認為。

▲黃策與大師 Annette Scarfe

▲西華集團的咖啡品牌 Wittlich

第十二章————————————
霧峰林家

三代英雄之後，有著淡淡的哀傷

我屢次與林義德先生見面，常常能感受到他有種焦慮，也有些許憂傷。

相處時間長了，我想，我能體會他的憂傷是什麼？他憂傷霧峰林家宮保第出了三代英雄，但已經漸漸被人遺忘。焦慮，是因為他也已經垂垂老矣，還沒做出自己心中一件能稱得上振興英雄世家名聲的大事來。

儘管馬英九先生曾經為他們題了墨寶：「三代民族英雄 臺灣百年世家」，並刻成了柱子上的楹聯，但是越來越多人忘記了這三代英雄是誰，以及他們的事蹟。看來不只林義德有這種憂傷，他的兄長林義功也曾經出版了一本書《亂世忠魂 林祖密將軍傳奇》，就是不願意讓英雄蓋世的祖密爺爺被人遺忘。

霧峰林家，出過連續三代都是英雄人物，不容易見到吧！

簡單說一下這個家族。霧峰林家是臺灣五大家族之一，清中期發達後，擁有臺灣中部地區大量的土地，並因第一代英雄人物

林文察在咸豐年間，英勇作戰於閩、浙，被曾國藩讚賞不已。（曾國藩說過：閩中健將，文察為最！）

第二代英雄林朝棟更領其「棟軍」參與清法戰爭，擁有驍勇的地方軍隊，蒙慈禧太后兩度召見。接連出了兩代英雄，清廷御賜其二十代「騎都尉」世襲官位！這在當時的臺灣，的確顯赫不已，富甲一方。

第三代英雄林祖密為國父孫中山所倚重。他的事蹟，容後再敘。

林祖密有九兒六女：長子林正熊、次子林正傳、三子林正幹、四子林正元、五子林正亨、六子林正利、七子林正恭、八子林正寬、九子林正信，長女林雙蘭、次女林雙英、三女林雙吉、四女林雙意、五女林雙盼、六妹林雙昭。

前述的林義德、林義功兩兄弟，正是林祖密次子林正傳之後。其他還有林義幀、林義經、林義明也是，但我還不熟。（呀，這個家族實在太大了，據說有五百之眾。）

1904 年，甲午戰後，臺灣割讓給日本，林祖密因不願留在臺灣受日人統治，遂遷到福建鼓浪嶼，在這個像是外國租借地的小島上，蓋了大宅名曰紅樓、黑樓（或稱烏樓）。

故事來了。

據說在某個時期的同一天，蔣介石與林祖密皆晉升為少將。1919 年 6 月 11 日蔣介石到林祖密鼓浪嶼的宅子住下。被解密的蔣公日記記載了這段往事：「11 時，到廈門，即渡鼓浪嶼，投宿於宮保第。」

蔣介石住宮保第期間，據其日記記載，他閱讀曾國藩的家書和日記、《資治通鑑》、《孫文學說》等，並偕同姚妾遊覽林家花園（其實是菽莊花園），盛讚園景之佳，「優於蘇州留園」。可見林祖密當時在鼓浪嶼的宅第多麼豪華。

故事，我撿重點說。

1917 年林祖密被任命為孫中山大元帥府參軍。次年（1918）1 月 6 日，又被任命為閩南軍司令。

1925 年 3 月 12 日，國父孫中山逝世。幾個月後，國父身邊的重要人物廖仲愷遇刺身亡於 8 月 20 日。四天後，（8 月 24 日）林祖密被「軍閥」所殺，所開設的公司產業被霸佔。

從此，宮保第的傳奇便如風中飄蕩的花瓣，餘留少許芬芳在其子孫心中。

兩年後，於 1927 年 7 月，林祖密的長子林志民擒殺了仇人張毅等人。林祖密的次子林正傳和五子林正亨，向國民黨中央申請褒揚其父，其後，得到國民黨頒發的褒揚令。

這裡，我強調一下，林正傳便是我友林義德的父親。

還有件奇怪的事，值得一提。蔣公率軍民退到臺灣七十幾天後，突然間他老人家又要去鼓浪嶼看看。事後回顧此事，覺得十分驚險，因為他去看完之後不到幾天，共軍就攻佔了鼓浪嶼。

當時情況是這樣：1949 年（民國 38 年）7 月 22 日，蔣公從台北乘軍艦最後一次登臨鼓浪嶼。

解密的日記中記載道：「本日七時起床，朝課。風平浪靜，在甲板上消遣。十一時，船抵廈門，展望鼓浪嶼風光，不勝卅年

前之感懷。下午，經兒（即蔣經國）由粵飛廈，面報離穗後的一般情形。認為此行收穫極大也。七時後，捨舟登鼓浪嶼，寄住王玉柱家中。」（即黃奕住的黃家花園，發音有誤故）。

日記又記載：「次日（23 日）早上，帶經兒巡遊鼓浪嶼西部住宅區，經過舊德領館與墳山，覓訪舊寓……卅年前之住處，不見蹤影矣。步行一小時，返寓。」下午登船離去，24 日中午，抵達臺灣基隆，從此，他再也沒能踏上大陸故土！

從 1919 年 6 月 11 日第一次到林祖密鼓浪嶼的宅子住下開始，在蔣公的心中，顯然，鼓浪嶼是個他心中有特別意義的地方。那是什麼呢？沒人知道。（這使得我決心實地去看看，我待會說說這一段經歷）

霧峰林家風華落幕？

2016 年 03 月 15 日有媒體以「《世家望族》大時代第一世家霧峰林家風華落幕」作為標題，對林家做了報導。其中，有一段結尾：「如今，林家後代只能憑藉重建的古厝，緬懷先人功績來重拾信心」。

不知道有多少林家子孫，會為這結語感到震動的？

其他人，我不知道，但是林義德看到這樣的結語後，強忍了許久，終究默默地哭了！我不忍心看這樣的景象，低下頭看著他處。空氣中蕩漾著一種悲涼的沉默。不一會，受了這樣的評議而激動不已的他，拭去了淚，清了清喉嚨，以平靜的語調問了我一

句話：「老弟，毓麟，你明白告訴我，有什麼可以讓人感覺到，是家族強大的象徵？」

「有自己的博物館，而且裡面收羅了許多重要的藏品！」我想都不用想，就回答了。

因為，我早在第一次會晤羅斯柴爾德機構時，就看到這種文化的力量！但是，眼前我只打算引用日本人高橋明也的觀點，說給我這流淚的老哥哥聽。

「為什麼即使賭上國家威信，也要收集藝術品？因為藝術品能將權力和財力具體化。」；「無法計數的藝術品能綻放出某種

▲董事長黃毓麟與林義德（右）攝於宮保第

權威、品味、能量。想要擁有它們的想望，正是形成收藏的極大原動力。」

高橋明也說，猶太人在歷史上變強大的背景，是因為他們擁有的財產不僅僅是金融資產，還包括藝術品……。

我舉了日本大財團住友家族擁有的泉屋博古館……還有白鶴酒業集團所擁有的白鶴美術館為例，詳細描述給他聽。

我其實約莫能理解此刻林義德的悲憤！這種悲憤，不是世家的子弟，一般人很難理解。

前面提過，林家「三代英雄」的第三代英雄林祖密，生前為國父孫中山所倚重，而於國父逝世後約半年，即被軍閥殺害，產業遭到霸佔。然後，竟然沒人把這位英雄的隕落當作一回事，還讓祖密的長子林志民自行設法，花了兩年才得以擒殺無法無天的仇人。祖密生前結交的那麼多黨國權貴，不見聞問，也竟然還要他的二兒林正傳和五兒林正亨四處奔走呼籲，才在祖密走後五年，得到國民黨中央發的一紙褒揚令。

英雄的子嗣，嘗盡了「人走茶涼」的無助與惶恐，也體會到現實的無情與悲戚。彼蒼者天，曷其有極！

這還沒完，英雄的五兒林正亨，在國民政府遷台的第二年，被槍決於台北馬場町！（附帶的說一下，林正亨留下的墨寶：「人生最樂事，唯有讀書聲」，蒼勁的筆跡，現保留在林獻堂博物館中。在館中，端詳這兩句話時，我細忖許久。）

林義德眼角含著淚光說：「我叔叔（林正亨）人長得高大，懂軍事，能文能武，是祖密爺爺留下最有英雄氣概的兒子……。

就這樣被槍斃了！」

　　後面的，都不用說了，林祖密被殺害後，那些從鼓浪嶼遷回臺灣的妻兒家族，至少前十幾二十年是生活在怎樣的惶惶不安中。這一點，凡是稍有歷練的人，都能夠想像得到！

　　我這時候，回想起 1919 年 6 月 11 日年輕的蔣介石初次到青年英雄林祖密鼓浪嶼的大宅住下，當晚日記寫下：「11 時，到廈門，即渡鼓浪嶼，投宿於宮保第。」期間，他閱讀曾國藩的家書和日記、資治通鑑、孫文學說等，……盛讚園景之佳，「優於蘇州留園」的種種，格外令人有不勝唏噓之感。

　　曾經叱吒風雲宮保第三代英雄之後，不願意就此被人們認為「風華落幕」的林義德，心中渴望我們西華能幫助他，這意思其實挺明白。我說，等我去一趟鼓浪嶼，回來再商量。

　　我於是儘快安排了鼓浪嶼之旅。

鼓浪嶼宮保第

　　鼓浪嶼原名圓洲仔，或圓沙洲，到了明朝改稱鼓浪嶼。大約清同治二年（即 1863 年），英國教會在鼓浪嶼建造了供外國人做彌撒使用的協和禮拜堂。隨後幾十年間，德、美、法等十多國，先後都在島上設立領事館。隨之而來的便是許多巨富人家都到這裡興建府邸。一時間，島上充滿了中外各種風格的建築物，有中國佛家道觀屋脊飾有吻獸式的廊式建築，有閩南風格的院落平房，有中西合壁的八卦樓，有唐式的日本屋舍，也有十九世紀歐

洲美洲風格領事機構。當時，在中國南方，鼓浪嶼猶如一個萬國建築博覽會。

原來，1910年，當年的林祖密，任廈門自治會會長。幾年後，大約是1915年，他也選擇在鼓浪嶼置下府邸。1918年，他初升任閩南軍司令。

我到了廈門，搭上渡輪，實際考察這個島嶼，親身體會昔日英雄故居宮保第。鼓浪嶼在林祖密居住時，或許有許多碼頭，但是我現在踏上鼓浪嶼的，應該正是宮保第當年的碼頭。

上島後，第一個見到的是當年的美國領事館，斜後方上坡大約走三百步，就是霧峰林家第七代林祖密將軍昔日的府邸。我到了宮保第將軍府，才聽說不只青年蔣介石來此居住過，孫中山、周恩來等民國初期名人，都曾經是該府邸的座上賓。

這府邸自將軍逝去後，幾經輾轉，現在已經成為旅店了。我跟管事的經理攀談許久，他指著樓上左邊一間房說：「看，那就是林祖密的房！」

我一聽，「快領我看看去」。

望著這不寬的樓道，我半信半疑地快步上了樓，進了那屋，看到擺設傢俱，我相信這或許真是他的房間。

一腳踏進屋，映入眼簾的是一整套嵌雲石海棠紋（酷似一朵綻放的梅花花朵那樣，但是有六瓣花形）的六足大圓桌，配上同一設計的鑲嵌雲石海棠紋六足圓凳，。根據桌與凳面攢邊外框的工藝造型，以及木質用料選材的考究（由於管事經理一直站在身旁，時間上不甚允許作從容的品鑒），我認為是清末民國初年的

大紅酸枝傢俱無誤。

整組傢俱設計妙巧，結構合宜，做工考究精細，大器而華美，我相信確實是當時留下的傢俱。此時，我又撇見屋內的拔步床！哇！妙哉！

這拔步床的形制高大，紋飾與結構均複雜，好像把架子床放到了一個木質平台上一樣，平台四角立柱都雕刻蟠龍，透過旅店掛在拔步床上的嫣紅色蚊帳（真是有種說不出的彆扭感），還是看得出那是一個清代流行的廊柱式拔步床。

可惜，或許管事經理似乎有其他事情要處理，顯得有些急促，我因此沒能跨上房內的一個小階，進一步察看那木質、雕工，只能隔著有點遠的距離，看著那件具有紫檀色澤的高大傢俱。

我心想：若是，連床都是大紅酸枝甚至是紫檀的，那麼，這無疑便是將軍生前的屋！

「可以拍照嗎？」我問道。那人立即反問了一句：「要不你先辦住宿……？」。在鼓浪嶼宮保第留宿一夜的念頭，也在我因為時間上不允許的情況下，不得已打消。

我在附近找了家清末民初老別墅改經營的西式餐廳，想體驗當年鼓浪嶼的風情。但是，用餐時卻食不甘味。

原因有兩個：一是透過回味宮保第的建築，想像 1915 年到 1925 年間，林家在這裡的種種風光與美好（林家好些個人都是在這段時間，誕生在此宅中）；二是，我動了收藏林祖密將軍的那套嵌雲石海棠紋六足圓桌傢俱的心思。

不過，後來再往下想想，收藏傢俱在執行上必然困難重重。

首先，得回到宮保第說明收購的意圖，接著我必須花點時間，仔細看看這套傢俱。然後管事的經理得花時間跟我一來二去的瞭解情況，以判斷是不是真買賣，然後打電話給他的老闆，老闆又一來二去地通過他跟我瞭解情況，然後很可能又說等他趕來當面談更好。……然後談付款，先怎麼定貨，後如何結清餘款等等。等他們確定這一切都沒問題時，我得研究如何打包裝箱，用什麼方法從鼓浪嶼給運到廈門，再從廈門往外運……。啊，想到這裡，就打住、打住吧。

離開鼓浪嶼時，已是夜晚時分。在渡輪上回望漸漸遠去的小島，此刻，心中不由自主地默默響起了那首許多臺灣人喜歡的歌，〈海海人生〉！

> 人講這心情，
> 憨憨憨憨較快活，
> 不可太陰沉，想了就怕！
> ……人講這人生，
> 海海海海路好行，
> 不可回頭望，
> 望著會茫！

船離開小島的此刻，很老實的說一句，我真能想像出當年祖密將軍被殺，產業被霸佔，祖密的家眷漏夜倉皇離開這昔日的輝煌之地，全家人分散地捲縮在幾艘不同的船艙裡，低著頭，把眼

光小心翼翼抬起，做最後的眺望……。別了，我的家！

當時，島上必也是這般迷人的萬家燈火模樣……。

將軍身後留下的全家人，在夜色的掩護下，望著再也回不來的家，必然悄悄相擁地……哭成一團！

此刻，感受到這種悲涼的我，想起了自己。

我的一生經營事業，數十年如一日，風雨無阻，每天起早貪晚的勤奮工作，用企業獲得的絕大部分利潤，累積了讓許多行家、博物館、美術機構都讚不絕口的璀璨藝術收藏，為的就是有一天，把已有名氣的「綠隱書房」變成了自己的「西華美術館」。是故，有好多人，提供好多資源、許多美麗的建築，遊說我共同組建高級豪華的博物館，我都一一婉拒。

這一夜，我在離開鼓浪嶼的渡輪上，對這個心願的完成方法，有了些許異樣的改變。

我不是個一感動，就腦門發熱的人。但是，據說巴菲特在 89 歲生日前後，接受 CNBC 對他做了一次獨家採訪，說出了幾許人生的感悟。其中有一個，他說：「成功更關乎於愛，而不是金錢。」

我在這句話中，找到了一個新的精神。或許我的成功，可以關乎一個對英雄世家的敬佩，而不必全然地想著成就自己。

於是乎在回臺灣的飛機中，我便打定主意，跟林義德先生，好好地、開誠佈公地把事情仔細討論清楚。

高橋明也曾說過：「**在美術館，藝術品才是主角。**」這話對著呢。這也是為什麼近年來有許多擁有「美術館般美好建築」的人，陸續找上西華，希望能在藝術文化上進行合作的原因。藝術

品才是主角嘛。那我就用藝術品來幫忙他們林家吧。

如果坐擁一百多年官邸古宅，又有許多傳奇英雄故事的宮保第願意，我便以千年珍稀藏品使之光華重生。我心裡雖是這麼想，但是我得理性地、冷靜地跟林義德談談。這事情要是做得好，便是佳話一段；反之，若是做的不好，朋友都可能因此反目。

得冷靜，得冷靜。我這麼告訴自己。

霧峰林家：頂厝與下厝

說到這裡，我必須就我自己有限的瞭解，認真地把霧峰林家再說明一下。

林家，自第三代林甲寅後即分成大致兩支：頂厝和下厝。

根據媒體的報導，而我要是沒理解錯誤的話，霧峰林家全盛時期，擁有水田二千甲，山林兩萬甲，富甲半個臺灣。

而前面我說的故事，多指的是下厝，其中以三代英雄宮保第那支歷史最為精彩。但是現在我們講講頂厝。

頂厝與下厝最大的分別始於 1895 年馬關條約簽訂後。根據馬關條約，臺灣成為日本領土。頂厝的林家決定繼續留在臺灣，堅守祖業；下厝則在第二代英雄人物林朝棟的帶領下，渡海回歸大陸。

跑題說一個心情：每次我聽聞林家這段各領族人分道揚鑣的故事，都不自覺的想起鄭愁予的〈賦別〉：

這次我離開你，是風，是雨，是夜晚
你笑了笑，我擺一擺手
一條寂寞的路便展向兩頭！
念此際你已回到濱河的家居
想你在梳理長髮或是整理濕了的外衣
而我風雨的歸程還正長……

回到正話。當時留在臺灣的林家，不久後便以林獻堂為領袖。

林獻堂受好友梁啟超思想啟蒙，在臺灣辦報、興學、創詩社。自 1921 年起，長達十五年在臺灣領導了「臺灣議會設置請願運動」，並與中部士紳創立彰化銀行。

1945 年二二八事件爆發，林獻堂相識的許多士紳都因出任「二二八事件處理委員會」也被列為「台省漢奸」、身心受創，他也只好避走日本。（同一時期，下厝林祖密將軍的第五子林正亨，則被槍決於臺北馬場町。）

之後，第七代的林鶴年又崛起，成為霧峰林家檯面上家喻戶曉的人物。他曾任三屆台中縣長，是台中地方有影響力的「紅派」開山祖。林家運用其地方上的影響力，台中一中、省議會、台中公園都是由林家結合其他士紳捐地興建的。

1950 年代，政府實行三七五減租和耕者有其田政策，使得整個霧峰林家再度失去大部分土地，家族財力也隨之大大減弱。

是故，如我先前所述，當看到媒體報導，整個「霧峰林家大宅第內的悲歡離合，隨著林家人物的謝幕，逐漸被淡忘」；「歷

史謝幕，風華不再」；「如今，林家後代只能憑藉重建的古厝，
緬懷先人功績來重拾信心」一這些都是讓林家人無法從容面對的
結語。

林義德：五大密碼

　　林義德的夫人梅菊華女士也是個性情良善的人，時常在我們
聊天時加入穿插一些往事，很讓人喜歡。林義德有兩個兒子，大
兒林武慶、小兒林武志。

　　我從鼓浪嶼回來後，把在鼓浪嶼宮保第見到的點滴都說給林
義德聽。他聽得十分入神，因為他離開時才兩歲。我說到蔣介石
當年到他家去住了一段時間，進而讓蔣介石終其一生都喜愛這個
島，他也覺得很有趣。還說到祖密爺爺被殺的那段往事，我不覺
地激動得很。他也跟著很是激動。這時候，夫人梅菊華湊了上來，
悠悠的說，「我感覺，你前世好像是林家的子弟呢……」

　　我提到從鼓浪嶼回台時「如果坐擁一百多年官邸古宅，又有
許多傳奇英雄故事的宮保第願意，我便以千年珍稀藏品使之光華
重生。」那個想法。林義德說，他也正為這個事琢磨了好久。他
說，我們一定會結為盟友，因為，從相處那麼長的時光裡，「我
看到了結盟的密碼！」

　　「哦？結盟的密碼」我問。

　　「請快給我分析分析」。我心裡有些高興，三代英雄世家的
子孫要講故事了！

第一個密碼，是你的姓氏，黃。

乾隆五十一年在臺灣發生了林爽文事件。簡單的說一下這事件：乾隆五十一年（1786年）十一月，清廷臺灣總兵柴大紀率兵到彰化抓捕林爽文。林爽文即率眾起義攻打清軍兵營，一舉殲滅了官兵。清廷大為震驚，於是在乾隆五十二年（1787年）急調水師提督黃仕簡、陸路提督任承恩等率兵四千渡海赴台增援在台清軍，戰爭進行到八月，清政府改命大學士福康安為將軍、領侍衛大臣海蘭察為參贊大臣，再率水師渡海。戰事一直持續到乾隆五十三年（1788年）正月初，清軍多路出擊，俘獲了林爽文，押解至北京伏法。

這事件讓林家先祖林石受到波及，被抄家下獄，後卒於獄中，林家基業全毀，子孫流離失所。

林石長媳黃端娘帶上兩個兒子輾轉來到霧峰（阿罩霧）辛苦異常地重起爐灶。林氏在霧峰獲得新生。所以，林氏一族均感戴黃端娘。因此，黃姓對林氏而言，特別有親切感！

第二個密碼，是你的生日，8月18。

祖密爺爺在大陸被殺後，其遺孤好不容易從廈門鼓浪嶼遷回霧峰老家。民國三十九年8月18日，也是所謂的二二八事件時，祖密將軍留下的第五個兒子林正亨被逮捕，這個允文允武的兒子，不久後在台北被槍決。8月18日，對宮保第一族，是個震動的日子。

第三個密碼，是兒子。

林義德喝了口茶，接下說：「毓麟，你只有兩個兒子，我也

只有兩個兒子。你沒有女兒，我也沒有。最神奇的是，你的二兒叫黃治，我的二兒叫林武志。」「小治與小志，叫起來一模一樣的發音，分不出差別來。」

我聽了也是嘖嘖稱奇！是的，好巧呢。

第四個密碼，是麒麟。

「毓麟老弟，你的名字，指的就是麒麟。」清代武官一品以麒麟為象徵，所以我林家大花廳中一個重要的標誌便是木雕麒麟。我以前聽到，你辦公室的牆上掛著一個高大的清代木雕麒麟，十分威武。這種相似，不能視之為巧合。

第五個密碼，是雨中的緣分。

很久以前，有一回天上突然降下大雨，我大兒子連同孫子一家人困在大雨中。忽然間，有個好心的女士遞出了把大傘，讓我兒子、媳婦及愛孫解了危。幾年以後，在談事情的時候，我兒子進來了，一抬頭發現，啊！當年那送傘的女士，就是眼前西華集團的總裁洪明雅。

林義德分析這五大密碼，一氣呵成，其意玄妙，我們又談笑了歷史碎事，褒貶品評善惡異流，相映成趣。

宮保第西華美術館

除了到不同的美食餐廳歡聚外，我們最常在宮保第的第五進院落裡議論事情。

這第五進，根據林義德兄的說法，是整個大宅最深入、最隱

◀霧峰林家宮保第：
與西華百年之盟的希望

密的地方。事實上也果真如此，每每到了夕陽西下，快要華燈初上時，這院落顯得格外寧靜而優雅，確實讓人發思古之幽情。

我於是問了一個最為關鍵性問題：「你，能代表宮保第跟我談這麼重要的合作嗎？」

「能！」林義德想都不想就回答了。或許，他早就料到我會這麼問。

「可是，媒體一直有報導，宮保第其他人之間似乎有許多爭執與衝突……」

不待我問完，林義德認真地解釋給我聽：「對的，我明白毓麟兄弟的顧慮。林家下厝包括宮保第在內由於子孫眾多，對於未來難免有許多不同的理想與不同方向的追求，或許因此產生讓人不解的所謂的衝突。可是，在大發展、大方向上，內部還是團結的。更何況，我親哥哥林義功，以及我那活躍又聰明的堂弟林光輝，我們都是相互最支援的一脈。其他，我叔叔那一支，也跟我們很緊密，互動頻繁，沒有外界說得那麼不睦。您放心！我代表宮保第沒問題。我下面武字輩、德字輩的子孫，都遵循著我們第九代義字輩的囑咐，一代交付一代使命，很團結的。」

我看了看他身邊的林福立，他也不住的點頭表示同意。

不一會，林福立先起身帶領，而林義德不徐不疾的安排我們黃氏成員進行一個院落、一個院落地實地勘察討論。其中，當然少不了特別介紹宮保第大花廳。（在以後的許多時候，我們一面討論博物館的事務，也常常到這個那個院落實地勘察，也常常都

是在倦鳥歸巢的黃昏時刻。）

經過許多討論，我們首先確定了博物館的正式名稱：「宮保第西華美術館」，簡稱「宮華館」。那一天，林義德顯得格外高興，領著我們在第五進院落拍了照，又指著這座院落說：「先從這第五進設第一個展館區，因為最為隱密，特別好。」

（補充個後話：博物館的名稱確定了之後，我們西華集團特別為這個特殊的事業，在台中市成立了宮華文化公司。但，這是後話。）

在這樣高亢的氣氛中，經過熱烈討論，根據不同院落的設計風格，我們打算在宮保第中設立四大類展館區，錯落在優雅的古宅群裡。其中大致依可能的開館順序，四大類展區共計有文房展館、璽印之美館、（上下五千年）玉器館，以及以宮廷貴族所使用的器飾用具為主的「風華如繪館」。

為了這樣一個偉大理想的文化事業，我們從那天之後，繼續開了數不清的會議。

耗費驚人的螞蟻搬家

籌備期間，我們西華不斷地一小批、一小批地，從北美不同儲存藏品的庫房帶回臺灣。

這是個聽起來容易，做起來耗費人力、時間、財力巨大的事。有的藏品體積較小，長途運輸也不算很困難，一次旅行可以運回七、八件；但是我們有許多藏品，體積較大，年代久遠又十分珍

貴，內包裝，外木箱的，讓我們一次只能運送兩三件回到臺灣，然後妥善安置在新的庫房裡，等待進駐展覽館的時刻。

許多藏品都是二十幾年前就存放在北美庫房，當時雖然也一一拍了專業照片，但是從今天的角度看來，那種表達方式已不合時宜。因此大多數運回臺灣的藏品，又必須再找攝影師重新拍照。有時，一件藏品，得由不同的攝影師拍照，方能達到令人滿意的詮釋效果。

有反對的聲音沒有？有的！在這個過程中，我集團負責日本事業發展的事務長丸山君，遠在剛開始決定開設宮華館時，便提出了不同的看法。

他認為，從文化的角度而言，我西華的藏品中有不少代表著中華文明的巔峰，在日本也能受到歡迎。他舉例日本天皇在奈良的文物保存倉庫正倉院，裡面保留了大量優質的中國文物。所以，即使正倉院每年只開放一週供人參觀，來人也非常踴躍。日本人喜歡瞭解研究中國古代藝術的錦繡，以及其中隱藏的意義。

他還認為，即便霧峰林家在臺灣是少見的百年世家，但是看起來分支過於複雜，而且恐怕意見很難統一。反之，在日本，一百年、兩百年、甚至三四百年的世家則比比皆是。其中，家族實力好又酷愛藝術事業的，不乏其人。既然西華集團發展博物館事業的重點，不在於求取經濟利益，應當在日本也找尋適當的夥伴，作為比較。

丸山還在會議中不只一次強調，儘管宮保第老宅在臺灣可能算稀罕的，但是「博物館的靈魂是藏品。有了國寶級藏品的博物

館，才是有分量的博物館！」

他認為，沒有西華（指的是綠隱書房）優質藏品當做靈魂的宮保第，就是可供買票進場看看走走的老宅子，不會有人專門從很遠的地方跑來參觀這種在日本、中國大陸都很多、很多、很多的老宅子；就算來過的人，也很少願意再特意回來，買票進去走走。

丸山的話，縱然不悅耳，但其實不假。

只是，西華的總裁洪明雅是霧峰人，當然天生的對霧峰林家有著超乎平常的親切感。

幾經多次會議討論，我們內部還是決定把與霧峰林家的合作視為第一優先。若是後來出現了實現上的困難，再依日本事務長的建議，發展在日合作的方針。雖然如此，丸山屢次開會都表示大量花費從北美運送藏品回臺灣的決定很不妥當，何不先看看宮保第能做什麼？

當然，丸山的分析確實有道理，可是，或許也隱藏了自己一點小私心。

若是西華集團本身在霧峰成立了博物館，那麼，為了發展相應的文化事業，加上原來在臺灣就有的其他商業活動，勢必在台中地區加大運作的投資，重心也必然從他處逐漸回到臺灣。反之，若是在日本能贏得更佳的夥伴，重心勢必也會因為如此移往日本。西華內部，黃策其實同意丸山的看法。

這個，只能是時間能回答的決策。對與錯，見仁見智。

《宮華五十選》的效應

早在一年多前我們西華就組織了一批人，在所有藏品中挑出代表性的五十件，隨著林義德基於其自身的考量，也為了把成立美術館的消息公開於世，我們正式出版了一本藏品的代表作：《宮華五十選》。

看到精美的宮華五十選時，林義德高興到驚呼的地步。是的，這象徵著宮保第西華美術館的社會名片已然完成，而精美的藏品代表美術館的靈魂，在這本書中已完美表達。我們同時也催促林義德加快把院落給規劃出來。他一面高興的說，有了這五十選，他就更容易對宮保第其他林家的人說明了。「雖然，萬事起頭難，但是我立刻會召開會議。」

無疑的，這本書代表了美術館的身價，也代表一個城市的文化。因此，台中市長盧秀燕給西華總裁洪明雅寫了封信。

市長隨即安排人員對我們進行協助。這一點的確出乎大家的意料！啊，一位真心重視藝術與文化的市長！

有一個小細節得提一提，不然年代久遠，我們或許漏掉一位為這個事業也出過力的人，他是林福立。

我們與林義德開過無數的會議，林福立多半有參加。雖然，有時可能會為了內容敏感或是出於什麼顧慮，林福立會被支開，但是整個來看，林福立是很被倚重的一個人。市長派出的人員跟我們開會時，林福立也正式參與會議（相較林義德只讓其大公子在會議廳外旁聽而言，顯然林福立是有相對較高的分量。）市長

夫綺閣金門可安其業華夏之寶

五色交輝今者宮保第西華美術

館始建霧峰林家宮保第共西華

黃氏為之頌貺以佳文祈請百歲

康寧如月之恒如日之升如松柏

之茂天寵永隆

林義德　黃毓麟　同白

▲宮保第西華美術館 祭天禱文

的人跟我們開完會後，拿出一份文檔讓與會者簽名，表示已完成市長交代的任務。我們西華禮讓林義德代表宮保第簽了名，「我是第九代」他還特別向市府的人介紹了自己在霧峰林家的輩分。

林義德簽名後，我們西華的人也一一簽上名。一場與市府文化局的重要會議，即將結束。

市府的人正要把文件收進檔案袋時，林義德突然說：「等一下！」大夥愣了一秒鐘，林義德有點不好意思，但隨即嚴肅地指著身邊的林福立說：「讓他也簽吧。他是我總管理處的秘書長！」

啊，我們心想，好厲害呀，這世家的人！這一兩年來，我們只知道林福立常常參與我們議事，但是從來不知道他是什麼身份。今天當著市府人員的面，林福立的身分揭曉了。

霧峰林家頂厝與西華

也幾乎就在同時，霧峰林家頂厝林芳媖為了慶祝其學校成立七十週年，將原來設立在萊園五桂樓的林獻堂文物館遷址擴大，正式登記成為林獻堂博物館。成立當日，冠蓋雲集，好不熱鬧！

回應市長的好意，西華便將正在與印度貴族籌畫中的「百花鬥彩五千年」展覽計畫提出來給市長，不抱任何預計、禮貌性地詢問市政府共同主辦此展的意願。文化局表示來不及，因為市府在這方面的安排已經排到了一兩年後了。

這個籌畫內容，卻意外地引起林獻堂博物館的興趣。

　　本來，《宮華五十選》出版，又收到市長鼓勵的來信，西華集團日本事務長丸山也大感意外，認為有必要到霧峰學習，順便也仔細地參訪整個宮保第院落。他的申請，很快的得到我的首肯，於是乎把來回機票買下，並安排了在台中好幾日飯店的預定。

　　一切都那麼美好的進行著，突然間與霧峰林家頂厝的會議時間敲定了！

　　雖然同屬霧峰林家，但由於我們與頂厝這一支只有在幾年前有過短暫的接觸，不像與宮保第那麼熟悉，所以，為了怕產生不必要的意外，總裁洪明雅果斷地將日本事務長丸山訪宮保第的行程給取消了！畢竟，這一兩年來，丸山始終認為應該將合辦博物館這樣的大事同步也放在日本，而不該單單只跟宮保第談。

　　一連兩天，我們受到了頂厝林芳媖的熱忱款待。已經擁有林獻堂博物館的她，也有著對文物相同的喜愛。這使得我們聊起天來格外像是老朋友。第一天見面時，我們特意帶了一個良渚文化的十節玉琮，象徵十全十美之意。我們跟她解釋，在 2001 年的冬天，四川成都西郊金沙遺址的考古工地上，出土了一件十節玉琮，其高度大概有 22 公分，從玉質、形制、工藝、紋飾各方面，這件十節玉琮很可能來自千里之外的良渚古城，現在這件玉琮是金沙遺址博物館的鎮館之器！所以今天見面，我們也挑選了一件自己珍愛無比的良渚玉琮，高度 23 公分，也是十節，於是林芳媖對著這件玉質清透硬實又帶有少許紅沁的寶物，欣賞甚久，來回把玩，無形之中彼此增進了許多交流藝術品的情趣。

　　我們聊了一天，覺得意猶未盡，約好第二天接著聊。第二天，

　　一個很隆重的餐敘後，受到她的邀請，全員再移到她擁有的一個寬大、典雅又無比僻靜之處，交流彼此的心得更加不受打擾。

　　我們對霧峰林家頂厝有她這樣果決、博學、舉重若輕的女性領導人，印象真是好極了！臨別前，林芳媖董事長拉著洪明雅的手說，以後想一起聽水聲、聽鳥叫聲時，我們一起！

　　啊，才兩天，就建立了姐妹般的情誼。林芳媖還表示，她對於我們即將完成的「THE QUEEN」重現五千年前女王的創舉，很是喜歡，希望我們能在她創立的「林獻堂博物館」中展出。關於「THE QUEEN」計劃會在後面的章節中詳述，這裡便不多贅述。

▲總裁洪明雅與林芳媖（右）攝於景薰樓

　　事後，總裁洪明雅半開玩笑的說，還好，沒讓那位總是持反對意見的日本事務長來，不然指不定會有什麼破壞氣氛的事發生。

　　回到西華總部大樓，我們特別召開了一個三十週年年終董事會，除了回顧我們創業時的初衷以外，也對於今後集團事業體，以及正在成型的博物館事業也做了熱烈的討論。席間，被放鴿子的日本事務長丸山也出席了年終會議，他還是提出了他的堅持，認為以我們西華的收藏，以及正在進行到要完成的「THE QUEEN」計畫（包括配套的「百花鬥彩五千年」），以及一直沒公佈的「綠隱書房十二古琮館」計畫，都是上乘的藝術展示，實在沒有必要一定跟霧峰林家綁在一塊，而是應該放眼更大的區域，進行深度的合作，例如印度國家博物館、歐洲其他的博物館，或是日本有實力家族支持的博物館。

　　與會的人也分別提出了看法，大家或許辯論的有點面紅耳赤，但是有個同樣交集的論點，就是：未來，非常精彩！

結語

　　好了，今天已經是十二月十號了，洪總裁及黃策協理在開完年終集團會議以及董事會後，已經馬不停蹄地奔赴北美與客戶做年終業務會議。而且作為訪談者的我而言，傳記截稿的時間將至，我估計這是西華集團三十週年快結束前，另一個有趣故事的開始。未來西華集團本業的發展如何？他們的博物館事業又如何？開出的花朵

是在日本？印度？臺灣？還是其他地方？真是精彩可期。

就像觀看許多國外影集，第一季十幾集演出了前三十年的故事，正處在一個拐點分水嶺時，畫面戛然而止！螢光幕上打出這三十年來所有參與時光流轉的人員名單，奏出另人振奮又依依不捨的音樂，讓我們都等第二季推出令人期待的新故事吧。To be continued……

接下來的二十天，我以很快的速度將西華集團對古美術品的研究成果，以及他們花了許多年才完成的「女王重現」計畫，盡我能力梳理清楚。

最後一句話，能為這樣一個家族公司撰寫歷史，是我的驕傲，作為撰寫者，我非常珍惜跟他們相處的每個時光。

──葉全

第十三章————————————————

「綠隱書房」三十年收藏研究與成果的分享

　　在我們與霧峰林家緊鑼密鼓地籌備自己的博物館期間，我想起了已故老友孫守道。正是因為孫守道，我相信我必須拜訪一趟鴻禧美術館的董事長張秀政。

　　綠隱書房與鴻禧美術館素無來往，但有這樣一位重要朋友的囑託，就成了因緣。

　　這要從 1998 年說起。那一年十月初，大陸知名考古學者孫守道應邀到臺灣作為期三週的訪問。在此期間，除了台北故宮外，孫守道也拜訪了臺灣最富盛名的私人收藏機構，鴻禧美術館；同時也多次拜訪了綠隱書房（前身叫作：三百樹梅花齋）。看過了雙方的典藏後，孫守道曾經這麼建議：「鴻禧的藏品又多又精，其中書畫、瓷器、金銅佛像都非常了不得。而你們（綠隱書房）的藏品則以古玉器及青銅器著稱，我認為你們兩家應該結為好友，多走動、多交流才對。」

　　對於孫守道的建議，綠隱書房除了表示感謝以外，當下回答

道：「鴻禧在臺灣的地位非常之高，素有小故宮之稱。我自問眼下是高攀不上。或許再過十年、二十年，等到我也達到相當好的名聲時，再進行拜會不遲。」

當然，這話回答的有些虛偽。因為，在此之前，我們部分的古玉已經在許多國際知名的博物館間累積了相當的名氣，所以當我對孫守道的建議這麼回答時，他也表示我太謙虛了。

這一晃，二十幾年過去了，綠隱書房的總部早已由台北遷至上海，現在又由上海回臺灣籌備設立自己的博物館時，我便不斷地想起當年孫守道教授的提議。於是向鴻禧美術館提出了拜會的想法。沒想到鴻禧美術館董事長張秀政一口答應，甚至安排會晤的地點就設在張董事長的私邸內，可以更親切地接待我這位不速之客，這的確是我沒有料到的事。

2017 年 11 月 17 日，因為與林家設立博物館的事情還處於保密的階段，所以我便以綠隱書房的名義，拜會了這位在臺灣博物館界知名的人物。依照約定，當天來到台北市仁愛路四段 3XX 號。原來，這許多年來鴻禧美術館董事長張秀政早已是深居簡出，很少露面。但是為了怕上海來的貴賓一時間找不到地方，特別派了親信手下早早等在路口。這是一棟管理很森嚴的大廈，一般人無法自己進的去。

我進到屋內，啊，濃濃安思遠風格的張秀政私邸！

　　我先跑題一下，再次介紹誰是安思遠。他的本名叫 Robert Hatfield Ellsworth，出生於美國，原是蘇富比教育學院中國區首席代表、資深藝術品市場顧問，但收藏界的人都知道他是美國紐約最為知名古董商兼收藏家，多年的經歷讓他成為國際間最具權威的亞洲藝術古董商。換言之，是美國及整個西方藝術界公認最具眼光和品位的古董商兼收藏家，有「中國古董教父」之稱。逝世於 2014 年 8 月。他生前的居所，陳設了非常多的亞洲藝術品，其中有許多照片，流傳在愛好這種風格的人群之中，影響很大。許多人以他居所的風格，作為裝潢的參考。

　　就這樣，如孫守道的提議，兩個藝術機構的負責人，終於在這一天見面了！雙方見面的第一句話：「秀政大哥，您好！您好！」

　　「歡迎，歡迎！請進，請進！」由此，開啟了溫馨的對話內容。

　　進門處，擱了一個五彩大花瓶，瓶內放置了許多中外不同風格的手杖，估計張董事長出門時隨心情取出使用。屋內每一面牆上都掛有名家字畫，桌上除了精美的木雕擺件外，隨處可見許多書畫卷軸。靠牆有面大的書櫃，成為美麗藝術品的陳列區。顯然，張董事長把特別喜歡的珍稀典藏，成百地放在身邊隨手把玩，頗有乾隆皇帝三希堂的韻味。

　　引領同是古文物收藏同好的朋友入座後，不一會，張秀政董事長又起身離座，親自為訪友沏上好茶。坐定的我此時便有片刻時間，靜靜地流覽一下屋內的陳設。

　　我仔細端詳那個大書櫃。典雅的書櫃上，最上兩層放置了幾十尊不同時期的銅鎏金佛像，每一件都是鎏金飽滿，保存完善、且品相莊嚴。第三層書櫃，置放了極其讓人喜愛的掐絲琺瑯器。

　　房裡沏茶出來的張秀政看到這種情形，便親切招呼我這位遠道而來的朋友趨前近看這些藏品。首先映入我眼中的便是那件壁厚體重、氣勢恢宏的甪獸香薰爐！這應該是件乾隆年間的銅胎琺瑯器，由於製作極其精美，可以判斷源自於宮廷。獸首通體鎏金，

▲黃毓麟與鴻禧美術館張秀政

獸爪強勁懾人，整器流暢生動！還有一件掐絲琺瑯葫蘆形執壺，
雖然不方便看看底部有無年款，但觀其造型、紋飾、釉色，都可
判斷是清代琺瑯器中的精品。其他還有許許多多一時間看不完、
說不盡的美麗寶貝。我心想，張秀政真是一位親切、溫馨、和藹
的人，難怪二十年前孫守道前輩極力推薦兩家應該早早互訪。

美術館最大的資產是其研究

回到座位上，張董為我細心介紹鴻禧美術館的收藏歷史。原
來，成為臺灣最大私人美術館的收藏，是歷經了兩代四人的努力，
長期積累而成！創辦人是張董事長的父親張添根。

讓人覺得最難能可貴的是，除了典藏藝術品以外，張董非常
注重文物的考古與研究，所以他延攬了精通中國文物的外國人詹
姆士 史賓士，擔任鴻禧美術館的館長一職。在這位外國人館長的
協助下，館內英才俊傑均殫精竭慮的投入文物的研究工作，言理
密察、實事求是。

問候般溫和的語調下，張董為我這個綠隱書房掌舵人無私地
分享他們這些研究方法，而且強調說：「大家都說鴻禧美術館的
藏品如何如何，多麼的多、多麼的好。其實，我認為鴻禧美術館
最大的資產，不在於它有多少的藏品數量，而是它所累積的龐大
研究成果。這些研究帶給鴻禧美術館與世界上許多博物館間，呈
現了學術交流的高度繁榮！」

張董以前輩、兄長的胸襟，把自己珍貴的經驗，提供給綠隱

書房參考、比較、觀摩、學習！和藹的他，對我說，鴻禧美術館還進一步地願意把國際間的人脈，介紹給綠隱書房，讓綠隱書房在未來的旅程上，走得更好、更穩、更久！

感受到諄諄殷切的友誼，瞭解了張秀政先生謹守樸學的精神，於是我起身，恭謹地把綠隱書房創立 30 週年紀念，一片原創音樂專輯《36 Stars》贈送給張秀政董事長。在惺惺相惜彼此不捨的心情下，互道珍重！

整個訪問過程，我歸納了張董反覆強調，經營藝術品收藏必須有的兩點重點 (而這兩點我西華都做到了)：第一，就是前面提到的「藝術研究」；第二，就是要適量的把自己的藏品交給拍賣公司去進行交易，「透過市場機制來肯定自己藏品的級別」。

告別了張秀政位於台北的私邸，走在華燈初上的仁愛路街頭，想想，20 年前大陸泰斗級考古學者孫守道的提議，讓兩位藝術機構的負責人能在 20 年後，果真相聚一堂，侃侃而談。守道先生地下有知，肯定歡喜！

至於，鴻禧美術館跟西華黃氏的綠隱書房都重視的，兩個很相似的觀點，我認為也應該花點篇幅說明一下：

一、藝術研究的價值，不亞於藝術品本身的價值。

二、適量的把自己的藏品交給拍賣公司去進行交易，「透過市場機制來肯定自己藏品的級別」

　　我先把有關第二點簡單的說明一下：

　　前文提到，我們西華在 2015 年起，即將邁入另一個五年計劃，其中最有份量的便是在 2020 年成立博物館，把運用三十年經營企業集團絕大部份所得，去細心積累的藝術收藏，開拓出一個可傳之百年的文化事業。但是，藝術品雖說是無價的，不過在市場經濟掛帥的當今時代，無價的東西又如何量化他們的價值呢？答案就是：「透過市場機制來肯定自己藏品的級別」。

　　這個部份，我們與鴻禧美術館董事長張秀政的看法一致，而且根據我們長時間的觀察，許多世界級的收藏大家，也都是這麼做的。先舉個例子，堪稱世界最偉大的收藏家族羅斯柴爾德的藏品，在 2012 年北京匡時春季拍賣會中隆重亮相。這件拍品編號第 1244 的寶貝，是一件乾隆年間宮廷級別大型的掐絲琺瑯器，全稱是銅胎掐絲琺瑯太平有象夔龍紋雙耳三足蓋爐，「景泰年製」款，高 56.5 公分，寬 35 公分。這般美器，可能也是屬於不定期間「透過市場機制來肯定自己藏品的級別」吧。

　　另外再舉一個好例子。日本神戶地區有個非常著名的財團，叫做川崎。這財團的創始人是川崎正藏男爵。除了是了不起的實業家外，川崎正藏男爵還是偉大的收藏家。他的一生收藏了中國玉器、瓷器、字畫等達到兩千餘件。在明治二十三年（也就是西元一八九〇年）設立了他的私人博物館「長春閣」。若要提到長春閣的收藏級別，我們得回到日本戰國時代。

　　日本戰國時代中晚期有一位最強大的人物，也是德川家康的朋友，叫做織田信長（日語：おだ のぶなが，英語：Oda

Nobunaga），出生於尾張國的勝幡城或那古野城（現愛知縣西部名古屋市），他是日本戰國時代到安土桃山時代「戰國三傑」之一。織田信長原本是尾張國的大名，於桶狹間合戰中擊破今川義元的大軍而名震全國，後通過擁護室町幕府的末代將軍足利義昭趁勢上洛逐漸控制京都，之後正式提出「天下佈武」的綱領，將各個敵對勢力逐個擊破，掌握了一大半日本領土。

織田信長曾得一幅寶畫，是日本室町時代皇家之物，叫「寒山拾得圖對屏」，後來這幅畫竟然流轉成為「長春閣」的藏品，足見其收藏的實力與勢力。

可能也是在不定期間「透過市場機制來肯定自己藏品的級別」的觀念下，「長春閣」有許多精美的舊藏也出現在 2009 年十一月的北京，交由保利拍賣公司進行秋季拍賣。

回到西華綠隱書房也怎麼進行「透過市場機制來肯定自己藏品的級別」活動吧。

北京有一家老牌子拍賣公司曾經兩次拍賣過法國吉美博物館（Musée Guimet）的舊藏；先後是 2011 年拍賣的元青花牡丹紋大罐，和 2013 年拍賣的大明洪武釉裡紅纏枝牡丹紋玉壺春瓶。鑒於這所位於巴黎第 16 區，1889 年建立主要展現埃及、古羅馬、希臘、中國和其他亞洲國家文化的世界級博物館的舊藏，也交由其安排拍賣的良好名聲，加上這家拍賣公司總經理也親自率領幾

（捲形龍玉佩拓片）

▲ 2016 年底在北京拍賣會拍出的捲形龍玉佩

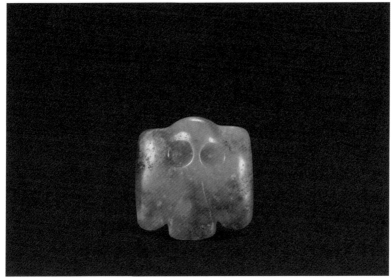

▲ 2016 年底在北京拍賣會拍出的紅山文化玉鴞（上：正面；下：背面）

位經理拜訪綠隱書房，我們便欣然地接受了這拍賣公司的徵集，拿出了十件庫藏品交由其公司，於2016年12月在北京完成拍賣。

這十件藏品全數拍出。其中，一件只有4.2公分寬紅山文化玉鴞以人民幣368萬拍出（這代表五千年小件玉器的真品，當時的市場價值）；另一件10公分高，雕工極美春秋戰國時期的捲形龍，卻只以人民幣40萬拍出（這個成交價格偏低了，但是卻透露了一個重要訊息：周代上下時期的玉器，或許已經由盛而衰，開始不如更高古的玉器那麼受到藏家的青睞。這裡稍加延伸一下，從這個趨勢看就不難明白，為什麼到了2018年，一件新石器時代直徑8.8公分素面無紋的玉鐲，能以430萬港幣成交；到了2019年，一件尺寸7.8公分高，雕有三節神人獸面紋的良渚玉琮，能以3100萬港幣成交了。）

「透過市場機制來肯定自己藏品的級別」這件事，圓滿而慎重地完成了。接下來，就該談談我們對於藏品的研究。

—❧✦❧—

三十年來，我們對藏品的研究稱得上是不遺餘力。在這上面花費是人力、物力、財力，和時間、精力都是驚人的數字。這要認真說起來，可以再出版厚厚的一本書，可是，今天我們要強調的研究成果，得放在「良渚文化」上。為什麼呢？簡單講，第一，它已經在世界考古領域成為明星文化；第二，我們綠隱書房在這個文化上的收藏較為豐富。

　　我先非常簡略地說說，為什麼它已經在世界考古領域成為明星文化。

　　首先，大面積的良渚遺址被發現。位於浙江省杭州市餘杭區良渚街道、瓶窯鎮，部份位於湖州市德清縣下渚湖街道，是以良渚古城遺址為中心的遺址群，總面積 34 平方公里，遺址年代為西元前 3300 年—西元前 2000 年，屬於新石器時代文化遺址。

　　其中最重要的是這良渚古城，是良渚文化中最重要、最具文化歷史高度的遺址，這在中國大陸，甚至被被譽為「中華第一城」，也就是說這是中華文明迄今最偉大的古城。其重大價值在於改變了以往人們對中華文明起源的時間。

　　其次，1994 年良渚遺址列入中國申報世界文化遺產預備名單，到了 1996 年，成為第四批全國重點文物保護單位。幾個月前，也就是 2019 年 7 月 6 日，在亞塞拜然舉行的聯合國教科文組織世界遺產委員會第 43 屆會議上，「良渚古城遺址」以符合世界遺產第 3 條和第 4 條標準，成功列入《世界遺產名錄》，被列為世界文化遺產。

　　這件事非同小可！被列為世界文化遺產之後幾天，也就是 7 月 16 日，北京故宮博物院在紫禁城的武英殿內，舉辦一個極為隆重的良渚玉器五千年文明展！展覽彙集了具有鮮明良渚特色的玉琮、玉璧、玉鉞等美麗高古玉器。

　　可惜，臺灣方面，好像沒有這樣針對良渚文化的特展。我們想了想，多年以來對自己良渚相關的藏品做了大量的研究，藉著西華集團三十週年的慶祝心情，歸納了兩點，貢獻給我們的同胞。

一是琮的起源，與對良渚先民的推崇；二是重現五千年前王族的
光輝，推出 THE QUEEN 計畫。

關於琮

　　根據多年的研究，我們提出了一個推論，以一張精心製作的
圖示，試著說明琮的起源。喜愛美麗飾品的集團總裁洪明雅，花
了好多時間從光素無紋的五、六千年前的玉鐲，一路跟大家一起
研究藏品，一面多次親赴良渚文化的環太湖流域，體驗其氣候、
風土、山水，又多次靜靜地流覽良渚文化相關的博物館。她花費
數個月的時間寫下了以下長篇文字，代表她個人以及西華集團，
對良渚這個文化、這個古國至高無上的推崇。

> 歷史在人類創造神的時候開始，在人類成為神
> 的時候終結。——以色列歷史學家尤瓦爾·赫拉利
> （Yuval Noah Harari）

　　博物館事業是一個將歷史與文化，憑藉先民的思維、智慧、
及美學所留下的作品，像堆砌古老年代的故事那樣，築成一個長
廊，讓我們都能在其中找到自己的感悟！當人們能寧謐地品味一
件件古代文明的藝術作品，捕捉古人的優雅與感動，必然能夠讓
人喜愛和事後不斷的回味。
　　在一千八百餘件藏品中，我們對古玉藏品情有獨鍾，所以我

▲籌備中的十二古琮館

先從古玉說起。一位西方著名的古文物專家 Jessica Rawson 給了古玉一個永遠的定位，她說：「In China, Jade has always occupied the position that gold has attained in the west……So deeply embedded in Chinese culture is jade……Where jade is tough, gold is soft; where jade has flaws, gold is pure; but gold, like jade, both are permanent.」簡述她的話，就是說西方古文明最高的代表是黃金，中華古文明最高的代表是玉。玉代表剛，黃金則代表了柔；玉能承載沁與裂，黃金則追求其純淨。但，都是永恆！Jessica Rawson 說的沒錯，中華古文明最高的代表是玉，但是真實意義還應該更深遠些。

壹、中華文明最高精神世界

限於篇幅，我闡述研究心得時，想暫且不把重心放在那些早已備受關注過的紅山玉器，而直接放在良渚文化上。我試著從感受到的精神世界說起。我們與生俱來的有一種精神境界，那便是活在幽奇裡，風煙俱淨。覺得這樣的境界很舒服。那是為什麼呢？我來說說。在幽奇的環境裡，「好鳥相鳴，嚶嚶成韻，蟬則千轉不窮，猿則百叫無奇。」「水皆縹碧，千丈見底，游魚細石，直視無礙，夾岸高山，皆生寒樹……奇山異水，天下獨步！」活在其中，則「清月映郭，湖水淪漣，寒山遠火，明滅林外，深巷寒犬，吠聲如豹，村墟夜舂，復與疏鐘香間。」；「春山可望，白鷗矯翼，麥隴朝雊，斯之不遠。」；「紅影到溪流不去，始知春水戀桃花！」

啊，這與生俱來的嚮往，能活在這麼個春融碧野、花鳥相掩、溪水潺湲、山光焰紅的地方，不是夢境，也非蓬萊仙島，不在搜

　　神錄，也不在洛神賦。卻在五千多年前，真真切切還就有這樣的「國度」，並且還維持了近一千三百年。

　　這個國，由於沒有足夠的文字記載其具體的名稱，人們暫時只能稱為「良渚古國」。

　　這「良渚古國」建立了可能是新石器時代中華大地上最為龐大的古都城（遺址在今浙江省杭州餘杭區，於二○○六年被發現）。古都面積大約是三百萬平方公尺，區分為正中心的宮殿區，以及內城、外城；城內有十數水壩構建的完善水利系統，並佐以三面護城河。其中，北部高壩碳十四與低壩的年代不同，可見，是良渚人歷時百年（甚至數百年）按既定的規劃，先後修築完成。（也聽說在陝西北部、秦晉蒙接壤區域，發現了石峁遺址，也有座四千年的古城。不過，論年代的話，石峁古城晚於良渚一千年，大約建於良渚消亡的時期。）

　　但凡去過杭州以及德清下渚湖的人，都不難想見在良渚古國城內外的人，是多麼愜意地生活在這麼一個氣候濕潤、溫度怡人、天堂般的生態環境裡。

　　如果各位能也實地體驗德清下渚湖原始濕地環境，實在不難推想出良渚古國的人是如何在縱橫交錯的河道裡，或者「跨孤舟，慢搖槳，泊近柳蔭深處」，抑或划著舫舟忙碌著各種交易活動（見杭州水田畈出土的四隻寬翼木槳，由槳翼可推論木舟必然不小），在人聲鼎沸的市集中，交易著新鮮的魚獲龜蝦；衣著華麗的貴族階層則頭頂精美無比的玉飾、手戴玉鐲、足蹬木屐（參見寧波慈湖遺址 T503、T302 出土物）徜徉在喧囂而繁忙的市井中（良渚

先民善鑿深井，木榫結構甚為精緻，且木井甚多。井邊常聚人為之市集）。其餘即便是「墉牖繩樞之子，甿隸之人」，也能溫飽無虞。正所謂「白雲深處青山下，茅庵草舍無冬夏」！

這個以環太湖建立的古國，依山傍水而居，百千珍禽鳥獸隨處可見。即便是今日，當地水裡仍可見幾十種河鮮如鯿魚、鱖魚、鱅魚、青魚、甲魚、鰱魚、草魚、黃鱔、河蝦等；天上飛的、地上跑的，至今仍有豹貓、貉、獴、獾、蟒、伯勞、戴勝、鴞、狂鷹、鴛等。人民衣食豐盛，國力強大，遂能孕育出良渚人驚世的藝術創造力。

或許，讀到此，有人發出疑問：歷史上從來未曾記載有這樣一個國呀？是的。除了在黑陶及玉石器發現少許符號文字外，良渚古國沒有留下類似殷墟甲骨文般的大量文字。可是在新石器時代晚期的夏朝(那個歷經十四代的家天下王朝)，不是也載入了史書嗎？誰又發現過夏朝的文字呢？

更進一步的說，據《周禮・春官宗伯・大卜》，遠古有三易，《周禮》有云：「太卜掌三易之法，一曰連山易，二曰歸藏，三曰周易。其經卦皆八，其別皆六十有四。」一直到了三國時，人們對《連山易》、《歸藏易》還能有確鑿的瞭解，以至於漢人稱《連山》為夏易（夏朝所作）、《歸藏》為殷易（商朝所作）、黃帝易（黃帝時期所作）。可見，至少在四千多年前的夏商時期，便已有文字形成，並且複雜到足以書寫像《易》這樣高深的經典。

奇怪的是，夏朝的文字、文獻、寶典為何失傳？問題可能在於奪得天下的邦國新朝，往往將舊朝的一切盡力抹去，或也未必

不是原因！因此推想，不論是誰滅了良渚國，或許也將其文字、文獻、寶典一併抹去，讓這綿延一千三百年的富強古國，在中華歷史記載中最終竟成了謎。

古國繁盛延續了約一千三百餘年，但其疆域有多大呢？即便被抹去歷史、抹去文字、典籍後，我們仍然可以從浙江、安徽、江西、山西、陝西、以至於廣東的考古發現判斷出，良渚古國原有的實力以及影響力，以環太湖流域為主體，向外涵蓋了大約半個中國地區！

滅亡，如此遺憾的事，是宇宙運行的定數吧？天有四時，春生冬伐，國有盛衰，泰終必否，這樣發達的古國，竟然於四千年前突然神秘消失，抑或在外來勢力的入侵下，抱嘆而亡！

因此，她存在的話語權以及曾經立國千年的證據，也伴隨國祚的消亡，在後來可能（強調「可能」二字）是敵對的夏（與後來的商）刻意隱瞞下，不見於任何文字、史料記載，蒼茫消逝於歷史的長河……。除了一直流傳至今的大批精美玉器、陶器，仍驕傲地訴說著古國的美麗與哀愁外，其餘種種可謂是一片繁華入渺茫！歷史小說中那種大團圓、大美滿的結局，並沒發生在他們身上。

貳、五千年不墜的熱捧

古國留下珍美的良渚玉器，尤其是琮，大多精雕細琢、氣勢雄健、峻爽鏗鏘，逐為後世歷代王公貴族所爭相收藏。例如，山西天馬一曲村晉侯大墓裡，伴隨著大批西周時期的玉器出土時，

還發現了一件外徑 7 公分、高 5.9 公分的良渚玉琮。足見，四、五千年前的良渚玉器，在流傳一千餘年之後，仍受到西周時期王公貴族的珍愛，並且將這生前珍愛之物帶進墓葬，伴隨主人長眠。

近年在四川商周時期的金沙遺址，出土了一件良渚晚期青玉質的十節玉琮，也是一個例子！這件精美的良渚玉琮高二十二公分。試想，能從上古時期環太湖流域，歷經千年歲月，輾轉千里之遙，出現在四川成都平原，怎不讓人驚奇不已！（該器現藏於成都金沙遺址博物館）

其他許多春秋戰國墓裡，屢見精美良渚玉器出土，也提供了當代時期更多收藏良渚玉器的佐證。到了宋代，著名女詞人李清照之夫趙明誠，還詳細將良渚玉器收錄在其《金石錄》中，足見到了宋代，良渚玉器仍然讓人心動；南宋青瓷琮式瓶的出現，就更能說明這種熱愛。

元代朱德潤《古玉圖》中著錄一件獨特類型的良渚龍首紋玉器，他稱之為「珊玉蚩尤環」。可見到了元代，仍然有良渚文化玉器出土或傳世，並受到關注。說到此，小結一下良渚玉器自國祚消亡後，經歷夏、商、周、秦、漢、三國、隋唐五代，一直到宋、元，都受人追捧、珍愛、收藏、研究！

到了清代，愛玉如癡的乾隆皇帝，還屢屢將良渚玉璧、玉琮刻上其御詩。近代，良渚玉器仍然在世界各地拍賣會上受到來自中外藏家的競逐！若問，什麼東西能在古老的中華大地上，上下五千年從來不間斷的受人熱愛？良渚玉器是也。

這也難怪。良渚玉器工藝之美，以及治玉技術之精湛，在良

渚古國消亡後，從此再不復見！

參、古國的鳥崇拜

象徵良渚神巫文明的神徽，屢見對應著兩隻鳥紋。那麼，遠古的鳥有什麼特殊的意義嗎？我先從我館收藏的玉鳥談起。

我館有數件紅山文化的玉鳥（或有稱為玉鴞），其中之一由於玉質優美，體態健美碩大，在世界知名的大博物館展覽時，總是惹人駐足觀賞讚嘆（參見《宮華五十選》第三選）。但是，觀察我館藏品中不同文化時期鳥的形制，則感覺南北玉鳥的性情不同：紅山的鳥比較強悍，良渚的鳥多是溫和的燕雀形象。此外，良渚的鳥，除了單獨以鳥為主體的圓雕外，還廣泛的以鳥紋的形式，伴隨在良渚最為重要的神徽旁。因為這緣故，我們談鳥，不免會花多點心思。

毋庸置疑的，從古到今，人類都對鳥類能自由自在飛翔於藍天白雲間十分嚮往！這不只嚮往鳥兒的自由與快樂，更多存在於羨慕鳥兒在遭遇危險時，具備立刻逃離危險的能力！

近代美國歌手 Joan Baez 的一首歌 Dona Dona 很能闡述遠古（至今）人們羨慕鳥兒這種能立刻逃離危險的能力 (Winging swiftly through the sky)；並由羨慕進而轉為崇拜鳥的心情。這首 Dona Dona，藉著即將失去生命的小牛犢，悲戚的將這種心理巧妙地烘托出來。

Calves are easily bound and slaughtered, never knowing

the reason why. But whoever treasures freedom, like the swallow has learn to fly. 農夫告訴即將被送往市集屠宰，那滿眼悲淒的小牛犢，認命吧，誰教你不能像燕子那般，有自由飛翔的雙翅呢？（Why don't you have wings to fly with, like the swallow so proud and free？）牛犢的處境，就像上古人類，在蒼茫大地上除了含淚面對危險與死亡外，其他無計可施！

良渚人崇拜鳥。鳥被視為人類與太陽之間的信使。

文獻記載《山海經．大荒東經》有述：「湯谷（湯谷即「暘谷」，神話傳說中太陽升起之處）上有扶木，一日方至，一日方出，皆載於烏。」說的大約是金鳥背著太陽從天空飛過，早上從東邊出發，晚上飛到西邊。（金鳥，即金烏，亦稱「赤烏」，據說是生存在太陽之中的一種神禽，所以古人又把「金烏」作為太陽的別稱。）

所以，不獨崇拜太陽，他們也崇拜太陽的信使。

良渚人崇拜鳥，不難從玉璧、玉琮上的鳥紋看出。（對太陽，或對鳥的崇拜，不只出現在中華大地，地球上其他古老民族例如瑪雅太陽神、古埃及太陽神等等，也有許多，限於篇幅就不多遑論。）

遠古以來，鳥作為日月的信使，或能預告人間吉凶。這樣的說法，到今天還有一定的影響。比如說，一早見到喜鵲在枝頭歌唱，心中便不由自主的覺得或是預兆著好事將要發生；反之，一

早見到烏鴉在枝頭呱呱的吵鬧，心理上便有些不祥的感覺。

肆、神徽：良渚人單一崇拜之神

那麼良渚圖騰中，那個形式維持了大約一千年不變的，又每每佔據最重要地位的神徽，是怎麼回事呢？我且說說。

神徽，是良渚人單一崇拜之神！這是毫無疑問的。疑問的是，這良渚之神是誰的化身？這是個沒法給出定論的問題。

這兒，讓我稍稍跑題一下。在上古時代的人類，多是眾神崇拜，中外皆如此。良渚人一千多年這麼長的時間只崇拜一神，實不多見！在同為四大古文明的印度，其吠陀時期（Vedic Age）從初始的多神崇拜，發展出對大梵天（Brahma）的單一崇拜，也是少見的一神崇拜文明。這種與良渚一神崇拜的呼應，或許只是個不相關聯的巧合。

一九八六年六月，餘杭反山 M12:98 出土的玉琮上那個極為繁縟的神人獸面像，被視為最完整的神徽。那麼，他是誰？或者問，他代表誰？

有人認為，這神人獸面像就是蚩尤。

晉代王嘉所撰《拾遺記》卷一：「昔黃帝除蚩尤及四方群凶，併諸妖魅，填川滿谷，積血成淵，聚骨如嶽。」南宋羅泌《路史·蚩尤傳》說：「蚩尤好兵而喜亂，逐帝而居於濁鹿」；又說，「蚩尤天符之神，狀類不常, 三代彝器多著蚩尤像。」

但是，我館大膽的提出一個不同的看法：這神人獸面神徽，其實就是良渚人心中的太陽神！

　　日本著名考古學家林巳奈夫認為，神徽上那個介字形羽冠代表了太陽的火焰紋。浙江省文物考古研究所牟永抗提出，這插羽披茅放射線狀刻紋，應是太陽光芒的真實描繪。他們的論點有一定的道理，因為在諸多良渚主要紋樣中，一個神徽常與兩只鳥紋相對應（雖然也有神徽下方單單一個鳥紋出現的少數情況）。於是乎可以解釋為：鳥，是神徽太陽神的載體。

　　此外，我館珍藏一隻良渚的「太陽鳥」，更是將鳥與太陽（神）結合在一件玉器上，直接表達出鳥與太陽的關聯！說到這裡，良渚古國或許就是一個「太陽神鳥國」。至少，可以當作是一種理性的看法。

　　（良渚消逝後約一千年，有一個後來被稱為「金沙文化」的文明出現在四川成都地區。近代考古學者在金沙遺址中，也發現了鳥崇拜的文明。根據其發掘出土的報告，出土物中最引人注目的是「四鳥繞日」的圖騰。這圖騰被定名為：太陽神鳥。當然這情況，與我前文所說的「太陽神鳥國」，只能視為不得已同名的巧合。）

伍、試論琮的由來

　　根據我們的藏品反覆研究比較，在此我試著推敲琮的由來。

　　提起琮，許多人會以這個記載為入口：周公所著《周禮》曰：「以玉作六器，以禮天地四方，以蒼璧禮天，以黃琮禮地，以青圭禮東方，以赤璋禮南方，以白琥禮西方，以玄璜禮北方」。（《周禮》又稱《周官》，是詳備記錄周代禮制的著作，根據《後漢書·

卷三十四·百官誌第二十四》，此書乃周公所著。）但是，周公的年代上距良渚玉琮出現已近兩千年。所以，琮的由來（以及其所代表的神巫、政權象徵等等），估計千年以後的周代已難知曉，只記載了周禮自定為「黃琮禮地」用途之說。

琮的緣起

一萬年、八千年前的遠古人類，他們為了生存，日日夜夜與大自然搏鬥，最初或許並沒有神的觀念。一直到了不知何時起，人類發覺勝不了大自然，搏不過天，於是乎「神」就出現，成為人類的依賴與心靈的寄託。

遠古傳說的神不算多。據《山海經》記載在夏朝之前，人們所說的天帝就是帝俊……而泰壹氏為與盤古、伏羲和女媧同時代的帝王。而後，神農、蚩尤和軒轅他們則代表著中華民族正式建立的時代。從此以後，中華大地便開始有許多大神的傳說出現。（前文提及，古文明常見多神崇拜也。）

在「神」還沒出現的遠古，人類基於愛美的天性，激發出各類靈感，創造不同美麗的佩飾。這些佩飾中，最珍貴的是以玉為質的玉項鍊、玉玦、玉牌、玉鐲等等。讀者可以參考《宮華五十選》第一選，那是件十分精美的玉玦，屬於七、八千年前中國北方遼河流域的查海文化。

其後，良渚人將自身喜愛之物，發展成為與神溝通的載體，成了玉琮。

古琮絕妙
在通神

西華黃氏恭藏

清代湖南巡撫吳大澂
自題其精舍有
璧五十八琮六十四
蓋因上古玉琮乃通神之器也
今西華黃氏亦得福
恭藏此宗后權器並記之曰子孫永寶

　　我們推論玉琮發展順序大約是從新石器時代玉環、玉鐲，逐漸變成刻上神徽的圓形玉鐲（或稱圓形琮、鐲式琮），然後再發展成為刻上神徽的四角形單節玉鐲，或也稱為鐲式琮（但是四方的折角有點圓弧），之後再發展成為四方折角接近方形的單節鐲式琮，然後出現刻上神徽的雙節鐲式琮。

　　特別說明的就是這種象徵了神權地位的琮，未必就只用於宗教神巫用途，也能是作為象徵貴族地位的玉鐲使用！（二〇〇二年浙江桐鄉新地里 M137 發現這樣的琮正套在墓主人的手腕上，便是一項佐證！）

　　另外，我西華有一件小尺寸的神徽紋青玉琮，根據反覆研究，甚至可以推論是穿戴於拇指上，以彰顯主人崇高地位，而非神巫或祭祀之用。

琮演變的論述

　　接著，以裝飾佩戴為主的多節琮式管出現。之後，發展出比常見的琮式管體積更大些的琮式管，然而這種較大的琮式管可能不再用於佩戴。到目前為止，這些琮的發展時間，大約是新石器時代 7,000-8,000 年到 4,900 年前。

　　當進入良渚中期（時間上大約是距今 4,900 年到 4,400 年之間），此時，以良渚勢力範圍的天目、茅山等山脈玉料為主的高節琮出現，琮便不再具有玉鐲的功能，而純粹成為宗教政治活動的代表器物。這時期的高節琮，紋飾雕刻工藝非常精湛，高度或

許只在二十公分上下。

推論，與此同時期前後約一兩百年間，代表神巫或祭祀用的另一種莊嚴的兩節琮出現。他們的特點是圓孔內徑與上下射徑，在比例上比一般兩節琮明顯小很多。浙江省博物院的「琮王」，以及餘杭博物館的「二號琮王」，應該都屬於這種神巫祭祀性質的琮，或是國王地位的最高象徵。

良渚中期進入晚期（也就是大約是距今 4,400 年到 4,000 年的時期），富庶的良渚古國，在治玉上已不滿足當地如軟青玉、蛇紋石、葉蠟石、螢石等玉料，開始通過經濟貿易或戰爭手段，得到更好的碧玉、青玉、黃玉等玉質更堅硬，質地更細膩的玉料。臺北故宮博物院有一件清宮舊藏的琮，高 47.2 公分，其所使用的玉料，比良渚早期常見玉琮的玉料更好更精美。（大英博物館也有這種精美的高琮，而且更高大，在此不多述。）

然而，我們也注意到了一個現象，當晚期質地更好更細緻的玉料製作出的高節琮後，雖然從原來常見的七節、十節，增加到十幾節的高琮，但其紋飾的工藝水準，也逐步變得粗糙簡陋，同時神徽紋飾也趨於簡化。探究其緣由，或許是經過八、九百年漫長歲月，過久了富庶安定的生活，整個良渚國的風氣，由早期、中期原有的謹慎、細膩，逐漸變得浮誇、炫耀的緣故。

雖然如此，大致而言，生活在富庶的江南環境中，良渚人心性慢慢地就變得清淨，眼耳鼻舌身都浸染在這樣和諧的環境裡。衣食飽暖之外，其他需要解決的，如心靈的恐懼、國祚能否綿延永續的不安與擔憂等等，便成為神巫與統治者最精要的角色與責

任。琮，因此便神化為通向與最高神祇對話（唯一）的介體。直到後來中晚期高大玉琮的出現，「琮」就已經成為良渚人最重要的「頂禮祭器」。良渚人把最珍貴、最難取得的精美玉料，毫不遲疑地都拿來雕治成大琮，我想，除了祈福，應該還有感恩神靈（太陽神）庇佑的重要心理成分吧。（良渚玉琮的發達使用，也造成了後來商周時代玉琮的延續，進而成為《周禮》「以蒼璧禮天，以黃琮禮地」之器。但這已是後話了。）

關於琮的由來，在此製作成一個演變過程，提供讀者參考。再次強調的是，這僅僅是我綠隱書房的推論，誤謬當所難免，尚請各界不吝指正。

每當我駕車行駛在道路上，看見豐田那款 Highlander 時，都會莞爾一笑。因為，我為這個古老強大卻又不知真實名稱的古國先民們，取了個能反映出五千年前那個花香鳥語、蒹葭蒼蒼、一派美麗幽靜又饒富江南風光的名字：Finelander！

續接前言中提到的問題，千年以來我們特有一種想活在幽奇裡的精神境界。如此能風煙俱淨隱士般生活的人，又常被視為高風亮節的化外高士、如諸葛孔明、嚴子陵、陶淵明等人。為何如此？或許原來就是他們 Finelander 留在靈魂深處、藏在代代流轉的基因裡，作為給我們終極追求的美麗心境！

引頸回朔這段五千年前美麗動人的文明，我十分榮幸的能將

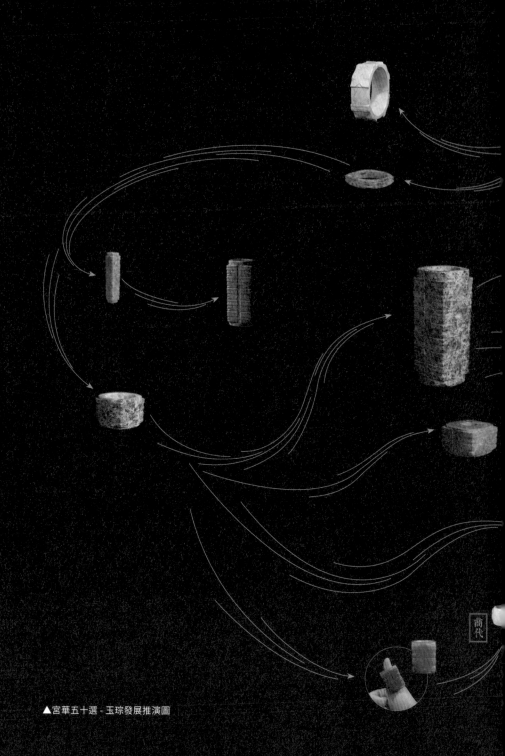

商代

▲宮華五十選 - 玉琮發展推演圖

據研究本館藏品試論
良渚玉琮發展示意圖

故宮博物院大琮
圖及尺寸比例摘自
國立故宮博物院
《古玉新詮》一書

周代

體現 Finelander 審美、神巫、以及他們創造出精彩的玉器美術，呈現給大家，益增對其渺渺之思！行文至此，回首天涯，一抹斜陽，心中無憾了。希望大家能喜歡我們、支持我們，並對我們研究心得不足之處，給予指正。謝謝！──洪明雅

THE QUEEN：我們也有自己的「埃及豔后」！

激發我們籌備「THE QUEEN」的遠因，是「埃及豔后」。

世稱「埃及艷后」的，指的就是兩千多年前古埃及托勒密王朝（Ptolemaic Kingdom of Egypt）的末代女王，生於西元前 69 年，卒於西元前 30 年 8 月 12 日。她才貌出眾，聰穎機智，擅長手段，胸有城府，一生富有戲劇性。特別是捲入羅馬共和國末期的政治漩渦，同凱撒、安東尼關係密切，並伴以種種傳聞逸事，使她成為文學和藝術作品中的著名人物。最終，她被一條毒蛇咬死，同時也結束了埃及的生命，長達 300 年的埃及托勒密王朝也告結束。從此以後，埃及成為了羅馬帝國的一部分，直到 5 世紀西羅馬帝國的滅亡。

她富有戲劇性的一生，猶如星漢之燦爛，有傾國傾城之貌，復有絕世獨立之性格，當世無雙，千古少見。

埃及有豔后，難道我們沒有豔后嗎？有，必然有。不但有，根據我們藏品各式精美的玉飾推論，許多最高規格的一定是屬於王后級別的女人佩戴。於是，我們仔仔細細研讀了有關考證良渚文化的各類文獻，一個清晰的輪廓便勾勒了出來。

　　我們挑選出頭飾、髮飾、頸飾、手飾、臂飾、服飾、腳飾後，齊了。只是五千年前，女王穿什麼呢？裸體包裹獸皮嗎？這，似乎符合一般人對「史前人類」的刻板印象。但，若真是這樣的話，看到五千年前便能琢磨出無比精美的各類玉器，他們在衣服上會停留在裸體包裹獸皮嗎？萬萬不會！

　　於是，我們找來了洪福伸。

　　洪福伸在大學時期主修織品，所以相較其他專業的服裝設計師來說，他更喜愛紡織品與纖維自身的美感與工藝層面；他也透過課程學習，親手織造、染整布料，從一根紗，到完成一整塊布料的過程，讓他用最貼近原始的方式去理解，服裝該如何呈現在我們生活中。

　　洪福伸在輔大織品服裝研究所階段，除了更精進紡織的理論基礎外，系所內有豐富的傳統服飾收藏，特別是臺灣原住民的傳統梭織布料；他們透過紋樣與顏色去紀錄生活，這文化的傳承讓他深受感動。從 2018 年開始，他與「娒」平台合作，他們是扶植臺灣原住民部落女性工藝師的團體，洪福伸受邀擔任講師，與他們一同深入較偏遠的部落，協助原住民工藝坊進行設計整合，轉化傳統元素成為可銷售的商品，並促成原住民工藝人才能留在部落的願景。

　　還有一個讓我們能更順利鋪開工作的考量是，洪福伸在 2019 年參與屏東縣政府原住民族傳統技藝人才培育計畫，與當地資深工藝師們交流，前往各部落的工坊開設課程，為期一個月的討論與搜集元素，共同創作出流行與傳統工藝並存的系列。

　　洪福伸的作品曾經在日本島金針織機 50 週年針織聯展中受到矚目。也曾入選紡拓會時裝新人獎。由於他在針織領域的專業，加上他與原住民之間的良好關係，我們把計畫告訴他，要求他去統籌 THE QUEEN 女王計畫全部服裝設計的任務。

　　經過洪福伸仔細的研究，他認為，良渚文化距今五千年左右，沒有任何一種天然纖維紡織品，能夠完整的保存這麼長的時間，所以當時服裝的款式以及工藝程度，我們只能透過出土文物以及其他記載的文字來進行推敲。從大量精緻度不同的玉器能判斷，良渚文化已發展出完整的階級制度；而王后一定是穿戴最高工藝品質之服飾以及玉器的精品。

　　最早記錄服裝儀制的文字資料都講述，黃帝時期是現代服裝款式的起源，《機織賦》：「古者衣皮即服裝也，衣裳未辨。羲、炎以來，裳衣已分，至黃帝而袞冕。」也就是說，早於炎黃時代的民族以獸皮作為主要的服裝，並未出現上下分開的服裝款式。九家易：「黃帝以上，羽皮革木以禦寒暑，至乎黃帝，始制衣裳，垂示天下。衣取象乾，居上覆物，裳取象坤。」也說明黃帝以前的人類，會使用鳥羽裝飾在衣著上；至於顏色的選擇在《後漢書·輿服下》說明：「取諸乾巛。乾巛有文，故上衣玄，下裳黃。日月星辰，山龍華蟲，作繢宗彝，藻火粉米，黼黻絺繡，以五彩章施於五色作服。」

　　透過與洪福伸的討論，我們一致認為，衣裳以黑天黃土為主色，搭配自然界動、植物，昆蟲之五彩來裝飾，而當時已有技術能夠利用礦物以及植物對紗線染色。鑑於玉器上有屬於其文化特

▲考證好久後，設計了第一份服裝草圖

有的紋路，我們完成了第一張服裝設計圖（見附），然後進行下一個重要的步驟：我們組織了「天龍特攻隊」(The A Team)，把必要能實現計劃的所有人才都延請聚合，大家各展其擅，為崇高的夢想分頭盡力。

　　在跟韓蕙琦探討了原住民工藝後，由她引薦了適合我們需要的工藝師。然後又跟謝伊笛討論原住民排珠設計與配飾製作的實際情況。定案後，我們便邀請臺灣太魯閣族工藝師吳瑪琍（Tapasyapu），用傳統梭織製作服裝所需布料與織帶，並裝飾五彩紋路；又邀請魯凱族工藝師巴千惠（Lrebelrebe），手工繡出太陽紋路並且設計獸皮披肩，以及縫製皮革；又邀請魯凱族何梅香（Lauviyu）設計繡出頭套太陽紋飾與製作。

　　完成後，又希望在服裝上增添華貴感以及多元種族元素，以西方蘇美文化的包繞長袍款式作為設計發想，改變成雙向包繞長

袍，更突顯了飛鳥崇拜的鳥型文化輪廓。

是王后，還是女王？

現在，我們腦海了出現了最後一個疑問。我們想恢復的是五千年前的王后，還是女王？

我猛然想起與好友孫守道相處時，他告訴我說當時他們遼寧省考古研究所發掘出牛河梁的「女神廟」時，他便認為那個距今五、六千年間的「女神」，可能就是「女王」。這個「女王」像的頭部真人大小，面塗紅彩，雙眼鑲嵌青色玉片，就當時而言，已經十分考究。

我根據這個回想，做了點研究。

原來，我們老祖宗從一萬年前開始，即進入了母系氏族社會。所謂母系氏族，就是每個氏族的全體成員都有一個共同的老祖母，他們是以母系血緣為紐帶聯結在一起的。在母系社會中，女人對權力、資源、財產的支配權大於男人，氏族是以女人為中心建立起來的。浙江餘姚的河姆渡文化、

河南的前仰紹文化、西安的半坡文化、東北的紅山文化，都是母系氏族社會文化的代表。

牛河梁的「女神廟」可能就是當時的「女王宮殿」。殿的建築南北十八公尺餘，東西寬近七公尺。牆壁彩繪裝飾，室內併發現有大量的人物塑像碎塊，有頭、肩、手以及乳房等部位的殘塊，均屬女性。紅山文化以遼河流域中遼河支流西拉沐淪河、老哈河、大淩河為中心，分佈面積達 20 萬平方公里，距今五、六千年左右，延續時間達兩千年之久。紅山文化處於母系氏族社會的全盛時期，主要社會結構是以女性血緣群體為紐帶的部落集團，晚期逐漸向父系氏族過渡。

既然如此，北方同時期的紅山文化處於母系氏族的全盛時期，南方實力更強盛的良渚文化，當然也可能是母系氏族的全盛時期。所以，就在籌備拍攝前，我們改了定調：由拍攝我們自己的「埃及豔后」，改為良渚文化時期的「太陽神鳥國女王」！

上古時期的事，我們無從確定，但這樣的定調也是極大程度貼近史實。就連「太陽神鳥國女王」之後的兩千多年，也就是完成於西元前 239 年戰國時期的巨著《呂氏春秋》也說，「昔太古嘗無君矣，其民聚生群處，知母不知父。」描述的就是這時期的情況。

重現「太陽神鳥國女王」！

經過了九個多月在服裝上的設計與製作，臨拍攝前兩個日

太陽神鳥國女王

玉階帝竹立
仰首望鳥飛
歷歲五千載
忽現眼前境

Through time and space from 3000 B.C.

夜，感謝蕭素卿、李新紅兩位幫助洪福伸做最後毫無休息的縫製與調整。然後通知我們精心挑選的團隊成員，模特兒陳姿妙、彩妝及髮型設計何柏蒼、攝影師韓嶽良、燈光助理黃建豪及鄭為仁，花了好漫長的時間，從 2019 年 12 月 26 日上午開始佈景，到晚上八點種一氣呵成，把「太陽神鳥國女王」重現給世人。其中分為女王作為「大祭司」，以及「女王」本身兩個部分詮釋。

慶祝西華集團三十週年，用我們三十年來累積的藏品機構**「綠隱書房」**，和不斷透過多方面考證上的努力，以及對於當時玉器的使用研究，總算是能把五千年前我們華夏文明的女王，呈現給我們的同胞，呈現給世人了。

女王的音樂

在 perfect ending 之前，我想續接前文中提到的新加坡好友何國杰 (Ricky Ho)，提到臺灣那個史詩級巨片《賽德克·巴萊》，其中跌宕起伏的配樂，就是他的作品，2011 年這些音樂，讓他奪下金馬獎最佳配樂的榮耀，一舉贏得臺灣人民的矚目。(winner of the Golden Horse Awards in 2011, winning the Best Original Music Score for his work in 'Seediq Bale'.)

之後，齊柏林執導，侯孝賢監製了一部臺灣史上最貴的紀錄片《看見臺灣》，導演齊柏林特地請來這位大師做配樂。2014 年的休斯頓國際電影節中，共有四千多個作品參與激烈的競爭，何國杰的《看見臺灣》拔得頭籌，獲頒最佳配樂金獎。(Gold Remi at the 47th WorldFest Houston Independent Film Festival in April 2014).

何國杰的音樂很具魔力，信手拈用如詩，無論是表達萬里漂泊之慨，或是身世飄零的情狀，皆迭有新意，也纏綿多情，他尤其偏好特殊的故事題材。久遠的比方說以前為電影《異域》作的音樂，當時原聲帶就創下了二十幾萬張的銷量記錄；又有《倩女幽魂》獲得金馬獎提名最佳電影配樂獎；近年有部以探險作家楊柳松孤身穿越羌塘無人區的真實事蹟為藍本創作的電影《七十七天》，何國杰便親自指揮保加利亞國家交響樂團進行演奏，彙集幾十人的配樂團隊，用磅礡的音樂來演繹一場奇幻探險過程的鋪陳，與最終的成泥為塵生命的凋落。

所以，當我告訴我這位音樂大師有關《太陽神鳥國女王：妙雨》的事，他決定立即動身從新加坡趕來臺北與我一會。

我們約了二月廿八日（2020 年）碰面，平珩國際公司行銷經理蘇怡嘉小姐認為，談論女王妙雨這樣的故事，環境特別重要，得優雅又不受打擾才行，她推薦了臺北文華東方酒店五樓的 Cafe UN DEUX TROIS.

平靜的午後，我們就在這個中西合併風格，設計十分美感的環境裡見面，談論神秘的太陽神鳥國女王妙雨。

大師看著我們拍的女王照片，邊喝著咖啡，邊聆聽著女王的故事：

「妙雨，太陽神鳥國第十四位君主，十六歲登基。出

生前適逢太湖地區縱橫千里大旱之年，出生當日天降甘霖，連五十日，遂得名。其母妙喜女王對之疼愛有加，百姓也因大雨天降深信其來自神界之天命，對其忠誠不二。妙雨女王是太陽神鳥國綿延一千兩百多年間罕見之政治家、戰略家。

妙雨為君，深沉有大略，用兵如神。為鞏固君權，中央設置上朝，築王宮比鄰神殿。為加強對諸侯王和地方高官之監察，在地方設置六十州部護衛史，負責督察次級別之三百郡國公渠犁屯田。妙雨又開創察舉制，遣吏至長江中上游地區部落擢拔人才，因之國力大盛，東併茶牙，南吞苦鹿，西征燎母，北破鬼常，史稱十神翼之戰。如此，遂奠定太陽神鳥國獨霸萬邦之局面，國威遠揚，諸部來朝，終結了前兩代妙吾女王、妙喜女王數十年來積弱不振、外患不斷之苦楚。妙雨登基後二十七年（西元前 3187 年），崩於九鳥宮，享年四十三歲，葬於香陵。妙雨駕崩，由其女妙唯繼位，成為國之女王。一千兩百多年間，由於妙雨的偉大貢獻，妙氏掌管太陽神鳥國長達二十六世，是貴族中最為尊貴的一支。」

一時間，就像 2019 年 12 月 26 日在拍攝女王那個晚上，所有的人都被眼前出現這五千年前的女王所震撼那般，大師何國杰的情感也被深深觸動，當下便決定要為女王作音樂了！

　　一陣討論，決定了為這位了不起的女王作五曲音樂，第一曲 The Birth Of The Queen，描寫女王妙雨出生當日天降甘霖，連五十日，遂得其名的故事。第二曲 Enthronement 描述女王登基的莊嚴與肅穆。第三曲 Memorial Ceremony Of Heaven 描寫女王作為「大祭司」祭天的神秘與莊嚴。第四曲 Expedition Of Wars 描繪出妙雨東併茶牙，南吞苦鹿，西征燎母，北破鬼常，史稱十神翼之戰，遂致國威遠揚，諸部來朝的局面。第五曲 The Funeral，用音樂訴說一代君主崩於九鳥宮，葬於香陵，舉國悲泣的場景。

　　說到這裡，大師沉吟了片刻，他考慮到現今各國都在對疫情進行旅行的管制，所以他以現實上能在新加坡完成作品作為考量，他的口袋名單就包括了大提琴黎智軒、二胡江幸蓉、Horus studios 的 Leonard Fong 做 Music mastering、鋼琴則由大師親自彈奏，其他部分則等音樂創作出來再看看如何。如此敏捷的安排，讓我見識到他卓越的執行能力！

　　討論結束，已近黃昏，在文華東方的門口握別。

　　臨行前，我感激的對這位音樂大師說：「Don't work too hard, Ricky!」

　　他笑了笑，握著拳頭，說了一句《賽德克·巴萊》電影中莫那·魯道的經典句：「戰死吧，賽德克·巴萊！」

　　我也笑了，覺得十分幸運，有這樣一位天才的朋友！抬頭看看臺北的黃昏，竟然是如此令人心醉神移！

　　我隨後將這個與 Ricky Ho 會晤討論為《太陽神鳥國女王：妙雨》作曲的結果，告訴了西華黃氏的其他人，大家都開心極了，

總裁洪明雅尤其高興得拍手，說了句：

「啊，只差拍成電影了！」

親愛的讀者朋友，重現「太陽神鳥國女王」的神彩，我們盡了最大的努力，即便或有不足，仍然希望朋友們能喜歡！

▲三十年來，一個士庶之家，看得到堅韌的開始，未知將來鳥飛魚躍何所止？今團坐圍爐酣暢未央，但祈蒲酒添話昌平。

後記

　　三十幾年前,我在留學時曾經寫了封航空信給高希均教授,對於他的文章提出了自己粗淺的意見,沒想到他竟然親筆回覆了我。在美國校園裡收到他寄來的回覆,可想而知,對當時的我是多麼大的鼓舞!所以,本書的後記,就從這種鼓舞出發。

　　我謝謝為我們西華撰寫這段三十年口述歷史的兩位年輕人,臺灣的張綺恩小姐和澳大利亞的葉全先生。我要求這傳記的內容,要精準的描述我們實際發生的種種故事,其中也許有好的也許有悲傷的,但都必須忠於事實,不能做美化與修飾。他們兩位都做到了。如此一來,我的兒子、未來的孫子們便可以清楚的知道,我創業的三十年是怎麼走到今天這個規模,他們也能夠切實的傳承我事業的精神與理想的追求;另外,若有讀者能在我們的傳記中,得到啟發、得到靈感、得到警惕、或是像我在求學時藉由高希均教授的一封回信那樣,得到鼓舞,那便也是我出版這傳記的原始期望。

　　三十週年,真不容易!

　　我引述天下文化出版的一本書《黑松百年之道》第 36 頁來體現這種不容易。「臺灣中小企業的平均壽命是十三年。……全球五百大企業,平均壽命約四十至四十二年;日本企業平均壽命

為三十年；西方家族企業平均壽命為二十四年。……美國有六成企業撐不過五年，只有二％的企業能存活達五十年。」

我於 12 月 24 日回臺北，親自向高希均教授感謝他當年的一封鼓舞的信，可惜他不在臺北，但是他卻準備了兩本好書《翻轉白吃的午餐》、《文明臺灣》，簽了名讓得力助手 A3 事業群總裁辦公室秘書長楊永妙女士轉交給了我。我也把一個紫晶筆山，連同我用毛筆書寫下推崇高教授的四個字「筆力如山」，請楊永妙女士轉交給這位對社會一直有著崇高責任感的人。

因為我早年熟悉的出版社朋友都已經退休了，所以一時間要尋到一個思想理念都契合的出版界朋友，實非易事。但是托神明的庇佑，讓我認識了蘭臺出版社的副總編輯楊容容！楊女士對古文明的涉獵，讓我們很容易就建立了彼此的互信。「人生，就是有緣者的際遇」，說得一點不錯。於是我便把這本述說我從年輕到老的三十年歷史，交付了這份際遇！

寫于西華大樓，2019 年 12 月 31 日，這神奇一年最後一日

國家圖書館出版品預行編目資料

人生就實現兩個字：改變 / 黃毓麟口述；張綺恩，
葉仝撰文. -- 初版. -- 臺北市：博客思，2020.08
　　面；　公分. -- (企業家傳記；4)
　　ISBN 978-957-9267-66-3 (精裝)

1. 黃毓麟 2. 企業家 3. 傳記 4. 中國
782.887　　　　　　　　　　　　　109007962

企業家傳記 04

人生就實現兩個字：改變

作　　者：黃毓麟

撰　　文：張綺恩、葉仝

編　　輯：楊容容

美　　編：涵設

封面設計：涵設

出 版 者：博客思出版事業網

發　　行：博客思出版事業網

地　　址：台北市中正區重慶南路 1 段 121 號 8 樓之 14

電　　話：(02)2331-1675 或 (02)2331-1691

傳　　真：(02)2382-6225

E—MAIL：books5w@gmail.com 或 books5w@yahoo.com.tw

網路書店：http://bookstv.com.tw/
　　　　　https://www.pcstore.com.tw/yesbooks/
　　　　　https://shopee.tw/books5w
　　　　　博客來網路書店、博客思網路書店
　　　　　三民書局、金石堂書店

總 經 銷：聯合發行股份有限公司

電　　話：(02) 2917-8022　傳 真：(02) 2915-7212

劃撥戶名：蘭臺出版社　帳號：18995335

香港代理：香港聯合零售有限公司

電　　話：(852)2150-2100　傳 真：(852)2356-0735

出版日期：2020 年 8 月 初版

定　　價：新臺幣 580 元整（精裝）

ISBN：978-957-9267-66-3